ARABISCH
WOORDENSCHAT

THEMATISCHE WOORDENLIJST

NEDERLANDS ARABISCH

De meest bruikbare woorden
Om uw woordenschat uit te breiden en
uw taalvaardigheid aan te scherpen

9000 woorden

Thematische woordenschat Nederlands-Egyptisch-Arabisch - 9000 woorden

Door Andrey Taranov

Woordenlijsten van T&P Books zijn bedoeld om u woorden van een vreemde taal te helpen leren, onthouden, en bestudering. Dit woordenboek is ingedeeld in thema's en behandelt alle belangrijk terreinen van het dagelijkse leven, bedrijven, wetenschap, cultuur, etc.

Het proces van het leren van woorden met behulp van de op thema's gebaseerde aanpak van T&P Books biedt u de volgende voordelen:

- Correct gegroepeerde informatie is bepalend voor succes bij opeenvolgende stadia van het leren van woorden
- De beschikbaarheid van woorden die van dezelfde stam zijn maakt het mogelijk om woordgroepen te onthouden (in plaats van losse woorden)
- Kleine groepen van woorden faciliteren het proces van het aanmaken van associatieve verbindingen, die nodig zijn bij het consolideren van de woordenschat
- Het niveau van talenkennis kan worden ingeschat door het aantal geleerde woorden

T&P Books Publishing
www.tpbooks.com

ISBN: 978-1-78716-720-9

Dit boek is ook beschikbaar in e-boek formaat.
Gelieve www.tpbooks.com te bezoeken of de belangrijkste online boekwinkels.

EGYPTISCH-ARABISCHE WOORDENSCHAT
nieuwe woorden leren

T&P Books woordenlijsten zijn bedoeld om u te helpen vreemde woorden te leren, te onthouden, en te bestuderen. De woordenschat bevat meer dan 9000 veel gebruikte woorden die thematisch geordend zijn.

- De woordenlijst bevat de meest gebruikte woorden
- Aanbevolen als aanvulling bij welke taalcursus dan ook
- Voldoet aan de behoeften van de beginnende en gevorderde student in vreemde talen
- Geschikt voor dagelijks gebruik, bestudering en zelftestactiviteiten
- Maakt het mogelijk om uw woordenschat te evalueren

Bijzondere kenmerken van de woordenschat

- De woorden zijn gerangschikt naar hun betekenis, niet volgens alfabet
- De woorden worden weergegeven in drie kolommen om bestudering en zelftesten te vergemakkelijken
- Woorden in groepen worden verdeeld in kleine blokken om het leerproces te vergemakkelijken
- De woordenschat biedt een handige en eenvoudige beschrijving van elk buitenlands woord

De woordenschat bevat 256 onderwerpen zoals:

Basisconcepten, getallen, kleuren, maanden, seizoenen, meeteenheden, kleding en accessoires, eten & voeding, restaurant, familieleden, verwanten, karakter, gevoelens, emoties, ziekten, stad, dorp, bezienswaardigheden, winkelen, geld, huis, thuis, kantoor, werken op kantoor, import & export, marketing, werk zoeken, sport, onderwijs, computer, internet, gereedschap, natuur, landen, nationaliteiten en meer ...

INHOUDSOPGAVE

UITSPRAAKGIDS

T&P fonetisch alfabet	Egyptisch-Arabisch voorbeeld	Nederlands voorbeeld
[a]	[ṭaffa] طفّى	acht
[ā]	[eχtār] إختار	aan, maart
[e]	[setta] ستّة	delen, spreken
[i]	[mināʾ] ميناء	bidden, tint
[ī]	[ebrīl] إبريل	team, portier
[o]	[oɣosṭos] أغسطس	overeenkomst
[ō]	[ḥalazōn] حلزون	rood, knoop
[u]	[kalkutta] كلكتا	hoed, doe
[ū]	[gamūs] جاموس	neus, treurig
[b]	[bedāya] بداية	hebben
[d]	[saʿāda] سعادة	Dank u, honderd
[ḍ]	[waḍʿ] وضع	faryngale [d]
[ʒ]	[arʒantīn] الأرجنتين	journalist, rouge
[ẓ]	[ẓahar] ظهر	faryngale [z]
[f]	[χafīf] خفيف	feestdag, informeren
[g]	[bahga] بهجة	goal, tango
[h]	[ettegāh] إتّجاه	het, herhalen
[ḥ]	[ḥabb] حبّ	faryngale [h]
[y]	[dahaby] ذهبي	New York, januari
[k]	[korsy] كرسي	kennen, kleur
[l]	[lammaḥ] لمّح	delen, luchter
[m]	[marṣad] مرصد	morgen, etmaal
[n]	[ganūb] جنوب	nemen, zonder
[p]	[kaputʃino] كابتشينو	parallel, koper
[q]	[wasaq] وثق	kennen, kleur
[r]	[roḥe] روح	roepen, breken
[s]	[soχreya] سخرية	spreken, kosten
[ṣ]	[meʿṣam] معصم	faryngale [s]
[ʃ]	[ʿaʃāʾ] عشاء	shampoo, machine
[t]	[tanūb] تنوب	tomaat, taart
[ṭ]	[χarīṭa] خريطة	faryngale [t]
[θ]	[mamūθ] ماموث	Stemloze dentaal, Engels - thank you
[v]	[vietnām] فيتنام	beloven, schrijven
[w]	[waddaʿ] ودّع	twee, willen
[χ]	[baχīl] بخيل	licht, school
[ɣ]	[etɣadda] إتغدّى	liegen, gaan
[z]	[meʿza] معزة	zeven, zesde

T&P fonetisch alfabet	Egyptisch-Arabisch voorbeeld	Nederlands voorbeeld
[ʿ] (ayn)	[sabʿa] سبعة	stemhebbende faryngale fricatief
[ʾ] (hamza)	[saʾal] سأل	glottisslag

AFKORTINGEN
gebruikt in de woordenschat

Egyptisch-Arabische afkortingen

du	-	dubbel meervoudig zelfstandig naamwoord
f	-	vrouwelijk zelfstandig naamwoord
m	-	mannelijk zelfstandig naamwoord
pl	-	meervoud

Nederlandse afkortingen

abn	-	als bijvoeglijk naamwoord
bijv.	-	bijvoorbeeld
bn	-	bijvoeglijk naamwoord
bw	-	bijwoord
enk.	-	enkelvoud
enz.	-	enzovoort
form.	-	formele taal
inform.	-	informele taal
mann.	-	mannelijk
mil.	-	militair
mv.	-	meervoud
on.ww.	-	onovergankelijk werkwoord
ontelb.	-	ontelbaar
ov.	-	over
ov.ww.	-	overgankelijk werkwoord
telb.	-	telbaar
vn	-	voornaamwoord
vrouw.	-	vrouwelijk
vw	-	voegwoord
vz	-	voorzetsel
wisk.	-	wiskunde
ww	-	werkwoord

Nederlandse artikelen

de	-	gemeenschappelijk geslacht
de/het	-	gemeenschappelijk geslacht, onzijdig
het	-	onzijdig

BASISBEGRIPPEN

Basisbegrippen Deel 1

1. Voornaamwoorden

ik	ana	أنا
jij, je (mann.)	enta	أنت
jij, je (vrouw.)	enty	أنت
hij	howwa	هوّ
zij, ze	hiya	هيّ
wij, we	eḥna	إحنا
jullie	antom	أنتم
zij, ze	hamm	همّ

2. Begroetingen. Begroetingen. Afscheid

Hallo!	assalamu 'alaykum!	السلام عليكم!
Goedemorgen!	ṣabāḥ el χeyr!	صباح الخير!
Goedemiddag!	neharak sa'īd!	نهارك سعيد!
Goedenavond!	masā' el χeyr!	مساء الخير!
gedag zeggen (groeten)	sallem	سلّم
Hoi!	ahlan!	أهلاً!
groeten (het)	salām (m)	سلام
verwelkomen (ww)	sallem 'ala	سلّم على
Hoe gaat het?	ezzayek?	ازّيك؟
Is er nog nieuws?	aχbārak eyh?	أخبارك ايه؟
Dag! Tot ziens!	ma' el salāma!	مع السلامة!
Tot snel! Tot ziens!	aʃūfak orayeb!	أشوفك قريب!
Vaarwel!	ma' el salāma!	مع السلامة!
afscheid nemen (ww)	wadda'	ودّع
Tot kijk!	bay bay!	باي باي!
Dank u!	ʃokran!	شكراً!
Dank u wel!	ʃokran geddan!	شكراً جداً!
Graag gedaan	el 'afw	العفو
Geen dank!	la ʃokr 'ala wāgeb	لا شكر على واجب
Geen moeite.	el 'afw	العفو
Excuseer me, ... (inform.)	'an eznak!	عن إذنك!
Excuseer me, ... (form.)	ba'd ezn ḥadretak!	بعد إذن حضرتك!
excuseren (verontschuldigen)	'azar	عذر
zich verontschuldigen	e'tazar	أعتذر

Mijn excuses.	ana 'āsef	أنا آسف
Het spijt me!	ana 'āsef!	أنا آسف!
vergeven (ww)	'afa	عفا
alsjeblieft	men faḍlak	من فضلك
Vergeet het niet!	ma tensāʃ!	ما تنساش!
Natuurlijk!	ṭab'an!	طبعاً!
Natuurlijk niet!	la' ṭab'an!	لأ طبعاً!
Akkoord!	ettafa'na!	إتّفقنا!
Zo is het genoeg!	kefāya!	كفاية!

3. Hoe aan te spreken

meneer	ya ostāz	يا أستاذ
mevrouw	ya madām	يا مدام
juffrouw	ya 'ānesa	يا آنسة
jongeman	ya ostāz	يا أستاذ
jongen	yabny	يا ابني
meisje	ya benty	يا بنتي

4. Kardinale getallen. Deel 1

nul	ṣefr	صفر
een	wāḥed	واحد
een (vrouw.)	waḥda	واحدة
twee	etneyn	إتنين
drie	talāta	ثلاثة
vier	arba'a	أربعة
vijf	χamsa	خمسة
zes	setta	ستّة
zeven	sab'a	سبعة
acht	tamanya	ثمانية
negen	tes'a	تسعة
tien	'aʃara	عشرة
elf	ḥedāʃar	حداشر
twaalf	etnāʃar	إتناشر
dertien	talattāʃar	تلاتّاشر
veertien	arba'tāʃer	أربعتاشر
vijftien	χamastāʃer	خمستاشر
zestien	settāʃar	ستّاشر
zeventien	saba'tāʃar	سبعتاشر
achttien	tamantāʃar	تمنتاشر
negentien	tes'atāʃar	تسعتاشر
twintig	'eʃrīn	عشرين
eenentwintig	wāḥed we 'eʃrīn	واحد وعشرين
tweeëntwintig	etneyn we 'eʃrīn	إتنين وعشرين
drieëntwintig	talāta we 'eʃrīn	ثلاثة وعشرين
dertig	talatīn	ثلاثين

eenendertig	wāḥed we talatīn	واحد وتلاتين
tweeëndertig	etneyn we talatīn	إتنين وتلاتين
drieëndertig	talāta we talatīn	ثلاثة وثلاثين
veertig	arbeʿīn	أربعين
eenenveertig	wāḥed we arbeʿīn	واحد وأربعين
tweeënveertig	etneyn we arbeʿīn	إتنين وأربعين
drieënveertig	talāta we arbeʿīn	ثلاثة وأربعين
vijftig	χamsīn	خمسين
eenenvijftig	wāḥed we χamsīn	واحد وخمسين
tweeënvijftig	etneyn we χamsīn	إتنين وخمسين
drieënvijftig	talāta we χamsīn	ثلاثة وخمسين
zestig	settīn	ستّين
eenenzestig	wāḥed we settīn	واحد وستّين
tweeënzestig	etneyn we settīn	إتنين وستّين
drieënzestig	talāta we settīn	ثلاثة وستّين
zeventig	sabʿīn	سبعين
eenenzeventig	wāḥed we sabʿīn	واحد وسبعين
tweeënzeventig	etneyn we sabʿīn	إتنين وسبعين
drieënzeventig	talāta we sabʿīn	ثلاثة وسبعين
tachtig	tamanīn	ثمانين
eenentachtig	wāḥed we tamanīn	واحد وتمانين
tweeëntachtig	etneyn we tamanīn	إتنين وتمانين
drieëntachtig	talāta we tamanīn	ثلاثة وثمانين
negentig	tesʿīn	تسعين
eenennegentig	wāḥed we tesʿīn	واحد وتسعين
tweeënnegentig	etneyn we tesʿīn	إتنين وتسعين
drieënnegentig	talāta we tesʿīn	ثلاثة وتسعين

5. Kardinale getallen. Deel 2

honderd	miya	ميّة
tweehonderd	meteyn	ميتين
driehonderd	toltomiya	تلتميّة
vierhonderd	robʿomiya	ربعميّة
vijfhonderd	χomsomiya	خمسميّة
zeshonderd	sotomiya	ستميّة
zevenhonderd	sobʿomiya	سبعميّة
achthonderd	tomnomeʾa	ثمنمئة
negenhonderd	tosʿomiya	تسعميّة
duizend	alf	ألف
tweeduizend	alfeyn	ألفين
drieduizend	talat ʾālāf	ثلاث آلاف
tienduizend	ʿaʃaret ʾālāf	عشرة آلاف
honderdduizend	mīt alf	ميت ألف
miljoen (het)	millyon (m)	مليون
miljard (het)	millyār (m)	مليار

6. Ordinale getallen

eerste (bn)	awwel	أوّل
tweede (bn)	tāny	ثاني
derde (bn)	tālet	ثالث
vierde (bn)	rābe'	رابع
vijfde (bn)	χāmes	خامس
zesde (bn)	sādes	سادس
zevende (bn)	sābe'	سابع
achtste (bn)	tāmen	ثامن
negende (bn)	tāse'	تاسع
tiende (bn)	'āʃer	عاشر

7. Getallen. Breuken

breukgetal (het)	kasr (m)	كسر
half	noṣṣ	نصّ
een derde	telt	ثلث
kwart	rob'	ربع
een achtste	tomn	تمن
een tiende	'oʃr	عشر
twee derde	teleyn	تلتين
driekwart	talātet arbā'	ثلاثة أرباع

8. Getallen. Eenvoudige berekeningen

aftrekking (de)	ṭarḥ (m)	طرح
aftrekken (ww)	ṭaraḥ	طرح
deling (de)	'esma (f)	قسمة
delen (ww)	'asam	قسم
optelling (de)	gam' (m)	جمع
erbij optellen (bij elkaar voegen)	gama'	جمع
optellen (ww)	gama'	جمع
vermenigvuldiging (de)	ḍarb (m)	ضرب
vermenigvuldigen (ww)	ḍarab	ضرب

9. Getallen. Diversen

cijfer (het)	raqam (m)	رقم
nummer (het)	'adad (m)	عدد
telwoord (het)	'adady (m)	عددي
minteken (het)	nā'eṣ (m)	ناقص
plusteken (het)	zā'ed (m)	زائد
formule (de)	mo'adla (f)	معادلة
berekening (de)	ḥesāb (m)	حساب

tellen (ww)	ʿadd	عدّ
bijrekenen (ww)	ḥasab	حسب
vergelijken (ww)	qāran	قارن

Hoeveel?	kām?	كام؟
som (de), totaal (het)	magmūʿ (m)	مجموع
uitkomst (de)	natīga (f)	نتيجة
rest (de)	bāʾy (m)	باقي

enkele (bijv. ~ minuten)	kām	كام
weinig (bw)	ʃewaya	شوية
restant (het)	el bāʾy (m)	الباقي
anderhalf	wāḥed w noṣṣ (m)	واحد ونصّ
dozijn (het)	desta (f)	دستة

middendoor (bw)	le noṣṣeyn	لنصّين
even (bw)	bel tasāwy	بالتساوى
helft (de)	noṣṣ (m)	نصّ
keer (de)	marra (f)	مرّة

10. De belangrijkste werkwoorden. Deel 1

aanbevelen (ww)	naṣaḥ	نصح
aandringen (ww)	aṣarr	أصرّ
aankomen (per auto, enz.)	weṣel	وصل
aanraken (ww)	lamas	لمس
adviseren (ww)	naṣaḥ	نصح

afdalen (on.ww.)	nezel	نزل
afslaan (naar rechts ~)	ḥād	حاد
antwoorden (ww)	gāwab	جاوب
bang zijn (ww)	χāf	خاف
bedreigen (bijv. met een pistool)	hadded	هدّد

bedriegen (ww)	χadaʿ	خدع
beëindigen (ww)	χallaṣ	خلّص
beginnen (ww)	badaʾ	بدأ
begrijpen (ww)	fehem	فهم
beheren (managen)	adār	أدار

beledigen (met scheldwoorden)	ahān	أهان
beloven (ww)	waʿad	وعد
bereiden (koken)	ḥaḍḍar	حضّر
bespreken (spreken over)	nāʾeʃ	ناقش

bestellen (eten ~)	ṭalab	طلب
bestraffen (een stout kind ~)	ʿāqab	عاقب
betalen (ww)	dafaʿ	دفع
betekenen (beduiden)	ʾaṣad	قصد
betreuren (ww)	nedem	ندم
bevallen (prettig vinden)	ʿagab	عجب
bevelen (mil.)	amar	أمر

bevrijden (stad, enz.)	ḥarrar	حرّر
bewaren (ww)	ḥafaẓ	حفظ
bezitten (ww)	malak	ملك
bidden (praten met God)	ṣalla	صلّى
binnengaan (een kamer ~)	daχal	دخل
breken (ww)	kasar	كسر
controleren (ww)	et-ḥakkem	إتحكّم
creëren (ww)	ʿamal	عمل
deelnemen (ww)	ʃārek	شارك
denken (ww)	fakkar	فكّر
doden (ww)	ʾatal	قتل
doen (ww)	ʿamal	عمل
dorst hebben (ww)	ʿāyez aʃrab	عايز أشرب

11. De belangrijkste werkwoorden. Deel 2

een hint geven	edda lamḥa	إدّى لمحة
eisen (met klem vragen)	ṭāleb	طالب
existeren (bestaan)	kān mawgūd	كان موّجود
gaan (te voet)	meʃy	مشى
gaan zitten (ww)	ʾaʿad	قعد
gaan zwemmen	sebeḥ	سبح
geven (ww)	edda	إدّى
glimlachen (ww)	ebtasam	إبتسم
goed raden (ww)	χammen	خمّن
grappen maken (ww)	hazzar	هزّر
graven (ww)	ḥafar	حفر
hebben (ww)	malak	ملك
helpen (ww)	sāʿed	ساعد
herhalen (opnieuw zeggen)	karrar	كرّر
honger hebben (ww)	ʿāyez ʾākol	عايز آكل
hopen (ww)	tamanna	تمنّى
horen (waarnemen met het oor)	semeʿ	سمع
huilen (wenen)	baka	بكى
huren (huis, kamer)	estʾgar	إستأجر
informeren (informatie geven)	ʾāl ly	قال لي
instemmen (akkoord gaan)	ettafaʾ	إتّفق
jagen (ww)	eṣṭād	اصطاد
kennen (kennis hebben van iemand)	ʿeref	عرف
kiezen (ww)	eχtār	إختار
klagen (ww)	ʃaka	شكا
kosten (ww)	kallef	كلّف
kunnen (ww)	ʾeder	قدر
lachen (ww)	ḍeḥek	ضحك

laten vallen (ww)	wa''a'	وقّع
lezen (ww)	'ara	قرأ

liefhebben (ww)	ḥabb	حبّ
lunchen (ww)	etɣadda	إتغدّى
nemen (ww)	aχad	أخد
nodig zijn (ww)	maṭlūb	مطلوب

12. De belangrijkste werkwoorden. Deel 3

onderschatten (ww)	estaχaff	إستخفّ
ondertekenen (ww)	waqqa'	وقّع
ontbijten (ww)	feṭer	فطر
openen (ww)	fataḥ	فتح
ophouden (ww)	baṭṭal	بطّل
opmerken (zien)	lāḥaẓ	لاحظ

opscheppen (ww)	tabāha	تباهى
opschrijven (ww)	katab	كتب
plannen (ww)	χaṭṭeṭ	خطّط
prefereren (verkiezen)	faḍḍal	فضّل
proberen (trachten)	ḥāwel	حاول
redden (ww)	anqaz	أنقذ

rekenen op ...	e'tamad 'ala ...	إعتمد على...
rennen (ww)	gery	جري
reserveren (een hotelkamer ~)	ḥagaz	حجز
roepen (om hulp)	estaɣās	إستغاث

schieten (ww)	ḍarab bel nār	ضرب بالنار
schreeuwen (ww)	ṣarraχ	صرّخ

schrijven (ww)	katab	كتب
souperen (ww)	et'asʃa	إتعشّى
spelen (kinderen)	le'eb	لعب
spreken (ww)	kallem	كلّم

stelen (ww)	sara'	سرق
stoppen (pauzeren)	wa''af	وقّف

studeren (Nederlands ~)	daras	درس
sturen (zenden)	arsal	أرسل
tellen (optellen)	'add	عدّ
toebehoren aan ...	χaṣṣ	خصّ

toestaan (ww)	samaḥ	سمح
tonen (ww)	warra	ورّى

twijfelen (onzeker zijn)	ʃakk fe	شكّ في
uitgaan (ww)	χarag	خرج
uitnodigen (ww)	'azam	عزم
uitspreken (ww)	naṭa'	نطق
uitvaren tegen (ww)	wabbeχ	وبّخ

13. De belangrijkste werkwoorden. Deel 4

vallen (ww)	we'e'	وقع
vangen (ww)	mesek	مسك
veranderen (anders maken)	ɣayar	غيّر
verbaasd zijn (ww)	etfāge'	إتفاجئ
verbergen (ww)	χabba	خبّأ
verdedigen (je land ~)	dāfa'	دافع
verenigen (ww)	waḥḥed	وحّد
vergelijken (ww)	qāran	قارن
vergeten (ww)	nesy	نسي
vergeven (ww)	'afa	عفا
verklaren (uitleggen)	ʃaraḥ	شرح
verkopen (per stuk ~)	bā'	باع
vermelden (praten over)	zakar	ذكر
versieren (decoreren)	zayen	زيّن
vertalen (ww)	targem	ترجم
vertrouwen (ww)	wasaq	وثق
vervolgen (ww)	wāṣel	واصل
verwarren (met elkaar ~)	etlaχbaṭ	إتلخبط
verzoeken (ww)	ṭalab	طلب
verzuimen (school, enz.)	ɣāb	غاب
vinden (ww)	la'a	لقى
vliegen (ww)	ṭār	طار
volgen (ww)	tatabba'	تتبّع
voorstellen (ww)	'araḍ	عرض
voorzien (verwachten)	tanabba'	تنبّأ
vragen (ww)	sa'al	سأل
waarnemen (ww)	rāqab	راقب
waarschuwen (ww)	ḥazzar	حذّر
wachten (ww)	estanna	إستنّى
weerspreken (ww)	e'taraḍ	إعترض
weigeren (ww)	rafaḍ	رفض
werken (ww)	eʃtaɣal	إشتغل
weten (ww)	'eref	عرف
willen (verlangen)	'āyez	عايز
zeggen (ww)	'āl	قال
zich haasten (ww)	esta'gel	إستعجل
zich interesseren voor ...	ehtamm be	إهتمّ بـ
zich vergissen (ww)	ɣeleṭ	غلط
zich verontschuldigen	e'tazar	إعتذر
zien (ww)	ʃāf	شاف
zijn (ww)	kān	كان
zoeken (ww)	dawwar 'ala	دوّر على
zwemmen (ww)	'ām	عام
zwijgen (ww)	seket	سكت

14. Kleuren

kleur (de)	lone (m)	لون
tint (de)	daraget el lōn (m)	درجة اللون
kleurnuance (de)	ṣabɣet lōn (f)	صبغة اللون
regenboog (de)	qose qozaḥ (m)	قوس قزح
wit (bn)	abyaḍ	أبيض
zwart (bn)	aswad	أسود
grijs (bn)	romādy	رمادي
groen (bn)	axḍar	أخضر
geel (bn)	aṣfar	أصفر
rood (bn)	aḥmar	أحمر
blauw (bn)	azraʾ	أزرق
lichtblauw (bn)	azraʾ fāteḥ	أزرق فاتح
roze (bn)	wardy	وردي
oranje (bn)	bortoqāly	برتقالّي
violet (bn)	banaffsegy	بنفّسجي
bruin (bn)	bonny	بنّي
goud (bn)	dahaby	ذهبي
zilverkleurig (bn)	feḍḍy	فضّي
beige (bn)	bɛ:ʒ	بيج
roomkleurig (bn)	ʿāgy	عاجّي
turkoois (bn)	fayrūzy	فيروزي
kersrood (bn)	aḥmar karazy	أحمر كرزي
lila (bn)	laylaky	ليّلكي
karmijnrood (bn)	qormozy	قرمزي
licht (bn)	fāteḥ	فاتح
donker (bn)	ɣāmeʾ	غامق
fel (bn)	zāhy	زاهي
kleur-, kleurig (bn)	melawwen	ملوّن
kleuren- (abn)	melawwen	ملوّن
zwart-wit (bn)	abyaḍ we aswad	أبيض وأسوّد
eenkleurig (bn)	sāda	سادة
veelkleurig (bn)	motaʿadded el alwān	متعدّد الألوان

15. Vragen

Wie?	mīn?	مين؟
Wat?	eyh?	ايه؟
Waar?	feyn?	فين؟
Waarheen?	feyn?	فين؟
Waarvandaan?	meneyn?	منين؟
Wanneer?	emta	امتى؟
Waarom?	ʿaʃān eyh?	عشان ايه؟
Waarom?	leyh?	ليه؟
Waarvoor dan ook?	l eyh?	لـ ليه؟

Hoe?	ezāy?	إزاي؟
Wat voor …?	eyh?	ايه؟
Welk?	ayī?	أيّ؟
Aan wie?	le mīn?	لمين؟
Over wie?	ʻan mīn?	عن مين؟
Waarover?	ʻan eyh?	عن ايه؟
Met wie?	maʻ mīn?	مع مين؟
Hoeveel?	kām?	كام؟
Van wie? (mann.)	betāʻet mīn?	بتاعت مين؟

16. Voorzetsels

met (bijv. ~ beleg)	maʻ	مع
zonder (~ accent)	men ɣeyr	من غير
naar (in de richting van)	ela	إلى
over (praten ~)	ʻan	عن
voor (in tijd)	ʼabl	قبل
voor (aan de voorkant)	ʼoddām	قدّام
onder (lager dan)	taḥt	تحت
boven (hoger dan)	foʼe	فوق
op (bovenop)	ʻala	على
van (uit, afkomstig van)	men	من
van (gemaakt van)	men	من
over (bijv. ~ een uur)	baʻd	بعد
over (over de bovenkant)	men ʻala	من على

17. Functiewoorden. Bijwoorden. Deel 1

Waar?	feyn?	فين؟
hier (bw)	hena	هنا
daar (bw)	henāk	هناك
ergens (bw)	fe makānen ma	في مكان ما
nergens (bw)	meʃ fi ayī makān	مش في أيّ مكان
bij … (in de buurt)	ganb	جنب
bij het raam	ganb el ʃebbāk	جنب الشبّاك
Waarheen?	feyn?	فين؟
hierheen (bw)	hena	هنا
daarheen (bw)	henāk	هناك
hiervandaan (bw)	men hena	من هنا
daarvandaan (bw)	men henāk	من هناك
dichtbij (bw)	ʼarīb	قريب
ver (bw)	beʻīd	بعيد
in de buurt (van …)	ʻand	عند
dichtbij (bw)	ʼarīb	قريب

niet ver (bw)	meʃ beʿīd	مش بعيد
linker (bn)	el ʃemāl	الشمال
links (bw)	ʿalal ʃemāl	على الشمال
linksaf, naar links (bw)	lel ʃemāl	للشمال
rechter (bn)	el yemīn	اليمين
rechts (bw)	ʿalal yemīn	على اليمين
rechtsaf, naar rechts (bw)	lel yemīn	لليمين
vooraan (bw)	ʾoddām	قدّام
voorste (bn)	amāmy	أمامي
vooruit (bw)	ela el amām	إلى الأمام
achter (bw)	waraʾ	وراء
van achteren (bw)	men wara	من ورّا
achteruit (naar achteren)	le wara	لورّا
midden (het)	wasaṭ (m)	وسط
in het midden (bw)	fel wasat	في الوسط
opzij (bw)	ʿala ganb	على جنب
overal (bw)	fe kol makān	في كل مكان
omheen (bw)	ḥawaleyn	حوالين
binnenuit (bw)	men gowwah	من جوّه
naar ergens (bw)	le ʾayī makān	لأي مكان
rechtdoor (bw)	ʿala ṭūl	على طول
terug (bijv. ~ komen)	rogūʿ	رجوع
ergens vandaan (bw)	men ayī makān	من أيّ مكان
ergens vandaan (en dit geld moet ~ komen)	men makānen mā	من مكان ما
ten eerste (bw)	awwalan	أوّلاً
ten tweede (bw)	sāneyan	ثانياً
ten derde (bw)	sālesan	ثالثاً
plotseling (bw)	fagʾa	فجأة
in het begin (bw)	fel bedāya	في البداية
voor de eerste keer (bw)	le ʾawwel marra	لأوّل مرّة
lang voor … (bw)	ʾabl … be modda ṭawīla	قبل... بمدة طويلة
opnieuw (bw)	men gedīd	من جديد
voor eeuwig (bw)	lel abad	للأبد
nooit (bw)	abadan	أبداً
weer (bw)	tāny	تاني
nu (bw)	delwaʾty	دلوقتي
vaak (bw)	ketīr	كثير
toen (bw)	waʾtaha	وقتها
urgent (bw)	ʿala ṭūl	على طول
meestal (bw)	ʿādatan	عادةً
trouwens, … (tussen haakjes)	ʿala fekra …	على فكرة...
mogelijk (bw)	momken	ممكن
waarschijnlijk (bw)	momken	ممكن

misschien (bw)	momken	ممكن
trouwens (bw)	bel eḍāfa ela …	بالإضافة إلى…
daarom …	ʿaʃān keda	عشان كده
in weerwil van …	bel raɣm men …	بالرغم من…
dankzij …	be faḍl …	بفضل…
wat (vn)	elly	إللي
dat (vw)	ennu	إنّه
iets (vn)	ḥāga (f)	حاجة
iets	ayī ḥāga (f)	أيّ حاجة
niets (vn)	wala ḥāga	ولا حاجة
wie (~ is daar?)	elly	إللي
iemand (een onbekende)	ḥadd	حدّ
iemand (een bepaald persoon)	ḥadd	حدّ
niemand (vn)	wala ḥadd	ولا حدّ
nergens (bw)	meʃ le wala makān	مش لـ ولا مكان
niemands (bn)	wala ḥadd	ولا حدّ
iemands (bn)	le ḥadd	لحدّ
zo (Ik ben ~ blij)	geddan	جداً
ook (evenals)	kamān	كمان
alsook (eveneens)	kamān	كمان

18. Functiewoorden. Bijwoorden. Deel 2

Waarom?	leyh?	ليه؟
om een bepaalde reden	le sabeben ma	لسبب ما
omdat …	ʿaʃān …	… عشان
voor een bepaald doel	le hadafen mā	لهدف ما
en (vw)	w	و
of (vw)	walla	ولّا
maar (vw)	bass	بسّ
voor (vz)	ʿaʃān	عشان
te (~ veel mensen)	ketīr geddan	كتير جدّاً
alleen (bw)	bass	بسّ
precies (bw)	bel ḍabṭ	بالضبط
ongeveer (~ 10 kg)	naḥw	نحو
omstreeks (bw)	naḥw	نحو
bij benadering (bn)	taqrīby	تقريبي
bijna (bw)	taʾrīban	تقريباً
rest (de)	el bāʾy (m)	الباقي
elk (bn)	koll	كلّ
om het even welk	ayī	أيّ
veel (grote hoeveelheid)	ketīr	كتير
veel mensen	nās ketīr	ناس كتير
iedereen (alle personen)	koll el nās	كلّ الناس
in ruil voor …	fi moqābel …	… في مقابل

in ruil (bw)	fe moqābel	في مقابل
met de hand (bw)	bel yad	باليد
onwaarschijnlijk (bw)	bel kād	بالكاد
waarschijnlijk (bw)	momken	ممكن
met opzet (bw)	bel 'aṣd	بالقصد
toevallig (bw)	bel ṣodfa	بالصدفة
zeer (bw)	'awy	قوّي
bijvoorbeeld (bw)	masalan	مثلاً
tussen (~ twee steden)	beyn	بين
tussen (te midden van)	wesṭ	وسط
zoveel (bw)	ketīr	كتير
vooral (bw)	χāṣṣa	خاصّة

Basisbegrippen Deel 2

19. Dagen van de week

maandag (de)	el etneyn (m)	الإتنين
dinsdag (de)	el talāt (m)	التلات
woensdag (de)	el arbe'ā' (m)	الأربعاء
donderdag (de)	el χamīs (m)	الخميس
vrijdag (de)	el gom'a (m)	الجمعة
zaterdag (de)	el sabt (m)	السبت
zondag (de)	el aḥad (m)	الأحد
vandaag (bw)	el naharda	النهارده
morgen (bw)	bokra	بكرة
overmorgen (bw)	ba'd bokra (m)	بعد بكرة
gisteren (bw)	embāreḥ	امبارح
eergisteren (bw)	awwel embāreḥ	أوّل امبارح
dag (de)	yome (m)	يوم
werkdag (de)	yome 'amal (m)	يوم عمل
feestdag (de)	agāza rasmiya (f)	أجازة رسميّة
verlofdag (de)	yome el agāza (m)	يوم أجازة
weekend (het)	nehāyet el osbū' (f)	نهاية الأسبوع
de hele dag (bw)	ṭūl el yome	طول اليوم
de volgende dag (bw)	fel yome elly ba'dīh	في اليوم اللي بعديه
twee dagen geleden	men yomeyn	من يومين
aan de vooravond (bw)	fel yome elly 'ablo	في اليوم اللي قبله
dag-, dagelijks (bn)	yawmy	يومي
elke dag (bw)	yawmiyan	يومياً
week (de)	osbū' (m)	أسبوع
vorige week (bw)	el esbū' elly fāt	الأسبوع اللي فات
volgende week (bw)	el esbū' elly gayī	الأسبوع اللي جاي
wekelijks (bn)	osbū'y	أسبوعي
elke week (bw)	osbū'iyan	أسبوعياً
twee keer per week	marreteyn fel osbū'	مرّتين في الأسبوع
elke dinsdag	koll solasā'	كلّ ثلاثاء

20. Uren. Dag en nacht

morgen (de)	ṣobḥ (m)	صبح
's morgens (bw)	fel ṣobḥ	في الصبح
middag (de)	ẓohr (m)	ظهر
's middags (bw)	ba'd el ḍohr	بعد الظهر
avond (de)	leyl (m)	ليل
's avonds (bw)	bel leyl	بالليل

nacht (de)	leyl (m)	ليل
's nachts (bw)	bel leyl	بالليل
middernacht (de)	noṣṣ el leyl (m)	نصّ الليل
seconde (de)	sanya (f)	ثانية
minuut (de)	deʾa (f)	دقيقة
uur (het)	sāʿa (f)	ساعة
halfuur (het)	noṣṣ sāʿa (m)	نصّ ساعة
kwartier (het)	robʿ sāʿa (f)	ربع ساعة
vijftien minuten	χamastāʃer deʾa	خمستاشر دقيقة
etmaal (het)	arbaʿa we ʿeʃrīn sāʿa	أربعة وعشرين ساعة
zonsopgang (de)	ʃorūʾ el ʃams (m)	شروق الشمس
dageraad (de)	fagr (m)	فجر
vroege morgen (de)	ṣobḥ badry (m)	صبح بدري
zonsondergang (de)	ɣorūb el ʃams (m)	غروب الشمس
's morgens vroeg (bw)	el ṣobḥ badry	الصبح بدري
vanmorgen (bw)	el naharda el ṣobḥ	النهاردة الصبح
morgenochtend (bw)	bokra el ṣobḥ	بكرة الصبح
vanmiddag (bw)	el naharda baʿd el ḍohr	النهاردة بعد الظهر
's middags (bw)	baʿd el ḍohr	بعد الظهر
morgenmiddag (bw)	bokra baʿd el ḍohr	بكرة بعد الظهر
vanavond (bw)	el naharda bel leyl	النهاردة بالليل
morgenavond (bw)	bokra bel leyl	بكرة بالليل
klokslag drie uur	es sāʿa talāta bel ḍabṭ	الساعة تلاتة بالضبط
ongeveer vier uur	es sāʿa arbaʿa taʾrīban	الساعة أربعة تقريبا
tegen twaalf uur	ḥatt es sāʿa etnāʃar	حتى الساعة إتناشر
over twintig minuten	fe χelāl ʿeʃrīn deʿeeʿa	في خلال عشرين دقيقة
over een uur	fe χelāl sāʿa	في خلال ساعة
op tijd (bw)	fe mawʿedo	في موعده
kwart voor ...	ella robʿ	إلّا ربع
binnen een uur	χelāl sāʿa	خلال ساعة
elk kwartier	koll robʿ sāʿa	كلّ ربع ساعة
de klok rond	leyl nahār	ليل نهار

21. Maanden. Seizoenen

januari (de)	yanāyer (m)	يناير
februari (de)	febrāyer (m)	فبراير
maart (de)	māres (m)	مارس
april (de)	ebrīl (m)	إبريل
mei (de)	māyo (m)	مايو
juni (de)	yonyo (m)	يونيو
juli (de)	yolyo (m)	يوليو
augustus (de)	oɣosṭos (m)	أغسطس
september (de)	sebtamber (m)	سبتمبر
oktober (de)	oktober (m)	أكتوبر
november (de)	november (m)	نوفمبر

december (de)	desember (m)	ديسمبر
lente (de)	rabeeʿ (m)	ربيع
in de lente (bw)	fel rabeeʿ	في الربيع
lente- (abn)	rabeeʿy	ربيعي
zomer (de)	ṣeyf (m)	صيف
in de zomer (bw)	fel ṣeyf	في الصيف
zomer-, zomers (bn)	ṣeyfy	صيفي
herfst (de)	χarīf (m)	خريف
in de herfst (bw)	fel χarīf	في الخريف
herfst- (abn)	χarīfy	خريفي
winter (de)	ʃetāʾ (m)	شتاء
in de winter (bw)	fel ʃetāʾ	في الشتاء
winter- (abn)	ʃetwy	شتّوي
maand (de)	ʃahr (m)	شهر
deze maand (bw)	fel ʃahr da	في الشهر ده
volgende maand (bw)	el ʃahr el gayī	الشهر الجايّ
vorige maand (bw)	el ʃahr elly fāt	الشهر اللي فات
een maand geleden (bw)	men ʃahr	من شهر
over een maand (bw)	baʿd ʃahr	بعد شهر
over twee maanden (bw)	baʿd ʃahreyn	بعد شهرين
de hele maand (bw)	el ʃahr kollo	الشهر كلّه
een volle maand (bw)	ṭawāl el ʃahr	طوال الشهر
maand-, maandelijks (bn)	ʃahry	شهري
maandelijks (bw)	ʃahry	شهري
elke maand (bw)	koll ʃahr	كلّ شهر
twee keer per maand	marreteyn fel ʃahr	مرّتين في الشهر
jaar (het)	sana (f)	سنة
dit jaar (bw)	el sana di	السنة دي
volgend jaar (bw)	el sana el gaya	السنة الجايّة
vorig jaar (bw)	el sana elly fātet	السنة اللي فاتت
een jaar geleden (bw)	men sana	من سنة
over een jaar	baʿd sana	بعد سنة
over twee jaar	baʿd sanateyn	بعد سنتين
het hele jaar	el sana kollaha	السنة كلّها
een vol jaar	ṭūl el sana	طول السنة
elk jaar	koll sana	كلّ سنة
jaar-, jaarlijks (bn)	sanawy	سنوّي
jaarlijks (bw)	koll sana	كلّ سنة
4 keer per jaar	arbaʿ marrāt fel sana	أربع مرات في السنة
datum (de)	tarīχ (m)	تاريخ
datum (de)	tarīχ (m)	تاريخ
kalender (de)	natīga (f)	نتيجة
een half jaar	noṣṣ sana	نصّ سنة
zes maanden	settet aʃ-hor (f)	ستّة أشهر
seizoen (bijv. lente, zomer)	faṣl (m)	فصل
eeuw (de)	qarn (m)	قرن

22. Tijd. Diversen

tijd (de)	wa't (m)	وقت
ogenblik (het)	laḥza (f)	لحظة
moment (het)	laḥza (f)	لحظة
ogenblikkelijk (bn)	laḥza	لحظة
tijdsbestek (het)	fatra (f)	فترة
leven (het)	ḥayah (f)	حياة
eeuwigheid (de)	abadiya (f)	أبديّة
epoche (de), tijdperk (het)	'ahd (m)	عهد
era (de), tijdperk (het)	'aṣr (m)	عصر
cyclus (de)	dawra (f)	دوّرة
periode (de)	fatra (f)	فترة
termijn (vastgestelde periode)	fatra (f)	فترة
toekomst (de)	el mostaqbal (m)	المستقبل
toekomstig (bn)	elly gayī	اللي جاي
de volgende keer	el marra el gaya	المرّة الجايّة
verleden (het)	el māḍy (m)	الماضي
vorig (bn)	elly fāt	اللي فات
de vorige keer	el marra elly fātet	المرّة اللي فاتت
later (bw)	ba'deyn	بعدين
na (~ het diner)	ba'd	بعد
tegenwoordig (bw)	el ayām di	الأيام دي
nu (bw)	delwa'ty	دلوّقتي
onmiddellijk (bw)	ḥālan	حالاً
snel (bw)	'arīb	قريب
bij voorbaat (bw)	mo'addaman	مقدّماً
lang geleden (bw)	men zamān	من زمان
kort geleden (bw)	men 'orayeb	من قريّب
noodlot (het)	maṣīr (m)	مصير
herinneringen (mv.)	zekra (f)	زكرى
archief (het)	arʃīf (m)	أرشيف
tijdens ... (ten tijde van)	esnā'...	إثناء...
lang (bw)	modda ṭawīla	مدّة طويلة
niet lang (bw)	le fatra 'aṣīra	لفترة قصيرة
vroeg (bijv. ~ in de ochtend)	badry	بدري
laat (bw)	met'akχer	متأخر
voor altijd (bw)	lel abad	للأبد
beginnen (ww)	bada'	بدأ
uitstellen (ww)	aggel	أجّل
tegelijkertijd (bw)	fe nafs el waqt	في نفس الوقت
voortdurend (bw)	be ʃakl dā'em	بشكل دائم
voortdurend	mostamerr	مستمرّ
tijdelijk (bn)	mo'akkatan	مؤقتًا
soms (bw)	sa'āt	ساعات
zelden (bw)	nāderan	نادراً
vaak (bw)	ketīr	كثير

23. Tegenovergestelden

rijk (bn)	ɣany	غني
arm (bn)	fa'īr	فقير
ziek (bn)	marīḍ	مريض
gezond (bn)	salīm	سليم
groot (bn)	kebīr	كبير
klein (bn)	ṣaɣīr	صغير
snel (bw)	bosorʿa	بسرعة
langzaam (bw)	bo boṭʾ	ببطء
snel (bn)	sareeʿ	سريع
langzaam (bn)	baṭīʾ	بطيء
vrolijk (bn)	farḥān	فرحان
treurig (bn)	ḥazīn	حزين
samen (bw)	maʿ baʿḍ	مع بعض
apart (bw)	le waḥdo	لوحده
hardop (~ lezen)	beṣote ʿāly	بصوت عالي
stil (~ lezen)	beṣamt	بصمت
hoog (bn)	ʿāly	عالي
laag (bn)	wāṭy	واطي
diep (bn)	ʿamīq	عميق
ondiep (bn)	ḍaḥl	ضحل
ja	aywa	أيوه
nee	laʾ	لأ
ver (bn)	beʿīd	بعيد
dicht (bn)	ʾarīb	قريب
ver (bw)	beʿīd	بعيد
dichtbij (bw)	ʾarīb	قريب
lang (bn)	ṭawīl	طويل
kort (bn)	ʾaṣīr	قصير
vriendelijk (goedhartig)	ṭayeb	طيّب
kwaad (bn)	ʃerrīr	شرير
gehuwd (mann.)	metgawwez	متجوّز
ongehuwd (mann.)	aʿzab	أعزب
verbieden (ww)	manaʿ	منع
toestaan (ww)	samaḥ	سمح
einde (het)	nehāya (f)	نهاية
begin (het)	bedāya (f)	بداية

linker (bn)	el ʃemāl	الشمال
rechter (bn)	el yemīn	اليمين
eerste (bn)	awwel	أوّل
laatste (bn)	'āχer	آخر
misdaad (de)	garīma (f)	جريمة
bestraffing (de)	ʿeqāb (m)	عقاب
bevelen (ww)	amar	أمر
gehoorzamen (ww)	ṭāʿ	طاع
recht (bn)	mostaqīm	مستقيم
krom (bn)	monḥany	منحني
paradijs (het)	el ganna (f)	الجنّة
hel (de)	el gaḥīm (f)	الجحيم
geboren worden (ww)	etwalad	إتولّد
sterven (ww)	māt	مات
sterk (bn)	'awy	قوّي
zwak (bn)	ḍaʿīf	ضعيف
oud (bn)	ʿagūz	عجوز
jong (bn)	ʃāb	شاب
oud (bn)	'adīm	قديم
nieuw (bn)	gedīd	جديد
hard (bn)	ṣalb	صلب
zacht (bn)	ṭary	طري
warm (bn)	dāfy	دافي
koud (bn)	bāred	بارد
dik (bn)	teχīn	تخين
dun (bn)	rofayaʿ	رفيّع
smal (bn)	ḍaye'	ضيّق
breed (bn)	wāseʿ	واسع
goed (bn)	kewayes	كويّس
slecht (bn)	weḥeʃ	وحش
moedig (bn)	ʃogāʿ	شجاع
laf (bn)	gabān	جبان

24. Lijnen en vormen

vierkant (het)	morabbaʿ (m)	مربّع
vierkant (bn)	morabbaʿ	مربّع
cirkel (de)	dayra (f)	دايرة
rond (bn)	medawwar	مدوّر

driehoek (de)	mosallas (m)	مثلّث
driehoekig (bn)	mosallasy el ʃakl	مثلّثي الشكل
ovaal (het)	bayḍawy (m)	بيضويّ
ovaal (bn)	bayḍawy	بيضويّ
rechthoek (de)	mostaṭīl (m)	مستطيل
rechthoekig (bn)	mostaṭīly	مستطيلي
piramide (de)	haram (m)	هرم
ruit (de)	moʿayen (m)	معيّن
trapezium (het)	ʃebh el monḥaref (m)	شبه المنحرف
kubus (de)	mokaʿab (m)	مكعّب
prisma (het)	manʃūr (m)	منشور
omtrek (de)	moḥīṭ monḥany moɣlaq (m)	محيط منحنى مغلق
bol, sfeer (de)	kora (f)	كرة
bal (de)	kora (f)	كرة
diameter (de)	qaṭr (m)	قطر
straal (de)	noṣṣ qaṭr (m)	نصّ قطر
omtrek (~ van een cirkel)	moḥīṭ (m)	محيط
middelpunt (het)	wasaṭ (m)	وسط
horizontaal (bn)	ofoqy	أفقي
verticaal (bn)	ʿamūdy	عمودي
parallel (de)	motawāz (m)	متواز
parallel (bn)	motawāzy	متوازي
lijn (de)	χaṭṭ (m)	خطّ
streep (de)	ḥaraka (m)	حركة
rechte lijn (de)	χaṭṭ mostaqīm (m)	خطّ مستقيم
kromme (de)	χaṭṭ monḥany (m)	خطّ منحني
dun (bn)	rofayaʿ	رفيّع
omlijning (de)	kontūr (m)	كنتور
snijpunt (het)	taqāṭoʿ (m)	تقاطع
rechte hoek (de)	zawya mostaqīma (f)	زاوية مستقيمة
segment (het)	ʾeṭʿa (f)	قطعة
sector (de)	qaṭāʿ (m)	قطاع
zijde (de)	gāneb (m)	جانب
hoek (de)	zawya (f)	زاوية

25. Meeteenheden

gewicht (het)	wazn (m)	وزن
lengte (de)	ṭūl (m)	طول
breedte (de)	ʿarḍ (m)	عرض
hoogte (de)	ertefāʿ (m)	إرتفاع
diepte (de)	ʿomq (m)	عمق
volume (het)	ḥagm (m)	حجم
oppervlakte (de)	mesāḥa (f)	مساحة
gram (het)	gram (m)	جرام
milligram (het)	milligrām (m)	ملّيغرام
kilogram (het)	kilogrām (m)	كيلوغرام

ton (duizend kilo)	ṭenn (m)	طنّ
pond (het)	reṭl (m)	رطل
ons (het)	onṣa (f)	أونصة
meter (de)	metr (m)	متر
millimeter (de)	millimetr (m)	ملّيمتر
centimeter (de)	santimetr (m)	سنتيمتر
kilometer (de)	kilometr (m)	كيلومتر
mijl (de)	mīl (m)	ميل
duim (de)	boṣa (f)	بوصة
voet (de)	'adam (m)	قدم
yard (de)	yarda (f)	ياردة
vierkante meter (de)	metr morabba' (m)	متر مربّع
hectare (de)	hektār (m)	هكتار
liter (de)	litre (m)	لتر
graad (de)	daraga (f)	درجة
volt (de)	volt (m)	فولت
ampère (de)	ambere (m)	أمبير
paardenkracht (de)	ḥoṣān (m)	حصان
hoeveelheid (de)	kemiya (f)	كميّة
een beetje ...	ʃewayet ...	شويّة...
helft (de)	noṣṣ (m)	نصّ
dozijn (het)	desta (f)	دستة
stuk (het)	waḥda (f)	وحدة
afmeting (de)	ḥagm (m)	حجم
schaal (bijv. ~ van 1 op 50)	me'yās (m)	مقياس
minimaal (bn)	el adna	الأدنى
minste (bn)	el aṣɣar	الأصغر
medium (bn)	motawasseṭ	متوسّط
maximaal (bn)	el aqṣa	الأقصى
grootste (bn)	el akbar	الأكبر

26. Containers

glazen pot (de)	barṭamān (m)	برطمان
blik (conserven~)	kanz (m)	كانز
emmer (de)	gardal (m)	جردل
ton (bijv. regenton)	barmīl (m)	برميل
ronde waterbak (de)	ḥoḍe lel ɣasīl (m)	حوض للغسيل
tank (bijv. watertank-70-ltr)	χazzān (m)	خزّان
heupfles (de)	zamzamiya (f)	زمزميّة
jerrycan (de)	ʒerken (m)	جركن
tank (bijv. ketelwagen)	χazzān (m)	خزّان
beker (de)	mugg (m)	ماجّ
kopje (het)	fengān (m)	فنجان
schoteltje (het)	ṭaba' fengān (m)	طبق فنجان

glas (het)	kobbāya (f)	كوبّاية
wijnglas (het)	kāsa (f)	كاسة
pan (de)	ḥalla (f)	حلّة
fles (de)	ezāza (f)	إزازة
flessenhals (de)	'onq (m)	عنق
karaf (de)	dawra' zogāgy (m)	دوّرق زجاجي
kruik (de)	ebrī' (m)	إبريق
vat (het)	we'ā' (m)	وعاء
pot (de)	aṣīṣ (m)	أصيص
vaas (de)	vāza (f)	فازة
flacon (de)	ezāza (f)	إزازة
flesje (het)	ezāza (f)	إزازة
tube (bijv. ~ tandpasta)	anbūba (f)	أنبوبة
zak (bijv. ~ aardappelen)	kīs (m)	كيس
tasje (het)	kīs (m)	كيس
pakje (~ sigaretten, enz.)	'elba (f)	علبة
doos (de)	'elba (f)	علبة
kist (de)	ṣandū' (m)	صندوق
mand (de)	salla (f)	سلّة

27. Materialen

materiaal (het)	madda (f)	مادّة
hout (het)	χaʃab (m)	خشب
houten (bn)	χaʃaby	خشبي
glas (het)	ezāz (m)	إزاز
glazen (bn)	ezāz	إزاز
steen (de)	ḥagar (m)	حجر
stenen (bn)	ḥagary	حجري
plastic (het)	blastik (m)	بلاستيك
plastic (bn)	men el blastik	من البلاستيك
rubber (het)	maṭṭāṭ (m)	مطّاط
rubber-, rubberen (bn)	maṭṭāṭy	مطّاطي
stof (de)	'omāʃ (m)	قماش
van stof (bn)	men el 'omāʃ	من القماش
papier (het)	wara' (m)	ورق
papieren (bn)	wara'y	ورقي
karton (het)	kartōn (m)	كرتون
kartonnen (bn)	kartony	كرتوني
polyethyleen (het)	bolyetylen (m)	بولي ايثيلين
cellofaan (het)	sellofān (m)	سيلوفان

multiplex (het)	ablakāʃ (m)	أبلكاش
porselein (het)	borsalīn (m)	بورسلين
porseleinen (bn)	men el borsalīn	من البورسلين
klei (de)	ṭīn (m)	طين
klei-, van klei (bn)	fokχāry	فخّاري
keramiek (de)	seramīk (m)	سيراميك
keramieken (bn)	men el seramik	من السيراميك

28. Metalen

metaal (het)	maʿdan (m)	معدن
metalen (bn)	maʿdany	معدني
legering (de)	sebīka (f)	سبيكة
goud (het)	dahab (m)	ذهب
gouden (bn)	dahaby	ذهبي
zilver (het)	faḍḍa (f)	فضّة
zilveren (bn)	feḍḍy	فضّي
ijzer (het)	ḥadīd (m)	حديد
ijzeren	ḥadīdy	حديدي
staal (het)	fulāz (m)	فولاذ
stalen (bn)	folāzy	فولاذي
koper (het)	neḥās (m)	نحاس
koperen (bn)	neḥāsy	نحاسي
aluminium (het)	aluminyum (m)	الومينيوم
aluminium (bn)	aluminyum	الومينيوم
brons (het)	bronze (m)	برونز
bronzen (bn)	bronzy	برونزي
messing (het)	neḥās aṣfar (m)	نحاس أصفر
nikkel (het)	nikel (m)	نيكل
platina (het)	blatīn (m)	بلاتين
kwik (het)	zeʾbaq (m)	زئبق
tin (het)	ʾaṣdīr (m)	قصدير
lood (het)	roṣāṣ (m)	رصاص
zink (het)	zink (m)	زنك

MENS

Mens. Het lichaam

29. Mensen. Basisbegrippen

mens (de)	ensān (m)	إنسان
man (de)	rāgel (m)	راجل
vrouw (de)	set (f)	ست
kind (het)	ṭefl (m)	طفل
meisje (het)	bent (f)	بنت
jongen (de)	walad (m)	ولد
tiener, adolescent (de)	morāheq (m)	مراهق
oude man (de)	'agūz (m)	عجوز
oude vrouw (de)	'agūza (f)	عجوزة

30. Menselijke anatomie

organisme (het)	'oḍw (m)	عضو
hart (het)	'alb (m)	قلب
bloed (het)	damm (m)	دم
slagader (de)	ʃeryān (m)	شريان
ader (de)	'er' (m)	عرق
hersenen (mv.)	mokχ (m)	مخّ
zenuw (de)	'aṣab (m)	عصب
zenuwen (mv.)	a'ṣāb (pl)	أعصاب
wervel (de)	faqra (f)	فقرة
ruggengraat (de)	'amūd faqry (m)	عمود فقري
maag (de)	me'da (f)	معدة
darmen (mv.)	am'ā' (pl)	أمعاء
darm (de)	ma'y (m)	معى
lever (de)	kebd (f)	كبد
nier (de)	kelya (f)	كلية
been (deel van het skelet)	'aḍm (m)	عظم
skelet (het)	haykal 'azmy (m)	هيكل عظمي
rib (de)	ḍel' (m)	ضلع
schedel (de)	gomgoma (f)	جمجمة
spier (de)	'aḍala (f)	عضلة
biceps (de)	biseps (f)	بايسبس
triceps (de)	triseps (f)	ترايسبس
pees (de)	watar (m)	وتر
gewricht (het)	mefṣal (m)	مفصل

longen (mv.)	re'ateyn (du)	رئتين
geslachtsorganen (mv.)	a'ḍā' tanasoliya (pl)	أعضاء تناسلية
huid (de)	boʃra (m)	بشرة

31. Hoofd

hoofd (het)	ra's (m)	رأس
gezicht (het)	weʃ (m)	وش
neus (de)	manaχīr (m)	مناخير
mond (de)	bo' (m)	بوء
oog (het)	'eyn (f)	عين
ogen (mv.)	'oyūn (pl)	عيون
pupil (de)	ḥad'a (f)	حدقة
wenkbrauw (de)	ḥāgeb (m)	حاجب
wimper (de)	remʃ (m)	رمش
ooglid (het)	gefn (m)	جفن
tong (de)	lesān (m)	لسان
tand (de)	senna (f)	سنّة
lippen (mv.)	ʃafāyef (pl)	شفايف
jukbeenderen (mv.)	'aḍmet el χadd (f)	عضمة الخدّ
tandvlees (het)	lassa (f)	لثّة
gehemelte (het)	ḥanak (m)	حنك
neusgaten (mv.)	manaχer (pl)	مناخر
kin (de)	da''n (m)	دقن
kaak (de)	fakk (m)	فكّ
wang (de)	χadd (m)	خدّ
voorhoofd (het)	gabha (f)	جبهة
slaap (de)	ṣedɣ (m)	صدغ
oor (het)	wedn (f)	ودن
achterhoofd (het)	'afa (m)	قفا
hals (de)	ra'aba (f)	رقبة
keel (de)	zore (m)	زور
haren (mv.)	ʃa'r (m)	شعر
kapsel (het)	tasrīḥa (f)	تسريحة
haarsnit (de)	tasrīḥa (f)	تسريحة
pruik (de)	barūka (f)	باروكة
snor (de)	ʃanab (pl)	شنب
baard (de)	leḥya (f)	لحية
dragen (een baard, enz.)	'ando	عنده
vlecht (de)	ḍefīra (f)	ضفيرة
bakkebaarden (mv.)	sawālef (pl)	سوالف
ros (roodachtig, rossig)	aḥmar el ʃa'r	أحمر الشعر
grijs (~ haar)	ʃa'r abyaḍ	شعر أبيض
kaal (bn)	aṣla'	أصلع
kale plek (de)	ṣala' (m)	صلع
paardenstaart (de)	deyl ḥoṣān (m)	ديل حصان
pony (de)	'oṣṣa (f)	قصّة

32. Menselijk lichaam

hand (de)	yad (m)	يد
arm (de)	derā' (f)	دراع
vinger (de)	ṣobā' (m)	صباع
teen (de)	ṣobā' el 'adam (m)	صباع القدم
duim (de)	ebhām (m)	إبهام
pink (de)	χonṣor (m)	خنصر
nagel (de)	ḍefr (m)	ضفر
vuist (de)	qabḍa (f)	قبضة
handpalm (de)	kaff (f)	كفّ
pols (de)	me'ṣam (m)	معصم
voorarm (de)	sā'ed (m)	ساعد
elleboog (de)	kū' (m)	كوع
schouder (de)	ketf (f)	كتف
been (rechter ~)	regl (f)	رجل
voet (de)	qadam (f)	قدم
knie (de)	rokba (f)	ركبة
kuit (de)	semmāna (f)	سمّانة
heup (de)	faχd (f)	فخد
hiel (de)	ka'b (m)	كعب
lichaam (het)	gesm (m)	جسم
buik (de)	baṭn (m)	بطن
borst (de)	ṣedr (m)	صدر
borst (de)	sady (m)	ثدي
zijde (de)	ganb (m)	جنب
rug (de)	ḍahr (m)	ضهر
lage rug (de)	asfal el ḍahr (m)	أسفل الضهر
taille (de)	wesṭ (f)	وسط
navel (de)	sorra (f)	سرّة
billen (mv.)	ardāf (pl)	أرداف
achterwerk (het)	debr (m)	دبر
huidvlek (de)	ʃāma (f)	شامة
moedervlek (de)	waḥma	وحمة
tatoeage (de)	waʃm (m)	وشم
litteken (het)	nadba (f)	ندبة

Kleding en accessoires

33. Bovenkleding. Jassen

kleren (mv.)	malābes (pl)	ملابس
bovenkleding (de)	malābes fo'aniya (pl)	ملابس فوقانيّة
winterkleding (de)	malābes ʃetwiya (pl)	ملابس شتويّة
jas (de)	balṭo (m)	بالطو
bontjas (de)	balṭo farww (m)	بالطو فروّ
bontjasje (het)	ʒaket farww (m)	جاكيت فروّ
donzen jas (de)	balṭo maḥʃy rīʃ (m)	بالطو محشي ريش
jasje (bijv. een leren ~)	ʒæket (m)	جاكيت
regenjas (de)	ʒæket lel maṭar (m)	جاكيت للمطر
waterdicht (bn)	wāqy men el maya	واقي من الميّة

34. Heren & dames kleding

overhemd (het)	'amīṣ (m)	قميص
broek (de)	banṭalone (f)	بنطلون
jeans (de)	ʒeans (m)	جينز
colbert (de)	ʒæket (f)	جاكت
kostuum (het)	badla (f)	بدلة
jurk (de)	fostān (m)	فستان
rok (de)	ʒība (f)	جيبة
blouse (de)	bloza (f)	بلوزة
wollen vest (de)	kardigan (m)	كارديجن
blazer (kort jasje)	ʒæket (m)	جاكيت
T-shirt (het)	ti ʃirt (m)	تي شيرت
shorts (mv.)	ʃort (m)	شورت
trainingspak (het)	treneng (m)	ترينينج
badjas (de)	robe el ḥammām (m)	روب حمّام
pyjama (de)	beʒāma (f)	بيجاما
sweater (de)	blover (f)	بلوفر
pullover (de)	blover (m)	بلوفر
gilet (het)	vest (m)	فيست
rokkostuum (het)	badlet sahra ṭawīla (f)	بدلة سهرة طويلة
smoking (de)	badla (f)	بدلة
uniform (het)	zayī muwaḥḥad (m)	زيّ موحّد
werkkleding (de)	lebs el ʃoɣl (m)	لبس الشغل
overall (de)	overall (m)	اوفر اول
doktersjas (de)	balṭo (m)	بالطو

35. Kleding. Ondergoed

ondergoed (het)	malābes dāχeliya (pl)	ملابس داخلية
herenslip (de)	sirwāl dāχly rigāly (m)	سروال داخلي رجاليّ
slipjes (mv.)	sirwāl dāχly nisā'y (m)	سروال داخلي نسائيّ
onderhemd (het)	fanella (f)	فانلّا
sokken (mv.)	ʃarāb (m)	شراب
nachthemd (het)	'amīṣ nome (m)	قميص نوم
beha (de)	setyāna (f)	ستيانة
kniekousen (mv.)	ʃarabāt ṭawīla (pl)	شرابات طويلة
panty (de)	klone (m)	كلون
nylonkousen (mv.)	gawāreb (pl)	جوارب
badpak (het)	mayo (m)	مايّوه

36. Hoofddeksels

hoed (de)	ṭa'iya (f)	طاقيّة
deukhoed (de)	borneyṭa (f)	برنيطة
honkbalpet (de)	base bāl kāb (m)	بيس بول كاب
kleppet (de)	ṭa'iya mosaṭṭaḥa (f)	طاقيّة مسطحة
baret (de)	bereyh (m)	بيريه
kap (de)	ɣaṭa' (f)	غطاء
panamahoed (de)	qobba'et banama (f)	قبّعة بناما
gebreide muts (de)	ays kāb (m)	آيس كاب
hoofddoek (de)	eʃarb (m)	إيشارب
dameshoed (de)	borneyṭa (f)	برنيطة
veiligheidshelm (de)	χawza (f)	خوذة
veldmuts (de)	kāb (m)	كاب
helm, valhelm (de)	χawza (f)	خوذة
bolhoed (de)	qobba'a (f)	قبّعة
hoge hoed (de)	qobba'a rasmiya (f)	قبّعة رسمية

37. Schoeisel

schoeisel (het)	gezam (pl)	جزم
schoenen (mv.)	gazma (f)	جزمة
vrouwenschoenen (mv.)	gazma (f)	جزمة
laarzen (mv.)	būt (m)	بوت
pantoffels (mv.)	ʃebʃeb (m)	شبشب
sportschoenen (mv.)	kotʃy tennis (m)	كوتشي تنس
sneakers (mv.)	kotʃy (m)	كوتشي
sandalen (mv.)	ṣandal (pl)	صندل
schoenlapper (de)	eskāfy (m)	إسكافي
hiel (de)	ka'b (m)	كعب

paar (een ~ schoenen)	goze (m)	جوز
veter (de)	ʃerīṭ (m)	شريط
rijgen (schoenen ~)	rabaṭ	ربط
schoenlepel (de)	labbāsa el gazma (f)	لبّاسة الجزمة
schoensmeer (de/het)	warnīʃ el gazma (m)	ورنيش الجزمة

38. Textiel. Weefsel

katoen (de/het)	ʾoṭn (m)	قطن
katoenen (bn)	ʾoṭny	قطني
vlas (het)	kettān (m)	كتّان
vlas-, van vlas (bn)	men el kettān	من الكتّان
zijde (de)	ḥarīr (m)	حرير
zijden (bn)	ḥarīry	حريري
wol (de)	ṣūf (m)	صوف
wollen (bn)	ṣūfiya	صوفية
fluweel (het)	moχmal (m)	مخمل
suède (de)	geld mazʾabar (m)	جلد مزأبر
ribfluweel (het)	ʾoṭṭn ʾaṭīfa (f)	قطن قطيفة
nylon (de/het)	nylon (m)	نايلون
nylon-, van nylon (bn)	men el naylon	من النيلون
polyester (het)	bolyester (m)	بوليستر
polyester- (abn)	men el bolyastar	من البوليستر
leer (het)	geld (m)	جلد
leren (van leer gemaak)	men el geld	من الجلد
bont (het)	farww (m)	فروّ
bont- (abn)	men el farww	من الفروّ

39. Persoonlijke accessoires

handschoenen (mv.)	gwanty (m)	جوانتي
wanten (mv.)	gwanty men ɣeyr aṣābeʿ (m)	جوانتي من غير أصابع
sjaal (fleece ~)	skarf (m)	سكارف
bril (de)	naḍḍāra (f)	نظّارة
brilmontuur (het)	eṭār (m)	إطار
paraplu (de)	ʃamsiya (f)	شمسيّة
wandelstok (de)	ʿaṣāya (f)	عصاية
haarborstel (de)	forʃet ʃaʿr (f)	فرشة شعر
waaier (de)	marwaḥa (f)	مروّحة
das (de)	karavetta (f)	كرافتة
strikje (het)	bebyona (m)	بيبيونة
bretels (mv.)	ḥammala (f)	حمّالة
zakdoek (de)	mandīl (m)	منديل
kam (de)	meʃṭ (m)	مشط
haarspeldje (het)	dabbūs (m)	دبّوس

schuifspeldje (het)	bensa (m)	بنسة
gesp (de)	bokla (f)	بكلة
broekriem (de)	ḥezām (m)	حزام
draagriem (de)	ḥammalet el ketf (f)	حمّالة الكتف
handtas (de)	ʃanṭa (f)	شنطة
damestas (de)	ʃanṭet yad (f)	شنطة يد
rugzak (de)	ʃanṭet ḍahr (f)	شنطة ظهر

40. Kleding. Diversen

mode (de)	mūḍa (f)	موضة
de mode (bn)	fel moḍa	في الموضة
kledingstilist (de)	moṣammem azyā' (m)	مصمّم أزياء
kraag (de)	yā'a (f)	ياقة
zak (de)	geyb (m)	جيب
zak- (abn)	geyb	جيب
mouw (de)	komm (m)	كمّ
lusje (het)	ʿelāqa (f)	علّاقة
gulp (de)	lesān (m)	لسان
rits (de)	sosta (f)	سوستة
sluiting (de)	maʃbak (m)	مشبك
knoop (de)	zerr (m)	زرّ
knoopsgat (het)	ʿarwa (f)	عروة
losraken (bijv. knopen)	we'eʿ	وقع
naaien (kleren, enz.)	χayaṭ	خيّط
borduren (ww)	ṭarraz	طرّز
borduursel (het)	taṭrīz (m)	تطريز
naald (de)	ebra (f)	إبرة
draad (de)	χeyṭ (m)	خيط
naad (de)	derz (m)	درز
vies worden (ww)	ettwassaχ	إتّوسّخ
vlek (de)	bo''a (f)	بقعة
gekreukt raken (ov. kleren)	takarmaʃ	تكرمش
scheuren (ov.ww.)	'aṭaʿ	قطع
mot (de)	ʿetta (f)	عتّة

41. Persoonlijke verzorging. Schoonheidsmiddelen

tandpasta (de)	maʿgūn asnān (m)	معجون أسنان
tandenborstel (de)	forʃet senān (f)	فرشة أسنان
tanden poetsen (ww)	naḍḍaf el asnān	نظّف الأسنان
scheermes (het)	mūs (m)	موس
scheerschuim (het)	krīm ḥelā'a (m)	كريم حلاقة
zich scheren (ww)	ḥala'	حلق
zeep (de)	ṣabūn (m)	صابون

shampoo (de)	ʃambū (m)	شامبو
schaar (de)	ma'aṣ (m)	مقص
nagelvijl (de)	mabrad (m)	مبرد
nagelknipper (de)	mel'aṭ (m)	ملقط
pincet (het)	mel'aṭ (m)	ملقط
cosmetica (mv.)	mawād tagmīl (pl)	مواد تجميل
masker (het)	mask (m)	ماسك
manicure (de)	monekīr (m)	مونيكير
manicure doen	'amal monikīr	عمل مونيكير
pedicure (de)	badikīr (m)	باديكير
cosmetica tasje (het)	ʃanṭet mekyāʒ (f)	شنطة مكياج
poeder (de/het)	bodret weʃ (f)	بودرة وش
poederdoos (de)	'elbet bodra (f)	علبة بودرة
rouge (de)	aḥmar χodūd (m)	أحمر خدود
parfum (de/het)	barfān (m)	بارفان
eau de toilet (de)	kolonya (f)	كولونيا
lotion (de)	loʃion (m)	لوشن
eau de cologne (de)	kolonya (f)	كولونيا
oogschaduw (de)	eyeʃadow (m)	ايّ شادو
oogpotlood (het)	koḥl (m)	كحل
mascara (de)	maskara (f)	ماسكارا
lippenstift (de)	rūʒ (m)	روج
nagellak (de)	monekīr (m)	مونيكير
haarlak (de)	mosabbet el ʃa'r (m)	مثبّت الشعر
deodorant (de)	mozīl 'ara' (m)	مزيل عرق
crème (de)	krīm (m)	كريم
gezichtscrème (de)	krīm lel weʃ (m)	كريم للوش
handcrème (de)	krīm eyd (m)	كريم أيد
antirimpelcrème (de)	krīm moḍād lel taga'īd (m)	كريم مضاد للتجاعيد
dagcrème (de)	krīm en nahār (m)	كريم النهار
nachtcrème (de)	krīm el leyl (m)	كريم الليل
dag- (abn)	nahāry	نهاري
nacht- (abn)	layly	ليّلي
tampon (de)	tambon (m)	تانبون
toiletpapier (het)	wara' twalet (m)	ورق تواليت
föhn (de)	seʃwār (m)	سشوار

42. Juwelen

sieraden (mv.)	mogawharāt (pl)	مجوّهرات
edel (bijv. ~ stenen)	ɣāly	غالي
keurmerk (het)	damɣa (f)	دمغة
ring (de)	χātem (m)	خاتم
trouwring (de)	deblet el faraḥ (m)	دبلة الفرح
armband (de)	eswera (m)	إسوّرة
oorringen (mv.)	ḥala' (m)	حلق

halssnoer (het)	ʻo'd (m)	عقد
kroon (de)	tāg (m)	تاج
kralen snoer (het)	ʻo'd χaraz (m)	عقد خرز
diamant (de)	almāz (m)	ألماز
smaragd (de)	zomorrod (m)	زمرّد
robijn (de)	ya'ūt aḥmar (m)	ياقوت أحمر
saffier (de)	ya'ūt azra' (m)	ياقوت أزرق
parel (de)	lo'lo' (m)	لؤلؤ
barnsteen (de)	kahramān (m)	كهرمان

43. Horloges. Klokken

polshorloge (het)	sāʻa (f)	ساعة
wijzerplaat (de)	wag-h el sāʻa (m)	وجه الساعة
wijzer (de)	ʻa'rab el sāʻa (m)	عقرب الساعة
metalen horlogeband (de)	ʃerī'ṭ sāʻa maʻdaniya (m)	شريط ساعة معدنية
horlogebandje (het)	ʃerī'ṭ el sāʻa (m)	شريط الساعة
batterij (de)	baṭṭariya (f)	بطّاريّة
leeg zijn (ww)	χelṣet	خلصت
batterij vervangen	ɣayar el baṭṭariya	غيّر البطّاريّة
voorlopen (ww)	saba'	سبق
achterlopen (ww)	ta'akχar	تأخّر
wandklok (de)	sāʻet ḥeyṭa (f)	ساعة حيطة
zandloper (de)	sāʻa ramliya (f)	ساعة رمليّة
zonnewijzer (de)	sāʻa ʃamsiya (f)	ساعة شمسيّة
wekker (de)	monabbeh (m)	منبّه
horlogemaker (de)	saʻāty (m)	ساعاتي
repareren (ww)	ṣallaḥ	صلّح

Voedsel. Voeding

44. Voedsel

vlees (het)	laḥma (f)	لحمة
kip (de)	ferāχ (m)	فراخ
kuiken (het)	farrūg (m)	فرّوج
eend (de)	baṭṭa (f)	بطّة
gans (de)	wezza (f)	وزّة
wild (het)	ṣeyd (m)	صيد
kalkoen (de)	dīk rūmy (m)	ديك رومي
varkensvlees (het)	laḥm el χanazīr (m)	لحم الخنزير
kalfsvlees (het)	laḥm el ʿegl (m)	لحم العجل
schapenvlees (het)	laḥm ḍāny (m)	لحم ضاني
rundvlees (het)	laḥm baqary (m)	لحم بقري
konijnenvlees (het)	laḥm arāneb (m)	لحم أرانب
worst (de)	sogo'' (m)	سجق
saucijs (de)	sogo'' (m)	سجق
spek (het)	bakon (m)	بيكون
ham (de)	hām(m)	هام
gerookte achterham (de)	faχd χanzīr (m)	فخد خنزير
paté (de)	maʿgūn laḥm (m)	معجون لحم
lever (de)	kebda (f)	كبدة
gehakt (het)	hamburger (m)	هامبورجر
tong (de)	lesān (m)	لسان
ei (het)	beyḍa (f)	بيضة
eieren (mv.)	beyḍ (m)	بيض
eiwit (het)	bayāḍ el beyḍ (m)	بياض البيض
eigeel (het)	ṣafār el beyḍ (m)	صفار البيض
vis (de)	samak (m)	سمك
zeevruchten (mv.)	sīfūd (pl)	سي فود
kaviaar (de)	kaviar (m)	كافيار
krab (de)	kaboria (m)	كابوريا
garnaal (de)	gammbary (m)	جمبري
oester (de)	maḥār (m)	محار
langoest (de)	estakoza (m)	استاكوزا
octopus (de)	aχṭabūṭ (m)	أخطبوط
inktvis (de)	kalmāry (m)	كالماري
steur (de)	samak el ḥafʃ (m)	سمك الحفش
zalm (de)	salamon (m)	سلمون
heilbot (de)	samak el halbūt (m)	سمك الهلبوت
kabeljauw (de)	samak el qadd (m)	سمك القد
makreel (de)	makerel (m)	ماكريل

tonijn (de)	tuna (f)	تونة
paling (de)	ḥankalīs (m)	حنكليس
forel (de)	salamon mera''aṭ (m)	سلمون مرقّط
sardine (de)	sardīn (m)	سردين
snoek (de)	samak el karāky (m)	سمك الكراكي
haring (de)	renga (f)	رنجة
brood (het)	'eyʃ (m)	عيش
kaas (de)	gebna (f)	جبنة
suiker (de)	sokkar (m)	سكّر
zout (het)	melḥ (m)	ملح
rijst (de)	rozz (m)	رزّ
pasta (de)	makaruna (f)	مكرونة
noedels (mv.)	nūdles (f)	نودلز
boter (de)	zebda (f)	زبدة
plantaardige olie (de)	zeyt (m)	زيت
zonnebloemolie (de)	zeyt 'abbād el ʃams (m)	زيت عبّاد الشمس
margarine (de)	margarīn (m)	مارجرين
olijven (mv.)	zaytūn (m)	زيتون
olijfolie (de)	zeyt el zaytūn (m)	زيت الزيتون
melk (de)	laban (m)	لبن
gecondenseerde melk (de)	ḥalīb mokassaf (m)	حليب مكثّف
yoghurt (de)	zabādy (m)	زبادي
zure room (de)	kreyma ḥamḍa (f)	كريمة حامضة
room (de)	krīma (f)	كريمة
mayonaise (de)	mayonnɛ:z (m)	مايونيز
crème (de)	krīmet zebda (f)	كريمة زبدة
graan (het)	ḥobūb 'amḥ (pl)	حبوب قمح
meel (het), bloem (de)	de'ī' (m)	دقيق
conserven (mv.)	mo'allabāt (pl)	معلّبات
maïsvlokken (mv.)	korn fleks (m)	كورن فليكس
honing (de)	'asal (m)	عسل
jam (de)	mrabba (m)	مربّى
kauwgom (de)	lebān (m)	لبان

45. Drankjes

water (het)	meyāh (f)	مياه
drinkwater (het)	mayet ʃorb (m)	ميّة شرب
mineraalwater (het)	maya ma'daniya (f)	ميّة معدنية
zonder gas	rakeda	راكدة
koolzuurhoudend (bn)	kanz	كانز
bruisend (bn)	kanz	كانز
ijs (het)	talg (m)	ثلج
met ijs	bel talg	بالتلج

alcohol vrij (bn)	men ɣeyr koḥūl	من غير كحول
alcohol vrije drank (de)	maʃrūb ɣāzy (m)	مشروب غازي
frisdrank (de)	ḥāga sa''a (f)	حاجة ساقعة
limonade (de)	limonāta (f)	ليموناتة
alcoholische dranken (mv.)	maʃrūbāt koḥūliya (pl)	مشروبات كحولية
wijn (de)	xamra (f)	خمرة
witte wijn (de)	nebīz abyaḍ (m)	نبيذ أبيض
rode wijn (de)	nebī aḥmar (m)	نبيذ أحمر
likeur (de)	liqure (m)	ليكيور
champagne (de)	ʃambania (f)	شمبانيا
vermout (de)	vermote (m)	فيرموت
whisky (de)	wiski (m)	ويسكي
wodka (de)	vodka (f)	فودكا
gin (de)	ʒin (m)	جين
cognac (de)	konyāk (m)	كونياك
rum (de)	rum (m)	رم
koffie (de)	'ahwa (f)	قهوة
zwarte koffie (de)	'ahwa sāda (f)	قهوة سادة
koffie (de) met melk	'ahwa bel ḥalīb (f)	قهوة بالحليب
cappuccino (de)	kaputʃino (m)	كابتشينو
oploskoffie (de)	neskafe (m)	نيسكافيه
melk (de)	laban (m)	لبن
cocktail (de)	koktayl (m)	كوكتيل
milkshake (de)	milk ʃejk (m)	ميلك شيك
sap (het)	ʿaṣīr (m)	عصير
tomatensap (het)	ʿaṣīr ṭamāṭem (m)	عصير طماطم
sinaasappelsap (het)	ʿaṣīr bortoqāl (m)	عصير برتقال
vers geperst sap (het)	ʿaṣīr freʃ (m)	عصير فريش
bier (het)	bīra (f)	بيرة
licht bier (het)	bīra xafīfa (f)	بيرة خفيفة
donker bier (het)	bīra ɣam'a (f)	بيرة غامقة
thee (de)	ʃāy (m)	شاي
zwarte thee (de)	ʃāy aḥmar (m)	شاي أحمر
groene thee (de)	ʃāy axḍar (m)	شاي أخضر

46. Groenten

groenten (mv.)	xoḍār (pl)	خضار
verse kruiden (mv.)	xoḍrawāt waraqiya (pl)	خضروات ورقية
tomaat (de)	ṭamāṭem (f)	طماطم
augurk (de)	xeyār (m)	خيار
wortel (de)	gazar (m)	جزر
aardappel (de)	baṭāṭes (f)	بطاطس
ui (de)	baṣal (m)	بصل
knoflook (de)	tūm (m)	ثوم

kool (de)	koronb (m)	كرنب
bloemkool (de)	ʾarnabīṭ (m)	قرنبيط
spruitkool (de)	koronb broksel (m)	كرنب بروكسل
broccoli (de)	brokkoli (m)	بركولي
rode biet (de)	bangar (m)	بنجر
aubergine (de)	bātengān (m)	باذنجان
courgette (de)	kōsa (f)	كوسة
pompoen (de)	qarʿ ʿasaly (m)	قرع عسلي
raap (de)	left (m)	لفت
peterselie (de)	baʾdūnes (m)	بقدونس
dille (de)	ʃabat (m)	شبت
sla (de)	χass (m)	خسّ
selderij (de)	karfas (m)	كرفس
asperge (de)	helione (m)	هليون
spinazie (de)	sabāneχ (m)	سبانخ
erwt (de)	besella (f)	بسلّة
bonen (mv.)	fūl (m)	فول
maïs (de)	dora (f)	ذرة
boon (de)	faṣolya (f)	فاصوليا
peper (de)	felfel (m)	فلفل
radijs (de)	fegl (m)	فجل
artisjok (de)	χarʃūf (m)	خرشوف

47. Vruchten. Noten

vrucht (de)	faχa (f)	فاكهة
appel (de)	toffāḥa (f)	تفّاحة
peer (de)	komettra (f)	كمّثرى
citroen (de)	lymūn (m)	ليمون
sinaasappel (de)	bortoqāl (m)	برتقال
aardbei (de)	farawla (f)	فراولة
mandarijn (de)	yosfy (m)	يوسفي
pruim (de)	barʾūʾ (m)	برقوق
perzik (de)	χawχa (f)	خوخة
abrikoos (de)	meʃmeʃ (f)	مشمش
framboos (de)	tūt el ʿalīʾ el aḥmar (m)	توت العليق الأحمر
ananas (de)	ananās (m)	أناناس
banaan (de)	moze (m)	موز
watermeloen (de)	baṭṭīχ (m)	بطّيخ
druif (de)	ʿenab (m)	عنب
kers (de)	karaz (m)	كرز
meloen (de)	ʃammām (f)	شمّام
grapefruit (de)	grabe frūt (m)	جريب فروت
avocado (de)	avokado (f)	افوكاتو
papaja (de)	babāya (m)	ببايا
mango (de)	manga (m)	مانجة
granaatappel (de)	rommān (m)	رمان

rode bes (de)	keʃmeʃ aḥmar (m)	كشمش أحمر
zwarte bes (de)	keʃmeʃ aswad (m)	كشمش أسود
kruisbes (de)	ʿenab el saʿlab (m)	عنب الثعلب
bosbes (de)	ʿenab al aḥrāg (m)	عنب الأحراج
braambes (de)	tūt aswad (m)	توت أسود
rozijn (de)	zebīb (m)	زبيب
vijg (de)	tīn (m)	تين
dadel (de)	tamr (m)	تمر
pinda (de)	fūl sudāny (m)	فول سوداني
amandel (de)	loze (m)	لوز
walnoot (de)	ʿeyn gamal (f)	عين الجمل
hazelnoot (de)	bondoʾ (m)	بندق
kokosnoot (de)	goze el hend (m)	جوز هند
pistaches (mv.)	fostoʾ (m)	فستق

48. Brood. Snoep

suikerbakkerij (de)	ḥalawīāt (pl)	حلويّات
brood (het)	ʿeyʃ (m)	عيش
koekje (het)	baskawīt (m)	بسكويت
chocolade (de)	ʃokolāta (f)	شكولاتة
chocolade- (abn)	bel ʃokolāṭa	بالشكولاتة
snoepje (het)	bonbony (m)	بونبوني
cakeje (het)	keyka (f)	كيكة
taart (bijv. verjaardags~)	torta (f)	تورتة
pastei (de)	feṭīra (f)	فطيرة
vulling (de)	ḥaʃwa (f)	حشوة
confituur (de)	mrabba (m)	مربّى
marmelade (de)	marmalād (f)	مرملاد
wafel (de)	waffles (pl)	وافلز
ijsje (het)	ʾays krīm (m)	آيس كريم
pudding (de)	būding (m)	بودنج

49. Bereide gerechten

gerecht (het)	wagba (f)	وجبة
keuken (bijv. Franse ~)	maṭbaχ (m)	مطبخ
recept (het)	waṣfa (f)	وصفة
portie (de)	naṣīb (m)	نصيب
salade (de)	solṭa (f)	سلطة
soep (de)	ʃorba (f)	شوربة
bouillon (de)	maraʾa (m)	مرقة
boterham (de)	sandawitʃ (m)	ساندويتش
spiegelei (het)	beyḍ maʾly (m)	بيض مقلي
hamburger (de)	hamburger (m)	هامبورجر

biefstuk (de)	steak laḥm (m)	ستيك لحم
garnering (de)	ṭaba' gāneby (m)	طبق جانبي
spaghetti (de)	spaɣetti (m)	سباجيتي
aardappelpuree (de)	baṭāṭes mahrūsa (f)	بطاطس مهروسة
pizza (de)	bītza (f)	بيتزا
pap (de)	'aṣīda (f)	عصيدة
omelet (de)	omlette (m)	اومليت
gekookt (in water)	maslū'	مسلوق
gerookt (bn)	modakχen	مدخّن
gebakken (bn)	ma'ly	مقلي
gedroogd (bn)	mogaffaf	مجفّف
diepvries (bn)	mogammad	مجمّد
gemarineerd (bn)	meχallel	مخلّل
zoet (bn)	mesakkar	مسكّر
gezouten (bn)	māleḥ	مالح
koud (bn)	bāred	بارد
heet (bn)	soχn	سخن
bitter (bn)	morr	مرّ
lekker (bn)	ḥelw	حلو
koken (in kokend water)	sala'	سلق
bereiden (avondmaaltijd ~)	ḥaḍḍar	حضّر
bakken (ww)	'ala	قلى
opwarmen (ww)	sakχan	سخّن
zouten (ww)	raʃ malḥ	رشّ ملح
peperen (ww)	raʃ felfel	رشّ فلفل
raspen (ww)	baraʃ	برش
schil (de)	'eʃra (f)	قشرة
schillen (ww)	'asʃar	قشّر

50. Kruiden

zout (het)	melḥ (m)	ملح
gezouten (bn)	māleḥ	مالح
zouten (ww)	raʃ malḥ	رشّ ملح
zwarte peper (de)	felfel aswad (m)	فلفل أسوّد
rode peper (de)	felfel aḥmar (m)	فلفل أحمر
mosterd (de)	mosṭarda (m)	مسطردة
mierikswortel (de)	fegl ḥār (m)	فجل حار
condiment (het)	bahār (m)	بهار
specerij, kruiderij (de)	bahār (m)	بهار
saus (de)	ṣalṣa (f)	صلصة
azijn (de)	χall (m)	خلّ
anijs (de)	yansūn (m)	ينسون
basilicum (de)	rīḥān (m)	ريحان
kruidnagel (de)	'oronfol (m)	قرنفل
gember (de)	zangabīl (m)	زنجبيل
koriander (de)	kozbora (f)	كزبرة

kaneel (de/het)	'erfa (f)	قرفة
sesamzaad (het)	semsem (m)	سمسم
laurierblad (het)	wara' el ɣār (m)	ورق الغار
paprika (de)	babrika (f)	بابريكا
komijn (de)	karawya (f)	كراوية
saffraan (de)	zaʿfarān (m)	زعفران

51. Maaltijden

eten (het)	akl (m)	أكل
eten (ww)	akal	أكل
ontbijt (het)	foṭūr (m)	فطور
ontbijten (ww)	feṭer	فطر
lunch (de)	ɣada' (m)	غداء
lunchen (ww)	etɣadda	إتغدّى
avondeten (het)	ʿaʃā' (m)	عشاء
souperen (ww)	etʿasʃa	إتعشّى
eetlust (de)	ʃahiya (f)	شهيّة
Eet smakelijk!	bel hana wel ʃefa!	بالهنا والشفا!
openen (een fles ~)	fataḥ	فتح
morsen (koffie, enz.)	dala'	دلق
zijn gemorst	dala'	دلق
koken (water kookt bij 100°C)	ɣely	غلى
koken (Hoe om water te ~)	ɣely	غلى
gekookt (~ water)	maɣly	مغلي
afkoelen (koeler maken)	barrad	برّد
afkoelen (koeler worden)	barrad	برّد
smaak (de)	ṭaʿm (m)	طعم
nasmaak (de)	ṭaʿm ma baʿd el mazāq (m)	طعم ما بعد المذاق
volgen een dieet	χass	خسّ
dieet (het)	reʒīm (m)	رجيم
vitamine (de)	vitamīn (m)	فيتامين
calorie (de)	soʿra ḥarāriya (f)	سعرة حراريّة
vegetariër (de)	nabāty (m)	نباتي
vegetarisch (bn)	nabāty	نباتي
vetten (mv.)	dohūn (pl)	دهون
eiwitten (mv.)	brotenāt (pl)	بروتينات
koolhydraten (mv.)	naʃawīāt (pl)	نشويّات
snede (de)	ʃarīḥa (f)	شريحة
stuk (bijv. een ~ taart)	'eṭʿa (f)	قطعة
kruimel (de)	fattāta (f)	فتاتة

52. Tafelschikking

lepel (de)	maʿla'a (f)	معلقة
mes (het)	sekkīna (f)	سكّينة

vork (de)	ʃawka (f)	شوكة
kopje (het)	fengān (m)	فنجان
bord (het)	ṭaba' (m)	طبق
schoteltje (het)	ṭaba' fengān (m)	طبق فنجان
servet (het)	mandīl wara' (m)	منديل ورق
tandenstoker (de)	χallet senān (f)	خلة سنان

53. Restaurant

restaurant (het)	maṭ'am (m)	مطعم
koffiehuis (het)	'ahwa (f), kaféih (m)	قهوة, كافيه
bar (de)	bār (m)	بار
tearoom (de)	ṣalone ʃāy (m)	صالون شاي
kelner, ober (de)	garsone (m)	جرسون
serveerster (de)	garsona (f)	جرسونة
barman (de)	bārman (m)	بارمان
menu (het)	qā'emet el ṭa'ām (f)	قائمة طعام
wijnkaart (de)	qā'emet el χomūr (f)	قائمة خمور
een tafel reserveren	ḥagaz sofra	حجز سفرة
gerecht (het)	wagba (f)	وجبة
bestellen (eten ~)	ṭalab	طلب
een bestelling maken	ṭalab	طلب
aperitief (de/het)	ʃarāb (m)	شراب
voorgerecht (het)	moqabbelāt (pl)	مقبّلات
dessert (het)	ḥalawīāt (pl)	حلويّات
rekening (de)	ḥesāb (m)	حساب
de rekening betalen	dafa' el ḥesāb	دفع الحساب
wisselgeld teruggeven	edda el bā'y	ادّي الباقي
fooi (de)	ba'ʃīʃ (m)	بقشيش

Familie, verwanten en vrienden

54. Persoonlijke informatie. Formulieren

naam (de)	esm (m)	اسم
achternaam (de)	esm el ʿaʾela (m)	اسم العائلة
geboortedatum (de)	tarīχ el melād (m)	تاريخ الميلاد
geboorteplaats (de)	makān el melād (m)	مكان الميلاد
nationaliteit (de)	gensiya (f)	جنسيّة
woonplaats (de)	maqarr el eqāma (m)	مقرّ الإقامة
land (het)	balad (m)	بلد
beroep (het)	mehna (f)	مهنة
geslacht (ov. het vrouwelijk ~)	ginss (m)	جنس
lengte (de)	ṭūl (m)	طول
gewicht (het)	wazn (m)	وزن

55. Familieleden. Verwanten

moeder (de)	walda (f)	والدة
vader (de)	wāled (m)	والد
zoon (de)	walad (m)	ولد
dochter (de)	bent (f)	بنت
jongste dochter (de)	el bent el saɣīra (f)	البنت الصغيرة
jongste zoon (de)	el ebn el saɣīr (m)	الابن الصغير
oudste dochter (de)	el bent el kebīra (f)	البنت الكبيرة
oudste zoon (de)	el ebn el kabīr (m)	الابن الكبير
broer (de)	aχ (m)	أخ
oudere broer (de)	el aχ el kibīr (m)	الأخ الكبير
jongere broer (de)	el aχ el ṣoɣeyyir (m)	الأخ الصغير
zuster (de)	oχt (f)	أخت
oudere zuster (de)	el uχt el kibīra (f)	الأخت الكبيرة
jongere zuster (de)	el uχt el ṣoɣeyyira (f)	الأخت الصغيرة
neef (zoon van oom, tante)	ibn ʿamm (m), ibn χāl (m)	إبن عمّ, إبن خال
nicht (dochter van oom, tante)	bint ʿamm (f), bint χāl (f)	بنت عم, بنت خال
mama (de)	mama (f)	ماما
papa (de)	baba (m)	بابا
ouders (mv.)	waldeyn (du)	والدين
kind (het)	ṭefl (m)	طفل
kinderen (mv.)	aṭfāl (pl)	أطفال
oma (de)	gedda (f)	جدّة
opa (de)	gadd (m)	جدّ

kleinzoon (de)	ḥafīd (m)	حفيد
kleindochter (de)	ḥafīda (f)	حفيدة
kleinkinderen (mv.)	aḥfād (pl)	أحفاد
oom (de)	ʿamm (m), χāl (m)	عمّ, خال
tante (de)	ʿamma (f), χāla (f)	عمة, خالة
neef (zoon van broer, zus)	ibn el aχ (m), ibn el uχt (m)	إبن الأخ, إبن الأخت
nicht (dochter van broer, zus)	bint el aχ (f), bint el uχt (f)	بنت الأخ, بنت الأخت
schoonmoeder (de)	ḥamah (f)	حماة
schoonvader (de)	ḥama (m)	حما
schoonzoon (de)	goze el bent (m)	جوز البنت
stiefmoeder (de)	merāt el abb (f)	مرات الأب
stiefvader (de)	goze el omm (m)	جوز الأم
zuigeling (de)	ṭefl raḍeeʿ (m)	طفل رضيع
wiegenkind (het)	mawlūd (m)	مولود
kleuter (de)	walad ṣaɣīr (m)	ولد صغير
vrouw (de)	goza (f)	جوزة
man (de)	goze (m)	جوز
echtgenoot (de)	goze (m)	جوز
echtgenote (de)	goza (f)	جوزة
gehuwd (mann.)	metgawwez	متجوّز
gehuwd (vrouw.)	metgawweza	متجوّزة
ongehuwd (mann.)	aʿzab	أعزب
vrijgezel (de)	aʿzab (m)	أعزب
gescheiden (bn)	moṭallaq (m)	مطلّق
weduwe (de)	armala (f)	أرملة
weduwnaar (de)	armal (m)	أرمل
familielid (het)	ʾarīb (m)	قريب
dichte familielid (het)	nesīb ʾarīb (m)	نسيب قريب
verre familielid (het)	nesīb beʿīd (m)	نسيب بعيد
familieleden (mv.)	aqāreb (pl)	أقارب
wees (de), weeskind (het)	yatīm (m)	يتيم
voogd (de)	walyī amr (m)	وليّ أمر
adopteren (een jongen te ~)	tabanna	تبنّى
adopteren (een meisje te ~)	tabanna	تبنّى

56. Vrienden. Collega's

vriend (de)	ṣadīq (m)	صديق
vriendin (de)	ṣadīqa (f)	صديقة
vriendschap (de)	ṣadāqa (f)	صداقة
bevriend zijn (ww)	ṣādaq	صادق
makker (de)	ṣāḥeb (m)	صاحب
vriendin (de)	ṣaḥba (f)	صاحبة
partner (de)	rafīʾ (m)	رفيق
chef (de)	raʾīs (m)	رئيس
baas (de)	el arfaʿ maqāman (m)	الأرفع مقاماً

eigenaar (de)	ṣāḥib (m)	صاحب
ondergeschikte (de)	tābeʿ (m)	تابع
collega (de)	zamīl (m)	زميل
kennis (de)	maʿrefa (m)	معرفة
medereiziger (de)	rafīʾ safar (m)	رفيق سفر
klasgenoot (de)	zamīl fel ṣaff (m)	زميل في الصفّ
buurman (de)	gār (m)	جار
buurvrouw (de)	gāra (f)	جارة
buren (mv.)	gerān (pl)	جيران

57. Man. Vrouw

vrouw (de)	set (f)	ست
meisje (het)	bent (f)	بنت
bruid (de)	ʿarūsa (f)	عروسة
mooi(e) (vrouw, meisje)	gamīla	جميلة
groot, grote (vrouw, meisje)	ṭawīla	طويلة
slank(e) (vrouw, meisje)	raʃīqa	رشيقة
korte, kleine (vrouw, meisje)	ʾaṣīra	قصيرة
blondine (de)	ʃaʾra (f)	شقراء
brunette (de)	zāt al ʃaʿr el dāken (f)	ذات الشعر الداكن
dames- (abn)	sayedāt	سيّدات
maagd (de)	ʿazrāʾ (f)	عذراء
zwanger (bn)	ḥāmel	حامل
man (de)	rāgel (m)	راجل
blonde man (de)	aʃʾar (m)	أشقر
bruinharige man (de)	zu el ʃaʿr el dāken (m)	ذو الشعر الداكن
groot (bn)	ṭawīl	طويل
klein (bn)	ʾaṣīr	قصير
onbeleefd (bn)	waqeḥ	وقح
gedrongen (bn)	malyān	مليان
robuust (bn)	matīn	متين
sterk (bn)	ʾawy	قويّ
sterkte (de)	ʾowwa (f)	قوّة
mollig (bn)	teχīn	تخين
getaand (bn)	asmar	أسمر
slank (bn)	raʃīq	رشيق
elegant (bn)	anīq	أنيق

58. Leeftijd

leeftijd (de)	ʿomr (m)	عمر
jeugd (de)	ʃabāb (m)	شباب
jong (bn)	ʃāb	شاب

jonger (bn)	aṣɣar	أصغر
ouder (bn)	akbar	أكبر
jongen (de)	ʃāb (m)	شاب
tiener, adolescent (de)	morāheq (m)	مراهق
kerel (de)	ʃāb (m)	شاب
oude man (de)	ʻagūz (m)	عجوز
oude vrouw (de)	ʻagūza (f)	عجوزة
volwassen (bn)	rāʃed (m)	راشد
van middelbare leeftijd (bn)	fe montaṣaf el ʻomr	في منتصف العمر
bejaard (bn)	ʻagūz	عجوز
oud (bn)	ʻagūz	عجوز
pensioen (het)	maʻāʃ (m)	معاش
met pensioen gaan	oḥīl ʻala el maʻāʃ	أحيل على المعاش
gepensioneerde (de)	motaqāʻed (m)	متقاعد

59. Kinderen

kind (het)	ṭefl (m)	طفل
kinderen (mv.)	aṭfāl (pl)	أطفال
tweeling (de)	taw'am (du)	توأم
wieg (de)	mahd (m)	مهد
rammelaar (de)	χoʃχeyʃa (f)	خشخيشة
luier (de)	bambarz, ḥaffāḍ (m)	بامبرز, حفاض
speen (de)	bazzāza (f)	بزّازة
kinderwagen (de)	ʻarabet aṭfāl (f)	عربة أطفال
kleuterschool (de)	rawḍet aṭfāl (f)	روضة أطفال
babysitter (de)	dāda (f)	دادة
kindertijd (de)	ṭofūla (f)	طفولة
pop (de)	ʻarūsa (f)	عروسة
speelgoed (het)	leʻba (f)	لعبة
bouwspeelgoed (het)	mokaʻʻabāt (pl)	مكعّبات
welopgevoed (bn)	mo'addab	مؤدّب
onopgevoed (bn)	'alīl el adab	قليل الأدب
verwend (bn)	metdallaʻ	متدلّع
stout zijn (ww)	ʃefy	شقي
stout (bn)	laʻūb	لعوب
stoutheid (de)	ezʻāg (m)	إزعاج
stouterd (de)	ṭefl laʻūb (m)	طفل لعوب
gehoorzaam (bn)	moṭeeʻ	مطيع
ongehoorzaam (bn)	ʻāq	عاقّ
braaf (bn)	ʻā'el	عاقل
slim (verstandig)	zaky	ذكي
wonderkind (het)	ṭefl moʻgeza (m)	طفل معجزة

60. Gehuwde paren. Gezinsleven

kussen (een kus geven)	bās	باس
elkaar kussen (ww)	bās	باس
gezin (het)	ʿeyla (f)	عيلة
gezins- (abn)	ʿāʾely	عائلي
paar (het)	gozeyn (du)	جوزين
huwelijk (het)	gawāz (m)	جواز
thuis (het)	beyt (m)	بيت
dynastie (de)	solāla ḥākema (f)	سلالة حاكمة
date (de)	mawʿed (m)	موّعد
zoen (de)	bosa (f)	بوسة
liefde (de)	ḥobb (m)	حبّ
liefhebben (ww)	ḥabb	حبّ
geliefde (bn)	ḥabīb	حبيب
tederheid (de)	ḥanān (m)	حنان
teder (bn)	ḥanūn	حنون
trouw (de)	el eχlāṣ (m)	الإخلاص
trouw (bn)	moχleṣ	مخلص
zorg (bijv. bejaarden~)	ʿenāya (f)	عناية
zorgzaam (bn)	mohtamm	مهتّم
jonggehuwden (mv.)	ʿarūseyn (du)	عروسين
wittebroodsweken (mv.)	ʃahr el ʿasal (m)	شهر العسل
trouwen (vrouw)	tagawwaz	تجوّز
trouwen (man)	tagawwaz	تجوّز
bruiloft (de)	faraḥ (m)	فرح
gouden bruiloft (de)	el zekra el χamsīn lel gawāz (f)	الذكرى الخمسين للجواز
verjaardag (de)	zekra sanawiya (f)	ذكرى سنوية
minnaar (de)	ḥabīb (m)	حبيب
minnares (de)	ḥabība (f)	حبيبة
overspel (het)	χeyāna zawgiya (f)	خيانة زوّجية
overspel plegen (ww)	χān	خان
jaloers (bn)	ɣayūr	غيّور
jaloers zijn (echtgenoot, enz.)	ɣār	غار
echtscheiding (de)	ṭalāʾ (m)	طلاق
scheiden (ww)	ṭallaʾ	طلّق
ruzie hebben (ww)	etχāneʾ	إتخانق
vrede sluiten (ww)	taṣālaḥ	تصالح
samen (bw)	maʿ baʿḍ	مع بعض
seks (de)	ginss (m)	جنس
geluk (het)	saʿāda (f)	سعادة
gelukkig (bn)	saʿīd	سعيد
ongeluk (het)	moṣība (m)	مصيبة
ongelukkig (bn)	taʿīs	تعيس

Karakter. Gevoelens. Emoties

61. Gevoelens. Emoties

gevoel (het)	ʃo'ūr (m)	شعور
gevoelens (mv.)	maʃā'er (pl)	مشاعر
voelen (ww)	ʃa'ar	شعر
honger (de)	gū' (m)	جوع
honger hebben (ww)	'āyez 'ākol	عايز آكل
dorst (de)	'aṭaʃ (m)	عطش
dorst hebben	'āyez aʃrab	عايز أشرب
slaperigheid (de)	ne'ās (m)	نعاس
willen slapen	ne'es	نعس
moeheid (de)	ta'ab (m)	تعب
moe (bn)	ta'bān	تعبان
vermoeid raken (ww)	te'eb	تعب
stemming (de)	mazāg (m)	مزاج
verveling (de)	malal (m)	ملل
zich vervelen (ww)	zehe'	زهق
afzondering (de)	'ozla (f)	عزلة
zich afzonderen (ww)	'azal	عزل
bezorgd maken	a'la'	أقلق
bezorgd zijn (ww)	'ele'	قلق
zorg (bijv. geld~en)	'ala' (m)	قلق
ongerustheid (de)	'ala' (m)	قلق
ongerust (bn)	maʃɣūl el bāl	مشغول البال
zenuwachtig zijn (ww)	etwattar	إتوّتر
in paniek raken	etχaḍḍ	إتخضّ
hoop (de)	amal (m)	أمل
hopen (ww)	tamanna	تمنّى
zekerheid (de)	yaqīn (m)	يقين
zeker (bn)	mota'akked	متأكّد
onzekerheid (de)	'adam el ta'akkod (m)	عدم التأكّد
onzeker (bn)	meʃ mota'akked	مش متأكّد
dronken (bn)	sakrān	سكران
nuchter (bn)	ṣāḥy	صاحي
zwak (bn)	ḍa'īf	ضعيف
gelukkig (bn)	sa'īd	سعيد
doen schrikken (ww)	χawwef	خوّف
toorn (de)	ɣaḍab ʃedīd (m)	غضب شديد
woede (de)	ɣaḍab (m)	غضب
depressie (de)	ekte'āb (m)	إكتئاب
ongemak (het)	'adam erteyāḥ (m)	عدم إرتياح

gemak, comfort (het)	rāḥa (f)	راحة
spijt hebben (ww)	nedem	ندم
spijt (de)	nadam (m)	ندم
pech (de)	sū' ḥazẓ (m)	سوء حظ
bedroefdheid (de)	ḥozn (f)	حزن
schaamte (de)	χagal (m)	خجل
pret (de), plezier (het)	faraḥ (m)	فرح
enthousiasme (het)	ḥamās (m)	حماس
enthousiasteling (de)	motaḥammes (m)	متحمّس
enthousiasme vertonen	taḥammas	تحمّس

62. Karakter. Persoonlijkheid

karakter (het)	ʃaχṣiya (f)	شخصية
karakterfout (de)	ʿeyb (m)	عيب
rede (de), verstand (het)	ʿaʾl (m)	عقل
geweten (het)	ḍamīr (m)	ضمير
gewoonte (de)	ʿāda (f)	عادة
bekwaamheid (de)	qodra (f)	قدرة
kunnen (bijv., ~ zwemmen)	ʿeref	عرف
geduldig (bn)	ṣabūr	صبور
ongeduldig (bn)	ʾalīl el ṣabr	قليل الصبر
nieuwsgierig (bn)	foḍūly	فضولي
nieuwsgierigheid (de)	foḍūl (m)	فضول
bescheidenheid (de)	tawāḍoʿ (m)	تواضع
bescheiden (bn)	motawāḍeʿ	متواضع
onbescheiden (bn)	meʃ motawāḍeʿ	مش متواضع
luiheid (de)	kasal (m)	كسل
lui (bn)	kaslān	كسلان
luiwammes (de)	kaslān (m)	كسلان
sluwheid (de)	makr (m)	مكر
sluw (bn)	makkār	مكّار
wantrouwen (het)	ʿadam el seqa (m)	عدم الثقة
wantrouwig (bn)	ʃakkāk	شكّاك
gulheid (de)	karam (m)	كرم
gul (bn)	karīm	كريم
talentrijk (bn)	mawhūb	موهوب
talent (het)	mawheba (f)	موهبة
moedig (bn)	ʃogāʿ	شجاع
moed (de)	ʃagāʿa (f)	شجاعة
eerlijk (bn)	amīn	أمين
eerlijkheid (de)	amāna (f)	أمانة
voorzichtig (bn)	ḥazer	حذر
manhaftig (bn)	ʃogāʿ	شجاع
ernstig (bn)	gād	جاد

streng (bn)	ṣārem	صارم
resoluut (bn)	ḥāsem	حاسم
onzeker, irresoluut (bn)	motaradded	متردّد
schuchter (bn)	χagūl	خجول
schuchterheid (de)	χagal (m)	خجل
vertrouwen (het)	seqa (f)	ثقة
vertrouwen (ww)	wasaq	وثق
goedgelovig (bn)	saree' el taṣdīq	سريع التصديق
oprecht (bw)	beṣarāḥa	بصراحة
oprecht (bn)	moχleṣ	مخلص
oprechtheid (de)	eχlāṣ (m)	إخلاص
open (bn)	ṣarīḥ	صريح
rustig (bn)	hady	هادئ
openhartig (bn)	ṣarīḥ	صريح
naïef (bn)	sāzeg	ساذج
verstrooid (bn)	ʃāred el fekr	شارد الفكر
leuk, grappig (bn)	moḍḥek	مضحك
gierigheid (de)	boχl (m)	بخل
gierig (bn)	ṭammā'	طماع
inhalig (bn)	baχīl	بخيل
kwaad (bn)	ʃerrīr	شرير
koppig (bn)	'anīd	عنيد
onaangenaam (bn)	karīh	كريه
egoïst (de)	anāny (m)	أناني
egoïstisch (bn)	anāny	أناني
lafaard (de)	gabān (m)	جبان
laf (bn)	gabān	جبان

63. Slaap. Dromen

slapen (ww)	nām	نام
slaap (in ~ vallen)	nome (m)	نوم
droom (de)	ḥelm (m)	حلم
dromen (in de slaap)	ḥelem	حلم
slaperig (bn)	na'sān	نعسان
bed (het)	serīr (m)	سرير
matras (de)	martaba (f)	مرتبة
deken (de)	baṭṭaniya (f)	بطّانيّة
kussen (het)	maχadda (f)	مخدّة
laken (het)	melāya (f)	ملاية
slapeloosheid (de)	araq (m)	أرق
slapeloos (bn)	bodūn nome	بدون نوم
slaapmiddel (het)	monawwem (m)	منوّم
slaapmiddel innemen	aχad monawwem	اخد منوّم
willen slapen	ne'es	نعس
geeuwen (ww)	ettāweb	إتّاوب

gaan slapen	rāḥ lel serīr	راح للسرير
het bed opmaken	waḍḍab el serīr	وضّب السرير
inslapen (ww)	nām	نام
nachtmerrie (de)	kabūs (m)	كابوس
gesnurk (het)	ʃeχīr (m)	شخير
snurken (ww)	ʃakχar	شخّر
wekker (de)	monabbeh (m)	منبّه
wekken (ww)	ṣaḥḥa	صحّى
wakker worden (ww)	ṣeḥy	صحي
opstaan (ww)	'ām	قام
zich wassen (ww)	ɣasal	غسل

64. Humor. Gelach. Blijdschap

humor (de)	hezār (m)	هزار
gevoel (het) voor humor	ḥess fokāhy (m)	حسّ فكاهي
plezier hebben (ww)	estamtaʿ	إستمتع
vrolijk (bn)	farḥān	فرحان
pret (de), plezier (het)	bahga (f)	بهجة
glimlach (de)	ebtesāma (f)	إبتسامة
glimlachen (ww)	ebtasam	إبتسم
beginnen te lachen (ww)	bada' yeḍḥak	بدأ يضحك
lachen (ww)	ḍeḥek	ضحك
lach (de)	ḍeḥka (f)	ضحكة
mop (de)	ḥekāya (f)	حكاية
grappig (een ~ verhaal)	moḍḥek	مضحك
grappig (~e clown)	moḍḥek	مضحك
grappen maken (ww)	hazzar	هزّر
grap (de)	nokta (f)	نكتة
blijheid (de)	saʿāda (f)	سعادة
blij zijn (ww)	mereḥ	مرح
blij (bn)	saʿīd	سعيد

65. Discussie, conversatie. Deel 1

communicatie (de)	tawāṣol (m)	تواصل
communiceren (ww)	tawāṣal	تواصل
conversatie (de)	moḥadsa (f)	محادثة
dialoog (de)	ḥewār (m)	حوار
discussie (de)	mona'ʃa (f)	مناقشة
debat (het)	χelāf (m)	خلاف
debatteren, twisten (ww)	χālef	خالف
gesprekspartner (de)	muḥāwer (m)	محاوِر
thema (het)	mawḍūʿ (m)	موضوع
standpunt (het)	weg-het naẓar (f)	وجهة نظر

mening (de)	ra'yī (m)	رأي
toespraak (de)	χeṭāb (m)	خطاب
bespreking (de)	mona'ʃa (f)	مناقشة
bespreken (spreken over)	nā'eʃ	ناقش
gesprek (het)	ḥadīs (m)	حديث
spreken (converseren)	dardeʃ	دردش
ontmoeting (de)	leqā' (m)	لقاء
ontmoeten (ww)	'ābel	قابل
spreekwoord (het)	masal (m)	مثل
gezegde (het)	maqūla (f)	مقولة
raadsel (het)	loɣz (m)	لغز
een raadsel opgeven	toʃakkel loɣz	تشكّل لغز
wachtwoord (het)	kelmet el morūr (f)	كلمة مرور
geheim (het)	serr (m)	سرّ
eed (de)	qasam (m)	قسم
zweren (een eed doen)	aqsam	أقسم
belofte (de)	wa'd (m)	وعد
beloven (ww)	wa'ad	وعد
advies (het)	naṣīḥa (f)	نصيحة
adviseren (ww)	naṣaḥ	نصح
advies volgen (iemands ~)	tatabba' naṣīḥa	تتبّع نصيحة
luisteren (gehoorzamen)	aṭā'	أطاع
nieuws (het)	aχbār (m)	أخبار
sensatie (de)	ḍagga (f)	ضجّة
informatie (de)	ma'lumāt (pl)	معلومات
conclusie (de)	estentāg (f)	إستنتاج
stem (de)	ṣote (m)	صوت
compliment (het)	madḥ (m)	مدح
vriendelijk (bn)	laṭīf	لطيف
woord (het)	kelma (f)	كلمة
zin (de), zinsdeel (het)	'ebāra (f)	عبارة
antwoord (het)	gawāb (m)	جواب
waarheid (de)	ḥa'ī'a (f)	حقيقة
leugen (de)	kezb (m)	كذب
gedachte (de)	fekra (f)	فكرة
idee (de/het)	fekra (f)	فكرة
fantasie (de)	χayāl (m)	خيال

66. Discussie, conversatie. Deel 2

gerespecteerd (bn)	moḥtaram	محترم
respecteren (ww)	eḥtaram	إحترم
respect (het)	eḥterām (m)	إحترام
Geachte ... (brief)	'azīzy ...	عزيزي...
voorstellen (Mag ik jullie ~)	'arraf	عرّف
kennismaken (met ...)	ta'arraf	تعرّف

intentie (de)	niya (f)	نيّة
intentie hebben (ww)	nawa	نوى
wens (de)	omniya (f)	أمنية
wensen (ww)	tamanna	تمنّى
verbazing (de)	mofag'a (f)	مفاجأة
verbazen (verwonderen)	fāga'	فاجئ
verbaasd zijn (ww)	etfāge'	إتفاجئ
geven (ww)	edda	أدّى
nemen (ww)	aχad	أخد
teruggeven (ww)	radd	ردّ
retourneren (ww)	ragga'	رجّع
zich verontschuldigen	e'tazar	إعتذر
verontschuldiging (de)	e'tezār (m)	إعتذار
vergeven (ww)	'afa	عفا
spreken (ww)	etkallem	إتكلّم
luisteren (ww)	seme'	سمع
aanhoren (ww)	seme'	سمع
begrijpen (ww)	fehem	فهم
tonen (ww)	'araḍ	عرض
kijken naar ...	baṣṣ	بصّ
roepen (vragen te komen)	nāda	نادى
afleiden (storen)	ʃaɣal	شغل
storen (lastigvallen)	az'ag	أزعج
doorgeven (ww)	sallem	سلّم
verzoek (het)	ṭalab (m)	طلب
verzoeken (ww)	ṭalab	طلب
eis (de)	maṭlab (m)	مطلب
eisen (met klem vragen)	ṭāleb	طالب
beledigen (beledigende namen geven)	ɣāẓ	غاظ
uitlachen (ww)	saχar	سخر
spot (de)	soχreya (f)	سخرية
bijnaam (de)	esm el ʃohra (m)	اسم الشهرة
zinspeling (de)	talmīḥ (m)	تلميح
zinspelen (ww)	lammaḥ	لمّح
impliceren (duiden op)	'aṣad	قصد
beschrijving (de)	waṣf (m)	وصف
beschrijven (ww)	waṣaf	وصف
lof (de)	madḥ (m)	مدح
loven (ww)	madaḥ	مدح
teleurstelling (de)	χeybet amal (f)	خيبة أمل
teleurstellen (ww)	χayab	خيّب
teleurgesteld zijn (ww)	χābet 'āmalo	خابت آماله
veronderstelling (de)	efterāḍ (m)	إفتراض
veronderstellen (ww)	eftaraḍ	إفترض

waarschuwing (de)	taḥzīr (m)	تحذير
waarschuwen (ww)	ḥazzar	حذّر

67. Discussie, conversatie. Deel 3

aanpraten (ww)	aqnaʿ	أقنع
kalmeren (kalm maken)	ṭam'an	طمأن
stilte (de)	sokūt (m)	سكوت
zwijgen (ww)	seket	سكت
fluisteren (ww)	hamas	همس
gefluister (het)	hamsa (f)	همسة
open, eerlijk (bw)	beṣarāḥa	بصراحة
volgens mij ...	fi ra'yi ...	... في رأيي
detail (het)	tafṣīl (m)	تفصيل
gedetailleerd (bn)	mofaṣṣal	مفصّل
gedetailleerd (bw)	bel tafṣīl	بالتفصيل
hint (de)	talmīḥ (m)	تلميح
een hint geven	edda lamḥa	أدى لمحة
blik (de)	naẓra (f)	نظرة
een kijkje nemen	alqa nazra	ألقى نظرة
strak (een ~ke blik)	sābet	ثابت
knipperen (ww)	ramaʃ	رمش
knipogen (ww)	ɣamaz	غمز
knikken (ww)	haz rāso	هزّ رأسه
zucht (de)	tanhīda (f)	تنهيدة
zuchten (ww)	tanahhad	تنهّد
huiveren (ww)	ertaʿaʃ	ارتعش
gebaar (het)	eʃāret yad (f)	إشارة يد
aanraken (ww)	lamas	لمس
grijpen (ww)	mesek	مسك
een schouderklopje geven	ḥazz	حزّ
Kijk uit!	χally bālak!	!خللي بالك
Echt?	feʿlan	فعلاً؟
Bent je er zeker van?	enta mota'akked?	أنت متأكّد؟
Succes!	bel tawfī'!	!بالتوفيق
Juist, ja!	wāḍeḥ!	!واضح
Wat jammer!	ya χesāra!	!يا خسارة

68. Overeenstemming. Weigering

instemming (het)	mowaf'a (f)	موافقة
instemmen (akkoord gaan)	wāfe'	وافق
goedkeuring (de)	'obūl (m)	قبول
goedkeuren (ww)	'abal	قبل
weigering (de)	rafḍ (m)	رفض

weigeren (ww)	rafaḍ	رفض
Geweldig!	ʿazīm!	عظيم!
Goed!	tamām!	تمام!
Akkoord!	ettafaʾna!	إتّفقنا!
verboden (bn)	mamnūʿ	ممنوع
het is verboden	mamnūʿ	ممنوع
het is onmogelijk	mostaḥīl	مستحيل
onjuist (bn)	ɣeleṭ	غلط
afwijzen (ww)	rafaḍ	رفض
steunen (een goed doel, enz.)	ayed	أيّد
aanvaarden (excuses ~)	ʾabal	قبل
bevestigen (ww)	akkad	أكّد
bevestiging (de)	taʾkīd (m)	تأكيد
toestemming (de)	samāḥ (m)	سماح
toestaan (ww)	samaḥ	سمح
beslissing (de)	qarār (m)	قرار
z'n mond houden (ww)	ṣamt	صمت
voorwaarde (de)	ʃarṭ (m)	شرط
smoes (de)	ʿozr (m)	عذر
lof (de)	madḥ (m)	مدح
loven (ww)	madaḥ	مدح

69. Succes. Veel geluk. Mislukking

succes (het)	nagāḥ (m)	نجاح
succesvol (bw)	be nagāḥ	بنجاح
succesvol (bn)	nāgeḥ	ناجح
geluk (het)	ḥazz (m)	حظّ
Succes!	bel tawfīʾ!	بالتوفيق!
geluks- (bn)	maḥẓūẓ	محظوظ
gelukkig (fortuinlijk)	maḥẓūẓ	محظوظ
mislukking (de)	faʃal (m)	فشل
tegenslag (de)	sūʾ el ḥazz (m)	سوء الحظّ
pech (de)	sūʾ el ḥazz (m)	سوء الحظّ
zonder succes (bn)	ɣayr nāgeḥ	غير ناجح
catastrofe (de)	karsa (f)	كارثة
fierheid (de)	faχr (m)	فخر
fier (bn)	faχūr	فخور
fier zijn (ww)	eftaχar	إفتخر
winnaar (de)	fāʾez (m)	فائز
winnen (ww)	fāz	فاز
verliezen (ww)	χeser	خسر
poging (de)	moḥawla (f)	محاولة
pogen, proberen (ww)	ḥāwel	حاول
kans (de)	forṣa (f)	فرصة

70. Ruzies. Negatieve emoties

schreeuw (de)	ṣarxa (f)	صرخة
schreeuwen (ww)	ṣarrax	صرّخ
beginnen te schreeuwen	ṣarrax	صرّخ
ruzie (de)	xenā'a (f)	خناقة
ruzie hebben (ww)	etxāne'	إتخانق
schandaal (het)	xenā'a (f)	خناقة
schandaal maken (ww)	taʃāgar	تشاجر
conflict (het)	xelāf (m)	خلاف
misverstand (het)	sū' tafāhom (m)	سوء تفاهم
belediging (de)	ehāna (f)	إهانة
beledigen (met scheldwoorden)	ahān	أهان
beledigd (bn)	mohān	مهان
krenking (de)	esteyā' (m)	إستياء
krenken (beledigen)	ahān	أهان
gekwetst worden (ww)	estā'	إستاء
verontwaardiging (de)	saxṭ (m)	سخط
verontwaardigd zijn (ww)	estā'	إستاء
klacht (de)	ʃakwa (f)	شكوَى
klagen (ww)	ʃaka	شكا
verontschuldiging (de)	e'tezār (m)	إعتذار
zich verontschuldigen	e'tazar	إعتذر
excuus vragen	e'tazar	إعتذر
kritiek (de)	naqd (m)	نقد
bekritiseren (ww)	naqad	نقد
beschuldiging (de)	ettehām (m)	إتّهام
beschuldigen (ww)	ettaham	إتّهم
wraak (de)	enteqām (m)	إنتقام
wreken (ww)	entaqam	إنتقم
wraak nemen (ww)	radd	ردّ
minachting (de)	ezderā' (m)	إزدراء
minachten (ww)	eḥtaqar	إحتقر
haat (de)	korh (f)	كره
haten (ww)	kereh	كره
zenuwachtig (bn)	'aṣaby	عصبي
zenuwachtig zijn (ww)	etwattar	إتوّتر
boos (bn)	ɣaḍbān	غضبان
boos maken (ww)	narfez	نرفز
vernedering (de)	ezlāl (m)	إذلال
vernederen (ww)	zallel	ذلّل
zich vernederen (ww)	tazallal	تذلّل
schok (de)	ṣadma (f)	صدمة
schokken (ww)	ṣadam	صدم

onaangenaamheid (de)	moʃkela (f)	مشكلة
onaangenaam (bn)	karīh	كريه
vrees (de)	χofe (m)	خوف
vreselijk (bijv. ~ onweer)	ʃedīd	شديد
eng (bn)	moχīf	مخيف
gruwel (de)	ro'b (m)	رعب
vreselijk (~ nieuws)	baʃe'	بشع
beginnen te beven	erta'aʃ	إرتعش
huilen (wenen)	baka	بكى
beginnen te huilen (wenen)	bada' yebky	بدأ يبكي
traan (de)	dama'a (f)	دمعة
schuld (~ geven aan)	ɣalṭa (f)	غلطة
schuldgevoel (het)	zanb (m)	ذنب
schande (de)	'ār (m)	عار
protest (het)	eḥtegāg (m)	إحتجاج
stress (de)	tawattor (m)	توتّر
storen (lastigvallen)	az'ag	أزعج
kwaad zijn (ww)	ɣeḍeb	غضب
kwaad (bn)	ɣaḍbān	غضبان
beëindigen (een relatie ~)	anha	أنهى
vloeken (ww)	ʃatam	شتم
schrikken (schrik krijgen)	χāf	خاف
slaan (iemand ~)	ḍarab	ضرب
vechten (ww)	χāne'	خانق
regelen (conflict)	sawwa	سوّى
ontevreden (bn)	meʃ rāḍy	مش راضي
woedend (bn)	ɣaḍbān	غضبان
Dat is niet goed!	keda meʃ kwayes!	!كده مش كويّس
Dat is slecht!	keda weḥeʃ!	!كده وحش

Geneeskunde

71. Ziekten

ziekte (de)	maraḍ (m)	مرض
ziek zijn (ww)	mereḍ	مرض
gezondheid (de)	ṣeḥḥa (f)	صحّة
snotneus (de)	raʃ-ḥ fel anf (m)	رشح في الأنف
angina (de)	eltehāb el lawzateyn (m)	إلتهاب اللوزتين
verkoudheid (de)	zokām (m)	زكام
verkouden raken (ww)	gālo bard	جاله برد
bronchitis (de)	eltehāb ʃoʻaby (m)	إلتهاب شعبيّ
longontsteking (de)	eltehāb ra'awy (m)	إلتهاب رئوي
griep (de)	influenza (f)	إنفلونزا
bijziend (bn)	'aṣīr el naẓar	قصير النظر
verziend (bn)	beʻīd el naẓar	بعيد النظر
scheelheid (de)	ḥawal (m)	حوَل
scheel (bn)	aḥwal	أحوَل
grauwe staar (de)	katarakt (f)	كاتاراكت
glaucoom (het)	glawkoma (f)	جلوكوما
beroerte (de)	sakta (f)	سكتة
hartinfarct (het)	azma 'albiya (f)	أزمة قلبية
myocardiaal infarct (het)	nawba 'albiya (f)	نوبة قلبية
verlamming (de)	ʃalal (m)	شلل
verlammen (ww)	ʃall	شلّ
allergie (de)	ḥasasiya (f)	حساسيّة
astma (de/het)	rabw (m)	ربو
diabetes (de)	dā' el sokkary (m)	داء السكّري
tandpijn (de)	alam asnān (m)	ألم الأسنان
tandbederf (het)	naχr el asnān (m)	نخر الأسنان
diarree (de)	es-hāl (m)	إسهال
constipatie (de)	emsāk (m)	إمساك
maagstoornis (de)	eḍṭrāb el meʻda (m)	إضطراب المعدة
voedselvergiftiging (de)	tasammom (m)	تسمم
voedselvergiftiging oplopen	etsammem	إتسمّم
artritis (de)	eltehāb el mafāṣel (m)	إلتهاب المفاصل
rachitis (de)	kosāḥ el aṭfāl (m)	كساح الأطفال
reuma (het)	rheumatism (m)	روماتزم
arteriosclerose (de)	taṣṣallob el ʃarayīn (m)	تصلّب الشرايين
gastritis (de)	eltehāb el meʻda (m)	إلتهاب المعدة
blindedarmontsteking (de)	eltehāb el zayda el dūdiya (m)	إلتهاب الزائدة الدودية

galblaasontsteking (de)	eltehāb el marāra (m)	إلتهاب المرارة
zweer (de)	qorḥa (f)	قرحة
mazelen (mv.)	maraḍ el ḥaṣba (m)	مرض الحصبة
rodehond (de)	el ḥaṣba el almaniya (f)	الحصبة الألمانية
geelzucht (de)	yaraqān (m)	يرقان
leverontsteking (de)	eltehāb el kabed el vayrūsy (m)	إلتهاب الكبد الفيروسي
schizofrenie (de)	fuṣām (m)	فصام
dolheid (de)	dā' el kalb (m)	داء الكلب
neurose (de)	eḍṭrāb ʿaṣaby (m)	إضطراب عصبي
hersenschudding (de)	ertegāg el moχ (m)	إرتجاج المخ
kanker (de)	saraṭān (m)	سرطان
sclerose (de)	taṣṣallob (m)	تصلّب
multiple sclerose (de)	taṣṣallob motaʿadded (m)	تصلّب متعدّد
alcoholisme (het)	edmān el χamr (m)	إدمان الخمر
alcoholicus (de)	modmen el χamr (m)	مدمن الخمر
syfilis (de)	syfilis el zehry (m)	سفلس الزهري
AIDS (de)	el eydz (m)	الايدز
tumor (de)	waram (m)	ورم
kwaadaardig (bn)	χabīs	خبيث
goedaardig (bn)	ḥamīd (m)	حميد
koorts (de)	ḥomma (f)	حمّى
malaria (de)	malaria (f)	ملاريا
gangreen (het)	ɣanɣarīna (f)	غنغرينا
zeeziekte (de)	dawār el baḥr (m)	دوار البحر
epilepsie (de)	maraḍ el ṣaraʿ (m)	مرض الصرع
epidemie (de)	wabā' (m)	وباء
tyfus (de)	tyfus (m)	تيفوس
tuberculose (de)	maraḍ el soll (m)	مرض السلّ
cholera (de)	kōlīra (f)	كوليرا
pest (de)	ṭaʿūn (m)	طاعون

72. Symptomen. Behandelingen. Deel 1

symptoom (het)	ʿaraḍ (m)	عرض
temperatuur (de)	ḥarāra (f)	حرارة
verhoogde temperatuur (de)	ḥomma (f)	حمّى
polsslag (de)	nabḍ (m)	نبض
duizeling (de)	dawχa (f)	دوخة
heet (erg warm)	soχn	سخن
koude rillingen (mv.)	raʿʃa (f)	رعشة
bleek (bn)	aṣfar	أصفر
hoest (de)	koḥḥa (f)	كحّة
hoesten (ww)	kaḥḥ	كحّ
niezen (ww)	ʿaṭas	عطس

flauwte (de)	dawχa (f)	دوخة
flauwvallen (ww)	oɣma 'aleyh	أغمي عليه
blauwe plek (de)	kadma (f)	كدمة
buil (de)	tawarrom (m)	تورّم
zich stoten (ww)	etχabaṭ	إتخبط
kneuzing (de)	raḍḍa (f)	رضّة
kneuzen (gekneusd zijn)	etkadam	إتكدم
hinken (ww)	'arag	عرج
verstuiking (de)	χal' (m)	خلع
verstuiken (enkel, enz.)	χala'	خلع
breuk (de)	kasr (m)	كسر
een breuk oplopen	enkasar	إنكسر
snijwond (de)	garḥ (m)	جرح
zich snijden (ww)	garaḥ nafsoh	جرح نفسه
bloeding (de)	nazīf (m)	نزيف
brandwond (de)	ḥar' (m)	حرق
zich branden (ww)	et-ḥara'	إتحرق
prikken (ww)	waχaz	وخز
zich prikken (ww)	waχaz nafso	وخز نفسه
blesseren (ww)	aṣāb	أصاب
blessure (letsel)	eṣāba (f)	إصابة
wond (de)	garḥ (m)	جرح
trauma (het)	ṣadma (f)	صدمة
IJlen (ww)	haza	هذى
stotteren (ww)	tala'sam	تلعثم
zonnesteek (de)	ḍarabet ʃams (f)	ضربة شمس

73. Symptomen. Behandelingen. Deel 2

pijn (de)	alam (m)	ألم
splinter (de)	ʃazya (f)	شظية
zweet (het)	'er' (m)	عرق
zweten (ww)	'ere'	عرق
braking (de)	targee' (m)	ترجيع
stuiptrekkingen (mv.)	taʃonnogāt (pl)	تشنّجات
zwanger (bn)	ḥāmel	حامل
geboren worden (ww)	etwalad	اتوّلد
geboorte (de)	welāda (f)	ولادة
baren (ww)	walad	ولد
abortus (de)	eg-hāḍ (m)	إجهاض
ademhaling (de)	tanaffos (m)	تنفّس
inademing (de)	estenʃāq (m)	إستنشاق
uitademing (de)	zafīr (m)	زفير
uitademen (ww)	zafar	زفر
inademen (ww)	estanʃaq	إستنشق

invalide (de)	moʿāq (m)	معاق
gehandicapte (de)	moqʿad (m)	مقعد
drugsverslaafde (de)	modmen moχaddarāt (m)	مدمن مخدّرات
doof (bn)	aṭraʃ	أطرش
stom (bn)	aχras	أخرس
doofstom (bn)	aṭraʃ aχras	أطرش أخرس
krankzinnig (bn)	magnūn (m)	مجنون
krankzinnige (man)	magnūn (m)	مجنون
krankzinnige (vrouw)	magnūna (f)	مجنونة
krankzinnig worden	etgannen	اتجنّن
gen (het)	ʒīn (m)	جين
immuniteit (de)	manāʿa (f)	مناعة
erfelijk (bn)	werāsy	وراثي
aangeboren (bn)	χolqy men el welāda	خلقي من الولادة
virus (het)	virūs (m)	فيروس
microbe (de)	mikrūb (m)	ميكروب
bacterie (de)	garsūma (f)	جرثومة
infectie (de)	ʿadwa (f)	عدوّى

74. Symptomen. Behandelingen. Deel 3

ziekenhuis (het)	mostaʃfa (m)	مستشفى
patiënt (de)	marīḍ (m)	مريض
diagnose (de)	taʃχīṣ (m)	تشخيص
genezing (de)	ʃefāʾ (m)	شفاء
medische behandeling (de)	ʿelāg ṭebby (m)	علاج طبي
onder behandeling zijn	etʿāleg	اتعالج
behandelen (ww)	ʿālag	عالج
zorgen (zieken ~)	marraḍ	مرّض
ziekenzorg (de)	ʿenāya (f)	عناية
operatie (de)	ʿamaliya grāḥiya (f)	عمليّة جراحية
verbinden (een arm ~)	ḍammad	ضمّد
verband (het)	taḍmīd (m)	تضميد
vaccin (het)	talqīḥ (m)	تلقيح
inenten (vaccineren)	laqqaḥ	لقّح
injectie (de)	ḥoʾna (f)	حقنة
een injectie geven	ḥaʾan ebra	حقن إبرة
aanval (de)	nawba (f)	نوبة
amputatie (de)	batr (m)	بتر
amputeren (ww)	batr	بتر
coma (het)	ɣaybūba (f)	غيبوبة
in coma liggen	kān fi ḥālet ɣaybūba	كان في حالة غيبوبة
intensieve zorg, ICU (de)	el ʿenāya el morakkaza (f)	العناية المركّزة
zich herstellen (ww)	ʃefy	شفي
toestand (de)	ḥāla (f)	حالة

bewustzijn (het)	waʿy (m)	وعي
geheugen (het)	zākera (f)	ذاكرة

trekken (een kies ~)	χalaʿ	خلع
vulling (de)	ḥaʃww (m)	حشو
vullen (ww)	ḥaʃa	حشا

hypnose (de)	el tanwīm el meɣnaṭīsy (m)	التنويم المغناطيسي
hypnotiseren (ww)	nawwem	نوّم

75. Artsen

dokter, arts (de)	doktore (m)	دكتور
ziekenzuster (de)	momarreḍa (f)	ممرّضة
lijfarts (de)	doktore ʃaχṣy (m)	دكتور شخصي

tandarts (de)	doktore asnān (m)	دكتور أسنان
oogarts (de)	doktore el ʿoyūn (m)	دكتور العيون
therapeut (de)	ṭabīb baṭna (m)	طبيب باطنة
chirurg (de)	garrāḥ (m)	جرّاح

psychiater (de)	doktore nafsāny (m)	دكتور نفساني
pediater (de)	doktore aṭfāl (m)	دكتور أطفال
psycholoog (de)	aχeṣāʾy ʿelm el nafs (m)	أخصائي علم النفس
gynaecoloog (de)	doktore nesa (m)	دكتور نسا
cardioloog (de)	doktore ʾalb (m)	دكتور قلب

76. Geneeskunde. Medicijnen. Accessoires

geneesmiddel (het)	dawāʾ (m)	دواء
middel (het)	ʿelāg (m)	علاج
voorschrijven (ww)	waṣaf	وصف
recept (het)	waṣfa (f)	وصفة

tablet (de/het)	ʾorṣ (m)	قرص
zalf (de)	marham (m)	مرهم
ampul (de)	ambūla (f)	أمبولة
drank (de)	dawāʾ ʃorb (m)	دواء شراب
siroop (de)	ʃarāb (m)	شراب
pil (de)	ḥabba (f)	حبّة
poeder (de/het)	zorūr (m)	ذرور

verband (het)	ḍammāda ʃāʃ (f)	ضمادة شاش
watten (mv.)	ʾoṭn (m)	قطن
jodium (het)	yūd (m)	يود

pleister (de)	blaster (m)	بلاستر
pipet (de)	ʾaṭṭāra (f)	قطّارة
thermometer (de)	termometr (m)	ترمومتر
spuit (de)	serennga (f)	سرنّجة
rolstoel (de)	korsy motaḥarrek (m)	كرسي متحرك
krukken (mv.)	ʿokkāz (m)	عكّاز

pijnstiller (de)	mosakken (m)	مسكّن
laxeermiddel (het)	molayen (m)	مليّن
spiritus (de)	etanol (m)	إيثانول
medicinale kruiden (mv.)	a'ʃāb tebbiya (pl)	أعشاب طبّية
kruiden- (abn)	'oʃby	عشبي

77. Roken. Tabaksproducten

tabak (de)	tabɣ (m)	تبغ
sigaret (de)	segāra (f)	سيجارة
sigaar (de)	segār (m)	سيجار
pijp (de)	ɣelyone (m)	غليون
pakje (~ sigaretten)	'elba (f)	علبة
lucifers (mv.)	kebrīt (m)	كبريت
luciferdoosje (het)	'elbet kebrīt (f)	علبة كبريت
aansteker (de)	wallā'a (f)	ولّاعة
asbak (de)	ṭa'ṭū'a (f)	طقطوقة
sigarettendoosje (het)	'elbet sagāyer (f)	علبة سجائر
sigarettenpijpje (het)	ḥamelet segāra (f)	حاملة سيجارة
filter (de/het)	filter (m)	فلتر
roken (ww)	dakχen	دخّن
een sigaret opsteken	walla' segāra	ولّع سيجارة
roken (het)	tadχīn (m)	تدخين
roker (de)	modakχen (m)	مدخّن
peuk (de)	'aqab segāra (m)	عقب سيجارة
rook (de)	dokχān (m)	دخّان
as (de)	ramād (m)	رماد

HET MENSELIJKE LEEFGEBIED

Stad

78. Stad. Het leven in de stad

stad (de)	madīna (f)	مدينة
hoofdstad (de)	'āṣema (f)	عاصمة
dorp (het)	qarya (f)	قرية
plattegrond (de)	χarīṭet el madinah (f)	خريطة المدينة
centrum (ov. een stad)	wesṭ el balad (m)	وسط البلد
voorstad (de)	ḍāḥeya (f)	ضاحية
voorstads- (abn)	el ḍawāḥy	الضواحي
randgemeente (de)	aṭrāf el madīna (pl)	أطراف المدينة
omgeving (de)	ḍawāḥy el madīna (pl)	ضواحي المدينة
blok (huizenblok)	ḥayī (m)	حيّ
woonwijk (de)	ḥayī sakany (m)	حي سكني
verkeer (het)	ḥaraket el morūr (f)	حركة المرور
verkeerslicht (het)	eʃārāt el morūr (pl)	إشارات المرور
openbaar vervoer (het)	wasā'el el na'l (pl)	وسائل النقل
kruispunt (het)	taqāṭo' (m)	تقاطع
zebrapad (oversteekplaats)	ma'bar (m)	معبر
onderdoorgang (de)	nafa' moʃāh (m)	نفق مشاه
oversteken (de straat ~)	'abar	عبر
voetganger (de)	māʃy (m)	ماشي
trottoir (het)	raṣīf (m)	رصيف
brug (de)	kobry (m)	كبري
dijk (de)	korneyʃ (m)	كورنيش
fontein (de)	nafūra (f)	نافورة
allee (de)	mamʃa (m)	ممشى
park (het)	ḥadīqa (f)	حديقة
boulevard (de)	bolvār (m)	بولفار
plein (het)	medān (m)	ميدان
laan (de)	ʃāre' (m)	شارع
straat (de)	ʃāre' (m)	شارع
zijstraat (de)	zo'ā' (m)	زقاق
doodlopende straat (de)	ṭarī' masdūd (m)	طريق مسدود
huis (het)	beyt (m)	بيت
gebouw (het)	mabna (m)	مبنى
wolkenkrabber (de)	nāṭeḥet sahāb (f)	ناطحة سحاب
gevel (de)	waɣa (f)	واجهة
dak (het)	sa'f (m)	سقف

venster (het)	ʃebbāk (m)	شبّاك
boog (de)	qose (m)	قوس
pilaar (de)	ʿamūd (m)	عمود
hoek (ov. een gebouw)	zawya (f)	زاوية
vitrine (de)	vatrīna (f)	فترينة
gevelreclame (de)	yafṭa, lāfeta (f)	لافتة, يافطة
affiche (de/het)	boster (m)	بوستر
reclameposter (de)	boster eʿlān (m)	بوستر إعلان
aanplakbord (het)	lawḥet eʿlanāt (f)	لوحة إعلانات
vuilnis (de/het)	zebāla (f)	زبالة
vuilnisbak (de)	ṣandūʾ zebāla (m)	صندوق زبالة
afval weggooien (ww)	rama zebāla	رمى زبالة
stortplaats (de)	mazbala (f)	مزبلة
telefooncel (de)	koʃk telefōn (m)	كشك تليفون
straatlicht (het)	ʿamūd nūr (m)	عمود نور
bank (de)	korsy (m)	كرسي
politieagent (de)	ʃorṭy (m)	شرطي
politie (de)	ʃorṭa (f)	شرطة
zwerver (de)	ʃaḥḥāt (m)	شحّات
dakloze (de)	motaʃarred (m)	متشرّد

79. Stedelijke instellingen

winkel (de)	maḥal (m)	محل
apotheek (de)	ṣaydaliya (f)	صيدليّة
optiek (de)	maḥal naḍḍārāt (m)	محل نضّارات
winkelcentrum (het)	mole (m)	مول
supermarkt (de)	subermarket (m)	سوبرماركت
bakkerij (de)	maχbaz (m)	مخبز
bakker (de)	χabbāz (m)	خبّاز
banketbakkerij (de)	ḥalawāny (m)	حلواني
kruidenier (de)	baʾʾāla (f)	بقّالة
slagerij (de)	gezāra (f)	جزارة
groentewinkel (de)	dokkān χoḍār (m)	دكّان خضار
markt (de)	sūʾ (f)	سوق
koffiehuis (het)	ʾahwa (f), kaféih (m)	قهوة, كافيه
restaurant (het)	maṭʿam (m)	مطعم
bar (de)	bār (m)	بار
pizzeria (de)	maḥal pizza (m)	محل بيتزا
kapperssalon (de/het)	ṣalone ḥelāʾa (m)	صالون حلاقة
postkantoor (het)	maktab el barīd (m)	مكتب البريد
stomerij (de)	dray klīn (m)	دراي كلين
fotostudio (de)	estudio taṣwīr (m)	إستوديو تصوير
schoenwinkel (de)	maḥal gezam (m)	محل جزم
boekhandel (de)	maḥal kotob (m)	محل كتب

sportwinkel (de)	maḥal mostalzamāt reyaḍiya (m)	محل مستلزمات رياضية
kledingreparatie (de)	maḥal χeyāṭet malābes (m)	محل خياطة ملابس
kledingverhuur (de)	ta'gīr malābes rasmiya (m)	تأجير ملابس رسمية
videotheek (de)	maḥal ta'gīr video (m)	محل تأجير فيديو
circus (de/het)	serk (m)	سيرك
dierentuin (de)	ḥadīqet el ḥayawān (f)	حديقة حيوان
bioscoop (de)	sinema (f)	سينما
museum (het)	mat-ḥaf (m)	متحف
bibliotheek (de)	maktaba (f)	مكتبة
theater (het)	masraḥ (m)	مسرح
opera (de)	obra (f)	أوبرا
nachtclub (de)	malha leyly (m)	ملهى ليّلي
casino (het)	kazino (m)	كازينو
moskee (de)	masged (m)	مسجد
synagoge (de)	kenīs (m)	كنيس
kathedraal (de)	katedra'iya (f)	كاتدرائية
tempel (de)	ma'bad (m)	معبد
kerk (de)	kenīsa (f)	كنيسة
instituut (het)	kolliya (m)	كليّة
universiteit (de)	gam'a (f)	جامعة
school (de)	madrasa (f)	مدرسة
gemeentehuis (het)	moqaṭ'a (f)	مقاطعة
stadhuis (het)	baladiya (f)	بلديّة
hotel (het)	fondo' (m)	فندق
bank (de)	bank (m)	بنك
ambassade (de)	safāra (f)	سفارة
reisbureau (het)	ʃerket seyāḥa (f)	شركة سياحة
informatieloket (het)	maktab el este'lāmāt (m)	مكتب الإستعلامات
wisselkantoor (het)	ṣarrāfa (f)	صرّافة
metro (de)	metro (m)	مترو
ziekenhuis (het)	mostaʃfa (m)	مستشفى
benzinestation (het)	maḥaṭṭet banzīn (f)	محطّة بنزين
parking (de)	maw'ef el 'arabeyāt (m)	موقف العربيات

80. Borden

gevelreclame (de)	yafṭa, lāfeta (f)	لافتة ,يافطة
opschrift (het)	bayān (m)	بيان
poster (de)	boster (m)	بوستر
wegwijzer (de)	'alāmet (f)	علامة إتجاه
pijl (de)	'alāmet eʃāra (f)	علامة إشارة
waarschuwing (verwittiging)	taḥzīr (m)	تحذير
waarschuwingsbord (het)	lāfetat taḥzīr (f)	لافتة تحذير
waarschuwen (ww)	ḥazzar	حذّر

vrije dag (de)	yome ʿoṭla (m)	يوم عطلة
dienstregeling (de)	gadwal (m)	جدوَل
openingsuren (mv.)	aw'āt el ʿamal (pl)	أوقات العمل
WELKOM!	ahlan w sahlan!	!أهلاً وسهلا
INGANG	doχūl	دخول
UITGANG	χorūg	خروج
DUWEN	edfaʿ	إدفع
TREKKEN	es-ḥab	إسحب
OPEN	maftūḥ	مفتوح
GESLOTEN	moɣlaq	مغلق
DAMES	lel sayedāt	للسيدات
HEREN	lel regāl	للرجال
KORTING	χoṣomāt	خصومات
UITVERKOOP	taχfeḍāt	تخفيضات
NIEUW!	gedīd!	!جديد
GRATIS	maggānan	مجّاناً
PAS OP!	entebāh!	!إنتباه
VOLGEBOEKT	koll el amāken maḥgūza	كلّ الأماكن محجوزة
GERESERVEERD	maḥgūz	محجوز
ADMINISTRATIE	edāra	إدارة
ALLEEN VOOR PERSONEEL	lel ʿamelīn faqaṭ	للعاملين فقط
GEVAARLIJKE HOND	eḥzar wogūd kalb	إحذر وجود الكلب
VERBODEN TE ROKEN!	mamnūʿ el tadχīn	ممنوع التدخين
NIET AANRAKEN!	ʿadam el lams	عدم اللمس
GEVAARLIJK	χaṭīr	خطير
GEVAAR	χaṭar	خطر
HOOGSPANNING	tayār ʿāly	تيّار عالي
VERBODEN TE ZWEMMEN	el sebāḥa mamnūʿa	السباحة ممنوعة
BUITEN GEBRUIK	moʿaṭṭal	معطّل
ONTVLAMBAAR	sareeʿ el eʃteʿāl	سريع الإشتعال
VERBODEN	mamnūʿ	ممنوع
DOORGANG VERBODEN	mamnūʿ el morūr	ممنوع المرور
OPGELET PAS GEVERFD	eḥzar ṭelā' ɣayr gāf	احذر طلاء غير جاف

81. Stedelijk vervoer

bus, autobus (de)	buṣ (m)	باص
tram (de)	trām (m)	ترام
trolleybus (de)	trolly buṣ (m)	ترولي باص
route (de)	χaṭṭ (m)	خطّ
nummer (busnummer, enz.)	raqam (m)	رقم
rijden met ...	rāḥ be ...	راح بـ ...
stappen (in de bus ~)	rekeb	ركب

afstappen (ww)	nezel men	نزل من
halte (de)	maw'af (m)	موّقف
volgende halte (de)	el maḥaṭṭa el gaya (f)	المحطة الجايّة
eindpunt (het)	'āχer maw'af (m)	آخر موقف
dienstregeling (de)	gadwal (m)	جدوّل
wachten (ww)	estanna	إستنّى

kaartje (het)	tazkara (f)	تذكرة
reiskosten (de)	ogra (f)	أجرة

kassier (de)	kaʃier (m)	كاشيير
kaartcontrole (de)	taftīʃ el tazāker (m)	تفتيش التذاكر
controleur (de)	mofatteʃ tazāker (m)	مفتّش تذاكر

te laat zijn (ww)	met'akχer	متأخّر
missen (de bus ~)	ta'akχar	تأخّر
zich haasten (ww)	mesta'gel	مستعجل

taxi (de)	taksi (m)	تاكسي
taxichauffeur (de)	sawwā' taksi (m)	سوّاق تاكسي
met de taxi (bw)	bel taksi	بالتاكسي
taxistandplaats (de)	maw'ef taksi (m)	موّقف تاكسي
een taxi bestellen	kallem taksi	كلّم تاكسي
een taxi nemen	aχad taksi	أخد تاكسي

verkeer (het)	ḥaraket el morūr (f)	حركة المرور
file (de)	zaḥmet el morūr (f)	زحمة المرور
spitsuur (het)	sā'et el zorwa (f)	ساعة الذروة
parkeren (on.ww.)	rakan	ركن
parkeren (ov.ww.)	rakan	ركن
parking (de)	maw'ef el 'arabeyāt (m)	موقف العربيات

metro (de)	metro (m)	مترو
halte (bijv. kleine treinhalte)	maḥaṭṭa (f)	محطّة
de metro nemen	aχad el metro	أخد المترو
trein (de)	qeṭār, 'aṭṭr (m)	قطار
station (treinstation)	maḥaṭṭet qeṭār (f)	محطّة قطار

82. Bezienswaardigheden

monument (het)	temsāl (m)	تمثال
vesting (de)	'al'a (f)	قلعة
paleis (het)	'aṣr (m)	قصر
kasteel (het)	'al'a (f)	قلعة
toren (de)	borg (m)	برج
mausoleum (het)	ḍarīḥ (m)	ضريح

architectuur (de)	handasa me'māriya (f)	هندسة معمارية
middeleeuws (bn)	men el qorūn el wosṭa	من القرون الوسطى
oud (bn)	'atīq	عتيق
nationaal (bn)	waṭany	وطني
bekend (bn)	maʃ-hūr	مشهور
toerist (de)	sā'eḥ (m)	سائح
gids (de)	morʃed (m)	مرشد

rondleiding (de)	gawla (f)	جولة
tonen (ww)	warra	ورّى
vertellen (ww)	'āl	قال
vinden (ww)	la'a	لقى
verdwalen (de weg kwijt zijn)	ḍā'	ضاع
plattegrond (~ van de metro)	χarīṭa (f)	خريطة
plattegrond (~ van de stad)	χarīṭa (f)	خريطة
souvenir (het)	tezkār (m)	تذكار
souvenirwinkel (de)	maḥal hadāya (m)	محل هدايا
foto's maken	ṣawwar	صوّر
zich laten fotograferen	etṣawwar	إتصوّر

83. Winkelen

kopen (ww)	eʃtara	إشترى
aankoop (de)	ḥāga (f)	حاجة
winkelen (ww)	eʃtara	إشترى
winkelen (het)	ʃobbing (m)	شوبينج
open zijn (ov. een winkel, enz.)	maftūḥ	مفتوح
gesloten zijn (ww)	moɣlaq	مغلق
schoeisel (het)	gezam (pl)	جزم
kleren (mv.)	malābes (pl)	ملابس
cosmetica (mv.)	mawād tagmīl (pl)	مواد تجميل
voedingswaren (mv.)	akl (m)	أكل
geschenk (het)	hediya (f)	هديّة
verkoper (de)	bayā' (m)	بيّاع
verkoopster (de)	bayā'a (f)	بيّاعة
kassa (de)	ṣandū' el daf' (m)	صندوق الدفع
spiegel (de)	merāya (f)	مراية
toonbank (de)	manḍada (f)	منضدة
paskamer (de)	ɣorfet el 'eyās (f)	غرفة القياس
aanpassen (ww)	garrab	جرّب
passen (ov. kleren)	nāseb	ناسب
bevallen (prettig vinden)	'agab	عجب
prijs (de)	se'r (m)	سعر
prijskaartje (het)	tiket el se'r (m)	تيكت السعر
kosten (ww)	kallef	كلّف
Hoeveel?	bekām?	بكام؟
korting (de)	χaṣm (m)	خصم
niet duur (bn)	meʃ ɣāly	مش غالي
goedkoop (bn)	reχīṣ	رخيص
duur (bn)	ɣāly	غالي
Dat is duur.	da ɣāly	ده غالي
verhuur (de)	este'gār (m)	إستئجار

huren (smoking, enz.)	est'gar	إستأجر
krediet (het)	e'temān (m)	إئتمان
op krediet (bw)	bel ta'seeṭ	بالتقسيط

84. Geld

geld (het)	folūs (pl)	فلوس
ruil (de)	taḥwīl 'omla (m)	تحويل عملة
koers (de)	se'r el ṣarf (m)	سعر الصرف
geldautomaat (de)	makinet ṣarrāf 'āly (f)	ماكينة صرّاف آلي
muntstuk (de)	'erʃ (m)	قرش
dollar (de)	dolār (m)	دولار
euro (de)	yoro (m)	يورو
lire (de)	lira (f)	ليرة
Duitse mark (de)	el mark el almāny (m)	المارك الألماني
frank (de)	frank (m)	فرنك
pond sterling (het)	geneyh esterlīny (m)	جنيه استرليني
yen (de)	yen (m)	ين
schuld (geldbedrag)	deyn (m)	دين
schuldenaar (de)	modīn (m)	مدين
uitlenen (ww)	sallef	سلّف
lenen (geld ~)	estalaf	إستلف
bank (de)	bank (m)	بنك
bankrekening (de)	ḥesāb (m)	حساب
storten (ww)	awda'	أودع
op rekening storten	awda' fel ḥesāb	أودع في الحساب
opnemen (ww)	saḥab men el ḥesāb	سحب من الحساب
kredietkaart (de)	kredit kard (f)	كريدت كارد
baar geld (het)	kæʃ (m)	كاش
cheque (de)	ʃīk (m)	شيك
een cheque uitschrijven	katab ʃīk	كتب شيك
chequeboekje (het)	daftar ʃikāt (m)	دفتر شيكات
portefeuille (de)	maḥfaẓa (f)	محفظة
geldbeugel (de)	maḥfazet fakka (f)	محفظة فكّة
safe (de)	χazzāna (f)	خزّانة
erfgenaam (de)	wāres (m)	وارث
erfenis (de)	werāsa (f)	وراثة
fortuin (het)	sarwa (f)	ثروة
huur (de)	'a'd el egār (m)	عقد الإيجار
huurprijs (de)	ogret el sakan (f)	أجرة السكن
huren (huis, kamer)	est'gar	إستأجر
prijs (de)	se'r (m)	سعر
kostprijs (de)	taman (m)	ثمن
som (de)	mablaɣ (m)	مبلغ
uitgeven (geld besteden)	ṣaraf	صرف

kosten (mv.)	maṣarīf (pl)	مصاريف
bezuinigen (ww)	waffar	وفّر
zuinig (bn)	mowaffer	موفّر
betalen (ww)	dafaʿ	دفع
betaling (de)	dafʿ (m)	دفع
wisselgeld (het)	el bāʾy (m)	الباقي
belasting (de)	ḍarība (f)	ضريبة
boete (de)	ɣarāma (f)	غرامة
beboeten (bekeuren)	faraḍ ɣarāma	فرض غرامة

85. Post. Postkantoor

postkantoor (het)	maktab el barīd (m)	مكتب البريد
post (de)	el barīd (m)	البريد
postbode (de)	sāʿy el barīd (m)	ساعي البريد
openingsuren (mv.)	awʾāt el ʿamal (pl)	أوقات العمل
brief (de)	resāla (f)	رسالة
aangetekende brief (de)	resāla mosaggala (f)	رسالة مسجّلة
briefkaart (de)	kart barīdy (m)	كرت بريدي
telegram (het)	barqiya (f)	برقيّة
postpakket (het)	ṭard (m)	طرد
overschrijving (de)	ḥewāla māliya (f)	حوالة مالية
ontvangen (ww)	estalam	إستلم
sturen (zenden)	arsal	أرسل
verzending (de)	ersāl (m)	إرسال
adres (het)	ʿenwān (m)	عنوان
postcode (de)	raqam el barīd (m)	رقم البريد
verzender (de)	morsel (m)	مرسل
ontvanger (de)	morsel elayh (m)	مرسل إليه
naam (de)	esm (m)	اسم
achternaam (de)	esm el ʿaʾela (m)	اسم العائلة
tarief (het)	taʿrīfa (f)	تعريفة
standaard (bn)	ʿādy	عادي
zuinig (bn)	mowaffer	موفّر
gewicht (het)	wazn (m)	وزن
afwegen (op de weegschaal)	wazan	وزن
envelop (de)	ẓarf (m)	ظرف
postzegel (de)	ṭābeʿ (m)	طابع
een postzegel plakken op	alṣaq ṭābeʿ	ألصق طابع

Woning. Huis. Thuis

86. Huis. Woning

huis (het)	beyt (m)	بيت
thuis (bw)	fel beyt	في البيت
cour (de)	sāḥa (f)	ساحة
omheining (de)	sūr (m)	سور
baksteen (de)	ṭūb (m)	طوب
van bakstenen	men el ṭūb	من الطوب
steen (de)	ḥagar (m)	حجر
stenen (bn)	ḥagary	حجري
beton (het)	χarasāna (f)	خرسانة
van beton	χarasāny	خرساني
nieuw (bn)	gedīd	جديد
oud (bn)	'adīm	قديم
vervallen (bn)	'āayel lel soqūṭ	آيل للسقوط
modern (bn)	mo'āṣer	معاصر
met veel verdiepingen	mota'added el ṭawābeq	متعدّد الطوابق
hoog (bn)	'āly	عالي
verdieping (de)	dore (m)	دور
met een verdieping	zu ṭābeq wāḥed	ذو طابق واحد
laagste verdieping (de)	el dore el awwal (m)	الدور الأوّل
bovenverdieping (de)	ṭābe' 'olwy (m)	طابق علوي
dak (het)	sa'f (m)	سقف
schoorsteen (de)	madχana (f)	مدخنة
dakpan (de)	qarmīd (m)	قرميد
pannen- (abn)	men el qarmīd	من القرميد
zolder (de)	'elya (f)	علية
venster (het)	ʃebbāk (m)	شبّاك
glas (het)	ezāz (m)	إزاز
vensterbank (de)	ḥāfet el ʃebbāk (f)	حافة الشبّاك
luiken (mv.)	ʃīʃ (m)	شيش
muur (de)	ḥeyṭa (f)	حيطة
balkon (het)	balakona (f)	بلكونة
regenpijp (de)	masūret el taṣrīf (f)	ماسورة التصريف
boven (bw)	fo'e	فوق
naar boven gaan (ww)	ṭele'	طلع
afdalen (on.ww.)	nezel	نزل
verhuizen (ww)	na'al	نقل

87. Huis. Ingang. Lift

ingang (de)	madχal (m)	مدخل
trap (de)	sellem (m)	سلّم
treden (mv.)	daragāt (pl)	درجات
trapleuning (de)	drabzīn (m)	درابزين
hal (de)	ṣāla (f)	صالة
postbus (de)	ṣandū' el barīd (m)	صندوق البريد
vuilnisbak (de)	ṣandū' el zebāla (m)	صندوق الزبالة
vuilniskoker (de)	manfaz el zebāla (m)	منفذ الزبالة
lift (de)	asanseyr (m)	اسانسير
goederenlift (de)	asanseyr el ʃaḥn (m)	اسانسير الشحن
liftcabine (de)	kabīna (f)	كابينة
de lift nemen	rekeb el asanseyr	ركب الاسانسير
appartement (het)	ʃa''a (f)	شقّة
bewoners (mv.)	sokkān (pl)	سكّان
buurman (de)	gār (m)	جار
buurvrouw (de)	gāra (f)	جارة
buren (mv.)	gerān (pl)	جيران

88. Huis. Elektriciteit

elektriciteit (de)	kahraba' (m)	كهرباء
lamp (de)	lammba (f)	لمّبة
schakelaar (de)	meftāḥ (m)	مفتاح
zekering (de)	fuse (m)	فيوز
draad (de)	selk (m)	سلك
bedrading (de)	aslāk (pl)	أسلاك
elektriciteitsmeter (de)	'addād (m)	عدّاد
gegevens (mv.)	qerā'a (f)	قراءة

89. Huis. Deuren. Sloten

deur (de)	bāb (m)	باب
toegangspoort (de)	bawwāba (f)	بوّابة
deurkruk (de)	okret el bāb (f)	اوكرة الباب
ontsluiten (ontgrendelen)	fataḥ	فتح
openen (ww)	fataḥ	فتح
sluiten (ww)	'afal	قفل
sleutel (de)	meftāḥ (m)	مفتاح
sleutelbos (de)	rabṭa (f)	ربطة
knarsen (bijv. scharnier)	ṣarr	صر
knarsgeluid (het)	ṣarīr (m)	صرير
scharnier (het)	mafaṣṣla (f)	مفصّلة
deurmat (de)	seggādet bāb (f)	سجّادة باب
slot (het)	'efl el bāb (m)	قفل الباب

sleutelgat (het)	xorm el meftāḥ (m)	خرم المفتاح
grendel (de)	terbās (m)	ترباس
schuif (de)	terbās (m)	ترباس
hangslot (het)	'efl (m)	قفل
aanbellen (ww)	rann	رنّ
bel (geluid)	ranīn (m)	رنين
deurbel (de)	garas (m)	جرس
belknop (de)	zerr (m)	زرّ
geklop (het)	ṭar', da'' (m)	طرق, دقّ
kloppen (ww)	xabbaṭ	خبّط
code (de)	kōd (m)	كود
cijferslot (het)	kōd (m)	كود
parlofoon (de)	garas el bāb (m)	جرس الباب
nummer (het)	raqam (m)	رقم
naambordje (het)	lawḥa (f)	لوحة
deurspion (de)	el 'eyn el seḥriya (m)	العين السحرية

90. Huis op het platteland

dorp (het)	qarya (f)	قرية
moestuin (de)	bostān xoḍār (m)	بستان خضار
hek (het)	sūr (m)	سور
houten hekwerk (het)	sūr (m)	سور
tuinpoortje (het)	bawwāba far'iya (f)	بوّابة فرعيّة
graanschuur (de)	ʃouna (f)	شونة
wortelkelder (de)	serdāb (m)	سرداب
schuur (de)	sa'īfa (f)	سقيفة
waterput (de)	bīr (m)	بير
kachel (de)	forn (m)	فرن
de kachel stoken	awqad el botogāz	أوقد البوتاجاز
brandhout (het)	ḥaṭab (m)	حطب
houtblok (het)	'eṭ'et ḥaṭab (f)	قطعة حطب
veranda (de)	varannda (f)	فاراندة
terras (het)	ʃorfa (f)	شرفة
bordes (het)	sellem (m)	سلّم
schommel (de)	morgeyḥa (f)	مرجيحة

91. Villa. Herenhuis

landhuisje (het)	villa rīfiya (f)	فيلا ريفيّة
villa (de)	villa (f)	فيلا
vleugel (de)	genāḥ (m)	جناح
tuin (de)	geneyna (f)	جنينة
park (het)	ḥadīqa (f)	حديقة
oranjerie (de)	dafī'a (f)	دفيئة
onderhouden (tuin, enz.)	ehtamm	إهتمّ

zwembad (het)	ḥammām sebāḥa (m)	حمّام سباحة
gym (het)	gīm (m)	جيم
tennisveld (het)	mal'ab tennis (m)	ملعب تنس
bioscoopkamer (de)	sinema manzeliya (f)	سينما منزليّة
garage (de)	garāʒ (m)	جراج
privé-eigendom (het)	melkiya χāṣa (f)	ملكيّة خاصّة
eigen terrein (het)	arḍ χāṣa (m)	أرض خاصّة
waarschuwing (de)	taḥzīr (m)	تحذير
waarschuwingsbord (het)	lāfetat taḥzīr (f)	لافتة تحذير
bewaking (de)	ḥerāsa (f)	حراسة
bewaker (de)	ḥāres amn (m)	حارس أمن
inbraakalarm (het)	gehāz enzār (m)	جهاز إنذار

92. Kasteel. Paleis

kasteel (het)	'al'a (f)	قلعة
paleis (het)	'aṣr (m)	قصر
vesting (de)	'al'a (f)	قلعة
ringmuur (de)	sūr (m)	سور
toren (de)	borg (m)	برج
donjon (de)	borbg ra'īsy (m)	برج رئيسي
valhek (het)	bāb motaḥarrek (m)	باب متحرّك
onderaardse gang (de)	serdāb (m)	سرداب
slotgracht (de)	χondoq mā'y (m)	خندق مائي
ketting (de)	selsela (f)	سلسلة
schietgat (het)	mozɣal (m)	مزغل
prachtig (bn)	rā'e'	رائع
majestueus (bn)	mohīb	مهيب
onneembaar (bn)	manee'	منيع
middeleeuws (bn)	men el qorūn el wosṭa	من القرون الوسطى

93. Appartement

appartement (het)	ʃa''a (f)	شقّة
kamer (de)	oḍa (f)	أوضة
slaapkamer (de)	oḍet el nome (f)	أوضة النوم
eetkamer (de)	oḍet el sofra (f)	أوضة السفرة
salon (de)	oḍet el esteqbāl (f)	أوضة الإستقبال
studeerkamer (de)	maktab (m)	مكتب
gang (de)	madχal (m)	مدخل
badkamer (de)	ḥammām (m)	حمّام
toilet (het)	ḥammām (m)	حمّام
plafond (het)	sa'f (m)	سقف
vloer (de)	arḍiya (f)	أرضية
hoek (de)	zawya (f)	زاوية

94. Appartement. Schoonmaken

schoonmaken (ww)	naḍḍaf	نظّف
opbergen (in de kast, enz.)	ʃāl	شال
stof (het)	ɣobār (m)	غبار
stoffig (bn)	meɣabbar	مغبّر
stoffen (ww)	masaḥ el ɣobār	مسح الغبار
stofzuiger (de)	maknasa kahraba'iya (f)	مكنسة كهربائيّة
stofzuigen (ww)	naḍḍaf be maknasa kahrabā'iya	نظّف بمكنسة كهربائيّة
vegen (de vloer ~)	kanas	كنس
veegsel (het)	qomāma (f)	قمامة
orde (de)	nezām (m)	نظام
wanorde (de)	fawḍa (m)	فوّضى
zwabber (de)	ʃarʃūba (f)	شرشوبة
poetsdoek (de)	mamsaḥa (f)	ممسحة
veger (de)	ma'sʃa (f)	مقشّة
stofblik (het)	lammāma (f)	لمّامة

95. Meubels. Interieur

meubels (mv.)	asās (m)	أثاث
tafel (de)	maktab (m)	مكتب
stoel (de)	korsy (m)	كرسي
bed (het)	serīr (m)	سرير
bankstel (het)	kanaba (f)	كنبة
fauteuil (de)	korsy (m)	كرسي
boekenkast (de)	χazzānet kotob (f)	خزّانة كتب
boekenrek (het)	raff (m)	رفّ
kledingkast (de)	dolāb (m)	دولاب
kapstok (de)	ʃammā'a (f)	شمّاعة
staande kapstok (de)	ʃammā'a (f)	شمّاعة
commode (de)	dolāb adrāg (m)	دولاب أدراج
salontafeltje (het)	ṭarabeyzet el 'ahwa (f)	طرابيزة القهوة
spiegel (de)	merāya (f)	مراية
tapijt (het)	seggāda (f)	سجّادة
tapijtje (het)	seggāda (f)	سجّادة
haard (de)	daffāya (f)	دفّاية
kaars (de)	ʃam'a (f)	شمعة
kandelaar (de)	ʃam'adān (m)	شمعدان
gordijnen (mv.)	satā'er (pl)	ستائر
behang (het)	wara' ḥā'eṭ (m)	ورق حائط
jaloezie (de)	satā'er ofoqiya (pl)	ستائر أفقيّة
bureaulamp (de)	abāʒūr (f)	اباجورة
wandlamp (de)	lammbet ḥā'eṭ (f)	لمّبة حائط

staande lamp (de)	meṣbāḥ arḍy (m)	مصباح أرضي
luchter (de)	nagafa (f)	نجفة
poot (ov. een tafel, enz.)	regl (f)	رجل
armleuning (de)	masnad (m)	مسند
rugleuning (de)	masnad (m)	مسند
la (de)	dorg (m)	درج

96. Beddengoed

beddengoed (het)	bayāḍāt el serīr (pl)	بياضات السرير
kussen (het)	maχadda (f)	مخدّة
kussenovertrek (de)	kīs el maχadda (m)	كيس المخدّة
deken (de)	leḥāf (m)	لحاف
laken (het)	melāya (f)	ملاية
sprei (de)	ɣaṭā' el serīr (m)	غطاء السرير

97. Keuken

keuken (de)	maṭbaχ (m)	مطبخ
gas (het)	ɣāz (m)	غاز
gasfornuis (het)	botoɣāz (m)	بوتوغاز
elektrisch fornuis (het)	forn kaharabā'y (m)	فرن كهربائي
oven (de)	forn (m)	فرن
magnetronoven (de)	mikroweyv (m)	ميكروويف
koelkast (de)	tallāga (f)	ثلاجة
diepvriezer (de)	freyzer (m)	فريزر
vaatwasmachine (de)	ɣassālet aṭbā' (f)	غسّالة أطباق
vleesmolen (de)	farrāmet laḥm (f)	فرّامة لحم
vruchtenpers (de)	ʿaṣṣāra (f)	عصّارة
toaster (de)	maḥmaṣet χobz (f)	محمصة خبز
mixer (de)	χallāṭ (m)	خلّاط
koffiemachine (de)	makinet ṣonʿ el 'ahwa (f)	ماكينة صنع القهوة
koffiepot (de)	ɣallāya kahraba'iya (f)	غلّاية القهوة
koffiemolen (de)	maṭ-ḥanet 'ahwa (f)	مطحنة قهوة
fluitketel (de)	ɣallāya (f)	غلّاية
theepot (de)	barrād el ʃāy (m)	برّاد الشاي
deksel (de/het)	ɣaṭā' (m)	غطاء
theezeefje (het)	maṣfāh el ʃāy (f)	مصفاة الشاي
lepel (de)	maʿla'a (f)	معلقة
theelepeltje (het)	maʿla'et ʃāy (f)	معلقة شاي
eetlepel (de)	maʿla'a kebīra (f)	ملعقة كبيرة
vork (de)	ʃawka (f)	شوكة
mes (het)	sekkīna (f)	سكّينة
vaatwerk (het)	awāny (pl)	أواني
bord (het)	ṭaba' (m)	طبق

schoteltje (het)	ṭaba' fengān (m)	طبق فنجان
likeurglas (het)	kāsa (f)	كاسة
glas (het)	kobbāya (f)	كوبّاية
kopje (het)	fengān (m)	فنجان
suikerpot (de)	sokkariya (f)	سكّريّة
zoutvat (het)	mamlaḥa (f)	مملحة
pepervat (het)	mobhera (f)	مبهرة
boterschaaltje (het)	ṭaba' zebda (m)	طبق زبدة
pan (de)	ḥalla (f)	حلّة
bakpan (de)	ṭāsa (f)	طاسة
pollepel (de)	maɣrafa (f)	مغرفة
vergiet (de/het)	maṣfāh (f)	مصفاه
dienblad (het)	ṣeniya (f)	صينيّة
fles (de)	ezāza (f)	إزازة
glazen pot (de)	barṭamān (m)	برطمان
blik (conserven~)	kanz (m)	كانز
flesopener (de)	fattāḥa (f)	فتّاحة
blikopener (de)	fattāḥa (f)	فتّاحة
kurkentrekker (de)	barrīma (f)	بريّمة
filter (de/het)	filter (m)	فلتر
filteren (ww)	ṣaffa	صفّى
huisvuil (het)	zebāla (f)	زبالة
vuilnisemmer (de)	ṣandū' el zebāla (m)	صندوق الزبالة

98. Badkamer

badkamer (de)	ḥammām (m)	حمّام
water (het)	meyāh (f)	مياه
kraan (de)	ḥanafiya (f)	حنفيّة
warm water (het)	maya soχna (f)	مايّة سخنة
koud water (het)	maya barda (f)	مايّة باردة
tandpasta (de)	ma'gūn asnān (m)	معجون أسنان
tanden poetsen (ww)	naḍḍaf el asnān	نظّف الأسنان
tandenborstel (de)	forʃet senān (f)	فرشة أسنان
zich scheren (ww)	ḥala'	حلق
scheercrème (de)	raɣwa lel ḥelā'a (f)	رغوة للحلاقة
scheermes (het)	mūs (m)	موس
wassen (ww)	ɣasal	غسل
een bad nemen	estaḥamma	إستحمّى
douche (de)	doʃ (m)	دوش
een douche nemen	aχad doʃ	أخد دوش
bad (het)	banyo (m)	بانيو
toiletpot (de)	twalet (m)	تواليت
wastafel (de)	ḥoḍe (m)	حوض
zeep (de)	ṣabūn (m)	صابون

zeepbakje (het)	ṣabbāna (f)	صبّانة
spons (de)	līfa (f)	ليفة
shampoo (de)	ʃambū (m)	شامبو
handdoek (de)	fūṭa (f)	فوطة
badjas (de)	robe el ḥammām (m)	روب حمّام
was (bijv. handwas)	ɣasīl (m)	غسيل
wasmachine (de)	ɣassāla (f)	غسّالة
de was doen	ɣasal el malābes	غسل الملابس
waspoeder (de)	mas-ḥū' ɣasīl (m)	مسحوق غسيل

99. Huishoudelijke apparaten

televisie (de)	televizion (m)	تليفزيون
cassettespeler (de)	gehāz tasgīl (m)	جهاز تسجيل
videorecorder (de)	'āla tasgīl video (f)	آلة تسجيل فيديو
radio (de)	gehāz radio (m)	جهاز راديو
speler (de)	blayer (m)	بلير
videoprojector (de)	gehāz 'arḍ (m)	جهاز عرض
home theater systeem (het)	sinema manzeliya (f)	سينما منزليّة
DVD-speler (de)	dividī blayer (m)	دي في دي بلير
versterker (de)	mokabbaer el ṣote (m)	مكبّر الصوت
spelconsole (de)	'ātāry (m)	أتاري
videocamera (de)	kamera video (f)	كاميرا فيديو
fotocamera (de)	kamera (f)	كاميرا
digitale camera (de)	kamera diʒital (f)	كاميرا ديجيتال
stofzuiger (de)	maknasa kahraba'iya (f)	مكنسة كهربائيّة
strijkijzer (het)	makwa (f)	مكواة
strijkplank (de)	lawḥet kayī (f)	لوحة كيّ
telefoon (de)	telefon (m)	تليفون
mobieltje (het)	mobile (m)	موبايل
schrijfmachine (de)	'āla katba (f)	آلة كاتبة
naaimachine (de)	makanet el χeyāṭa (f)	مكنة الخياطة
microfoon (de)	mikrofon (m)	ميكروفون
koptelefoon (de)	samma'āt ra'siya (pl)	سمّاعات رأسية
afstandsbediening (de)	remowt kontrol (m)	ريموت كنترول
CD (de)	sidī (m)	سي دي
cassette (de)	kasett (m)	كاسيت
vinylplaat (de)	esṭewāna mūsīqa (f)	أسطوانة موسيقى

100. Reparaties. Renovatie

renovatie (de)	tagdīdāt (m)	تجديدات
renoveren (ww)	gadded	جدّد
repareren (ww)	ṣallaḥ	صلّح
op orde brengen	nazzam	نظّم

overdoen (ww)	ʿād	عاد
verf (de)	dehān (m)	دهان
verven (muur ~)	dahhen	دهّن
schilder (de)	dahhān (m)	دهّان
kwast (de)	forʃet dehān (f)	فرشاة الدهان
kalk (de)	maḥlūl mobayeḍ (m)	محلول مبيّض
kalken (ww)	beyḍ	بيّض
behang (het)	wara' ḥā'eṭ (m)	ورق حائط
behangen (ww)	laṣaq wara' el ḥā'eṭ	لصق ورق الحائط
lak (de/het)	warnīʃ (m)	ورنيش
lakken (ww)	ṭala bel warnīʃ	طلى بالورنيش

101. Loodgieterswerk

water (het)	meyāh (f)	مياه
warm water (het)	maya soχna (f)	مايّة سخنة
koud water (het)	maya barda (f)	مايّة باردة
kraan (de)	ḥanafiya (f)	حنفيّة
druppel (de)	'aṭra (f)	قطرة
druppelen (ww)	'aṭṭar	قطّر
lekken (een lek hebben)	sarrab	سرّب
lekkage (de)	tasarrob (m)	تسرب
plasje (het)	berka (f)	بركة
buis, leiding (de)	masūra (f)	ماسورة
stopkraan (de)	ṣamām (m)	صمام
verstopt raken (ww)	kān masdūd	كان مسدود
gereedschap (het)	adawāt (pl)	أدوات
Engelse sleutel (de)	el meftāḥ el englīzy (m)	المفتاح الإنجليزي
losschroeven (ww)	fataḥ	فتح
aanschroeven (ww)	aḥkam el ʃadd	أحكم الشدّ
ontstoppen (riool, enz.)	sallek	سلّك
loodgieter (de)	samkary (m)	سمكري
kelder (de)	badrome (m)	بدروم
riolering (de)	ʃabaket el magāry (f)	شبكة المجاري

102. Brand. Vuurzee

brand (de)	ḥarī' (m)	حريق
vlam (de)	lahab (m)	لهب
vonk (de)	ʃarāra (f)	شرارة
rook (de)	dokχān (m)	دخّان
fakkel (de)	ʃoʿla (f)	شعلة
kampvuur (het)	nār moχayem (m)	نار مخيّم
benzine (de)	banzīn (m)	بنزين
kerosine (de)	kerosīn (m)	كيروسين

brandbaar (bn)	qābel lel eḥterāq	قابل للإحتراق
ontplofbaar (bn)	māda motafaggera	مادة متفجّرة
VERBODEN TE ROKEN!	mamnūʿ el tadχīn	ممنوع التدخين
veiligheid (de)	amn (m)	أمن
gevaar (het)	χaṭar (m)	خطر
gevaarlijk (bn)	χaṭīr	خطير
in brand vliegen (ww)	eʃtaʿal	إشتعل
explosie (de)	enfegār (m)	إنفجار
in brand steken (ww)	aʃʿal el nār	أشعل النار
brandstichter (de)	moʃʿel ḥarīq ʿan ʿamd (m)	مشعل حريق عن عمد
brandstichting (de)	eḥrāq el momtalakāt (m)	إحراق الممتلكات
vlammen (ww)	awhag	أوهج
branden (ww)	et-ḥaraʾ	إتحرق
afbranden (ww)	et-ḥaraʾ	إتحرق
de brandweer bellen	kallim ʾism el ḥarīʾ	كلّم قسم الحريق
brandweerman (de)	rāgel el maṭāfy (m)	راجل المطافي
brandweerwagen (de)	sayāret el maṭāfy (f)	سيّارة المطافي
brandweer (de)	ʾesm el maṭāfy (f)	قسم المطافي
uitschuifbare ladder (de)	sellem el maṭāfy (m)	سلّم المطافي
brandslang (de)	χarṭūm el mayya (m)	خرطوم الميّة
brandblusser (de)	ṭaffayet ḥarīʾ (f)	طفّاية حريق
helm (de)	χawza (f)	خوذة
sirene (de)	sarīna (f)	سرينة
roepen (ww)	ṣarraχ	صرّخ
hulp roepen	estaɣās	إستغاث
redder (de)	monqez (m)	منقذ
redden (ww)	anqaz	أنقذ
aankomen (per auto, enz.)	weṣel	وصل
blussen (ww)	ṭaffa	طفّى
water (het)	meyāh (f)	مياه
zand (het)	raml (m)	رمل
ruïnes (mv.)	ḥeṭām (pl)	حطام
instorten (gebouw, enz.)	enhār	إنهار
ineenstorten (ww)	enhār	إنهار
inzakken (ww)	enhār	إنهار
brokstuk (het)	ʾeṭʿet ḥeṭām (f)	قطعة حطام
as (de)	ramād (m)	رماد
verstikken (ww)	eθχanaʾ	إتخنق
omkomen (ww)	māt	مات

MENSELIJKE ACTIVITEITEN

Baan. Business. Deel 1

103. Kantoor. Op kantoor werken

kantoor (het)	maktab (m)	مكتب
kamer (de)	maktab (m)	مكتب
receptie (de)	este'bāl (m)	إستقبال
secretaris (de)	sekerteyr (m)	سكرتير
directeur (de)	modīr (m)	مدير
manager (de)	modīr (m)	مدير
boekhouder (de)	muḥāseb (m)	محاسب
werknemer (de)	mowazzaf (m)	موظّف
meubilair (het)	asās (m)	أثاث
tafel (de)	maktab (m)	مكتب
bureaustoel (de)	korsy (m)	كرسي
ladeblok (het)	weḥdet adrāg (f)	وحدة أدراج
kapstok (de)	ʃammā'a (f)	شمّاعة
computer (de)	kombuter (m)	كمبيوتر
printer (de)	ṭābe'a (f)	طابعة
fax (de)	faks (m)	فاكس
kopieerapparaat (het)	'ālet nasχ (f)	آلة نسخ
papier (het)	wara' (m)	ورق
kantoorartikelen (mv.)	adawāt maktabiya (pl)	أدوات مكتبية
muismat (de)	maws bād (m)	ماوس باد
blad (het)	wara'a (f)	ورقة
ordner (de)	malaff (m)	ملفّ
catalogus (de)	fehras (m)	فهرس
telefoongids (de)	dalīl el telefone (m)	دليل التليفون
documentatie (de)	wasā'eq (pl)	وثائق
brochure (de)	naʃra (f)	نشرة
flyer (de)	manʃūr (m)	منشور
monster (het), staal (de)	namūzag (m)	نموذج
training (de)	egtemā' tadrīb (m)	إجتماع تدريب
vergadering (de)	egtemā' (m)	إجتماع
lunchpauze (de)	fatret el ɣada' (f)	فترة الغذاء
een kopie maken	ṣawwar	صوّر
de kopieën maken	ṣawwar	صوّر
een fax ontvangen	estalam faks	إستلم فاكس
een fax versturen	ba'at faks	بعت فاكس
opbellen (ww)	ettaṣal	إتّصل

antwoorden (ww)	gāwab	جاوب
doorverbinden (ww)	waṣṣal	وصّل
afspreken (ww)	ḥadded	حدّد
demonstreren (ww)	ʿaraḍ	عرض
absent zijn (ww)	ɣāb	غاب
afwezigheid (de)	ɣeyāb (m)	غياب

104. Bedrijfsprocessen. Deel 1

zaak (de), beroep (het)	ʃoɣl (m)	شغل
firma (de)	ʃerka (f)	شركة
bedrijf (maatschap)	ʃerka (f)	شركة
corporatie (de)	moʾassasa tegariya (f)	مؤسسة تجارية
onderneming (de)	ʃerka (f)	شركة
agentschap (het)	wekāla (f)	وكالة
overeenkomst (de)	ettefaqiya (f)	إتّفاقية
contract (het)	ʿaʾd (m)	عقد
transactie (de)	ṣafqa (f)	صفقة
bestelling (de)	ṭalab (m)	طلب
voorwaarde (de)	ʃorūṭ (pl)	شروط
in het groot (bw)	bel gomla	بالجملة
groothandels- (abn)	el gomla	الجملة
groothandel (de)	beyʿ bel gomla (m)	بيع بالجملة
kleinhandels- (abn)	yebeeʿ bel tagzeʾa	يبيع بالتجزئة
kleinhandel (de)	maḥal yebeeʿ bel tagzeʾa (m)	محل يبيع بالتجزئة
concurrent (de)	monāfes (m)	منافس
concurrentie (de)	monafsa (f)	منافسة
concurreren (ww)	nāfes	نافس
partner (de)	ʃerīk (m)	شريك
partnerschap (het)	ʃarāka (f)	شراكة
crisis (de)	azma (f)	أزمة
bankroet (het)	eflās (m)	إفلاس
bankroet gaan (ww)	falles	فلّس
moeilijkheid (de)	ṣoʿūba (f)	صعوبة
probleem (het)	moʃkela (f)	مشكلة
catastrofe (de)	karsa (f)	كارثة
economie (de)	eqtiṣād (m)	إقتصاد
economisch (bn)	eqteṣādy	إقتصادي
economische recessie (de)	rokūd eqteṣādy (m)	ركود إقتصادي
doel (het)	hadaf (m)	هدف
taak (de)	mohemma (f)	مهمّة
handelen (handel drijven)	tāger	تاجر
netwerk (het)	ʃabaka (f)	شبكة
voorraad (de)	el maxzūn (m)	المخزون
assortiment (het)	taʃkīla (f)	تشكيلة

leider (de)	qā'ed (m)	قائد
groot (bn)	kebīr	كبير
monopolie (het)	eḥtekār (m)	إحتكار
theorie (de)	naẓariya (f)	نظريّة
praktijk (de)	momarsa (f)	ممارسة
ervaring (de)	χebra (f)	خبرة
tendentie (de)	ettegāh (m)	إتّجاه
ontwikkeling (de)	tanmeya (f)	تنمية

105. Bedrijfsprocessen. Deel 2

voordeel (het)	rebḥ (m)	ربح
voordelig (bn)	morbeḥ	مربح
delegatie (de)	wafd (m)	وفد
salaris (het)	morattab (m)	مرتّب
corrigeren (fouten ~)	ṣaḥḥaḥ	صحّح
zakenreis (de)	reḥlet 'amal (f)	رحلة عمل
commissie (de)	lagna (f)	لجنة
controleren (ww)	et-ḥakkem	إتحكّم
conferentie (de)	mo'tamar (m)	مؤتمر
licentie (de)	roχṣa (f)	رخصة
betrouwbaar (partner, enz.)	mawsūq	موثوق
aanzet (de)	mobadra (f)	مبادرة
norm (bijv. ~ stellen)	me'yār (m)	معيار
omstandigheid (de)	ẓarf (m)	ظرف
taak, plicht (de)	wāgeb (m)	واجب
organisatie (bedrijf, zaak)	monaẓẓama (f)	منظّمة
organisatie (proces)	tanẓīm (m)	تنظيم
georganiseerd (bn)	monaẓẓam	منظّم
afzegging (de)	elɣā' (m)	إلغاء
afzeggen (ww)	alɣa	ألغى
verslag (het)	ta'rīr (m)	تقرير
patent (het)	bara'et el eχterā' (f)	براءة الإختراع
patenteren (ww)	saggel barā'et eχterā'	سجّل براءة الإختراع
plannen (ww)	χaṭṭeṭ	خطّط
premie (de)	'alāwa (f)	علاوة
professioneel (bn)	mehany	مهني
procedure (de)	egrā' (m)	إجراء
onderzoeken (contract, enz.)	baḥs fi	بحث في
berekening (de)	ḥesāb (m)	حساب
reputatie (de)	som'a (f)	سمعة
risico (het)	moχaṭra (f)	مخاطرة
beheren (managen)	adār	أدار
informatie (de)	ma'lumāt (pl)	معلومات
eigendom (bezit)	melkiya (f)	ملكيّة

unie (de)	etteḥād (m)	إتّحاد
levensverzekering (de)	ta'mīn 'alal ḥayah (m)	تأمين على الحياة
verzekeren (ww)	ammen	أمّن
verzekering (de)	ta'mīn (m)	تأمين
veiling (de)	mazād (m)	مزاد
verwittigen (ww)	ballaɣ	بلّغ
beheer (het)	edāra (f)	إدارة
dienst (de)	χadma (f)	خدمة
forum (het)	nadwa (f)	ندوة
functioneren (ww)	adda waẓīfa	أدّى وظيفة
stap, etappe (de)	marḥala (f)	مرحلة
juridisch (bn)	qanūniya	قانونية
jurist (de)	muḥāmy (m)	محامي

106. Productie. Werken

industriële installatie (fabriek)	maṣna' (m)	مصنع
fabriek (de)	maṣna' (m)	مصنع
werkplaatsruimte (de)	warʃa (f)	ورشة
productielocatie (de)	maṣna' (m)	مصنع
industrie (de)	ṣenā'a (f)	صناعة
industrieel (bn)	ṣenā'y	صناعي
zware industrie (de)	ṣenā'a te'īla (f)	صناعة ثقيلة
lichte industrie (de)	ṣenā'a χafīfa (f)	صناعة خفيفة
productie (de)	montagāt (pl)	منتجات
produceren (ww)	antag	أنتج
grondstof (de)	mawād χām (pl)	مواد خام
voorman, ploegbaas (de)	ra'īs el 'ommāl (m)	رئيس العمّال
ploeg (de)	farī' el 'ommāl (m)	فريق العمّال
arbeider (de)	'āmel (m)	عامل
werkdag (de)	yome 'amal (m)	يوم عمل
pauze (de)	rāḥa (f)	راحة
samenkomst (de)	egtemā' (m)	إجتماع
bespreken (spreken over)	nā'eʃ	ناقش
plan (het)	χeṭṭa (f)	خطّة
het plan uitvoeren	naffez el χeṭṭa	نفّذ الخطّة
productienorm (de)	mo'addal el entāg (m)	معدّل الإنتاج
kwaliteit (de)	gawda (f)	جودة
controle (de)	taftīʃ (m)	تفتيش
kwaliteitscontrole (de)	ḍabṭ el gawda (m)	ضبط الجودة
arbeidsveiligheid (de)	salāmet makān el 'amal (f)	سلامة مكان العمل
discipline (de)	enḍebāṭ (m)	إنضباط
overtreding (de)	moχalfa (f)	مخالفة
overtreden (ww)	χālef	خالف
staking (de)	eḍrāb (m)	إضراب
staker (de)	moḍrab (m)	مضرب

staken (ww)	aḍrab	أضرب
vakbond (de)	etteḥād el ʿomāl (m)	إتّحاد العمال
uitvinden (machine, enz.)	eχtaraʿ	إخترع
uitvinding (de)	eχterāʿ (m)	إختراع
onderzoek (het)	baḥs (m)	بحث
verbeteren (beter maken)	ḥassen	حسّن
technologie (de)	teknoloʒia (f)	تكنولوجيا
technische tekening (de)	rasm teqany (m)	رسم تقني
vracht (de)	ʃaḥn (m)	شحن
lader (de)	ʃayāl (m)	شيّال
laden (vrachtwagen)	ʃaḥn	شحن
laden (het)	taḥmīl (m)	تحميل
lossen (ww)	farraɣ	فرّغ
lossen (het)	tafrīɣ (m)	تفريغ
transport (het)	wasāʾel el naʾl (pl)	وسائل النقل
transportbedrijf (de)	ʃerket naʾl (f)	شركة نقل
transporteren (ww)	naʾal	نقل
goederenwagon (de)	ʿarabet ʃaḥn (f)	عربة شحن
tank (bijv. ketelwagen)	χazzān (m)	خزّان
vrachtwagen (de)	ʃāḥena (f)	شاحنة
machine (de)	makana (f)	مكنة
mechanisme (het)	ʾāliya (f)	آليّة
industrieel afval (het)	moχallafāt ṣenaʿiya (pl)	مخلفات صناعية
verpakking (de)	taʿbeʾa (f)	تعبئة
verpakken (ww)	ʿabba	عبّأ

107. Contract. Overeenstemming

contract (het)	ʿaʾd (m)	عقد
overeenkomst (de)	ettefāʾ (m)	إتّفاق
bijlage (de)	molḥaʾ (m)	ملحق
een contract sluiten	waqqaʿ ʿala ʿaʾd	وقّع على عقد
handtekening (de)	tawqeeʿ (m)	توقيع
ondertekenen (ww)	waqqaʿ	وقّع
stempel (de)	χetm (m)	ختم
voorwerp (het) van de overeenkomst	mawḍūʿ el ʿaʾd (m)	موضوع العقد
clausule (de)	band (m)	بند
partijen (mv.)	aṭrāf (pl)	أطراف
vestigingsadres (het)	ʿenwān qanūny (m)	عنوان قانوني
het contract verbreken (overtreden)	χālef el ʿaʾd	خالف العقد
verplichting (de)	eltezām (m)	إلتزام
verantwoordelijkheid (de)	masʾoliya (f)	مسؤوليّة
overmacht (de)	ʾowwa qāhera (m)	قوّة قاهرة

geschil (het)	χelāf (m)	خلاف
sancties (mv.)	'oqobāt (pl)	عقوبات

108. Import & Export

import (de)	esterād (m)	إستيراد
importeur (de)	mostawred (m)	مستوّرد
importeren (ww)	'estawrad	إستوّرد
import- (abn)	wāred	وارد
uitvoer (export)	taṣdīr (m)	تصدير
exporteur (de)	moṣadder (m)	مصدّر
exporteren (ww)	ṣaddar	صدّر
uitvoer- (bijv., ~goederen)	sādir	صادر
goederen (mv.)	baḍā'e' (pl)	بضائع
partij (de)	ʃoḥna (f)	شحنة
gewicht (het)	wazn (m)	وزن
volume (het)	ḥagm (m)	حجم
kubieke meter (de)	metr moka''ab (m)	متر مكعّب
producent (de)	el ʃerka el moṣanne'a (f)	الشركة المصنّعة
transportbedrijf (de)	ʃerket na'l (f)	شركة نقل
container (de)	ḥāweya (f)	حاوية
grens (de)	ḥadd (m)	حدّ
douane (de)	gamārek (pl)	جمارك
douanerecht (het)	rasm gomroky (m)	رسم جمركي
douanier (de)	mowazzaf el gamārek (m)	موظّف الجمارك
smokkelen (het)	tahrīb (m)	تهريب
smokkelwaar (de)	beḍā'a moharraba (pl)	بضاعة مهربة

109. Financiën

aandeel (het)	sahm (m)	سهم
obligatie (de)	sanad (m)	سند
wissel (de)	kembyāla (f)	كمبيالة
beurs (de)	borṣa (f)	بورصة
aandelenkoers (de)	se'r el sahm (m)	سعر السهم
dalen (ww)	reχeṣ	رخص
stijgen (ww)	ʃely	غلي
deel (het)	naṣīb (m)	نصيب
meerderheidsbelang (het)	el magmū'a el mosayṭara (f)	المجموعة المسيطرة
investeringen (mv.)	estesmār (pl)	إستثمار
investeren (ww)	estasmar	إستثمر
procent (het)	bel me'a - bel miya	بالمئة
rente (de)	fayda (f)	فائدة
winst (de)	rebḥ (m)	ربح

winstgevend (bn)	morbeḥ	مربح
belasting (de)	ḍarība (f)	ضريبة
valuta (vreemde ~)	'omla (f)	عملّة
nationaal (bn)	waṭany	وطني
ruil (de)	taḥwīl (m)	تحويل
boekhouder (de)	muḥāseb (m)	محاسب
boekhouding (de)	maḥasba (f)	محاسبة
bankroet (het)	eflās (m)	إفلاس
ondergang (de)	enheyār (m)	إنهيار
faillissement (het)	eflās (m)	إفلاس
geruïneerd zijn (ww)	falles	فلّس
inflatie (de)	taḍakχom māly (m)	تضخّم مالي
devaluatie (de)	taχfīḍ qīmet 'omla (m)	تخفيض قيمة عملة
kapitaal (het)	ra's māl (m)	رأس مال
inkomen (het)	daχl (m)	دخل
omzet (de)	dawret ra's el māl (f)	دورة رأس المال
middelen (mv.)	mawāred (pl)	موارد
financiële middelen (mv.)	el mawāred el naqdiya (pl)	الموارد النقديّة
operationele kosten (mv.)	nafa'āt 'āmma (pl)	نفقات عامّة
reduceren (kosten ~)	χaffaḍ	خفّض

110. Marketing

marketing (de)	taswī' (m)	تسويق
markt (de)	sū' (f)	سوق
marktsegment (het)	qaṭā' el sū' (m)	قطاع السوق
product (het)	montag (m)	منتج
goederen (mv.)	baḍā'e' (pl)	بضائع
merk (het)	mārka (f)	ماركة
handelsmerk (het)	marka tegāriya (f)	ماركة تجاريّة
beeldmerk (het)	ʃe'ār (m)	شعار
logo (het)	ʃe'ār (m)	شعار
vraag (de)	ṭalab (m)	طلب
aanbod (het)	mU'İddāt (pl)	معدّات
behoefte (de)	ḥāga (f)	حاجة
consument (de)	mostahlek (m)	مستهلك
analyse (de)	taḥlīl (m)	تحليل
analyseren (ww)	ḥallel	حلّل
positionering (de)	waḍ' (m)	وضع
positioneren (ww)	waḍa'	وضع
prijs (de)	se'r (m)	سعر
prijspolitiek (de)	seyāset el as'ār (f)	سياسة الأسعار
prijsvorming (de)	taʃkīl el as'ār (m)	تشكيل الأسعار

111. Reclame

reclame (de)	eʿlān (m)	إعلان
adverteren (ww)	aʿlan	أعلن
budget (het)	mezaniya (f)	ميزانية
advertentie, reclame (de)	eʿlān (m)	إعلان
TV-reclame (de)	eʿlān fel televiziōn (m)	إعلان في التليفزيون
radioreclame (de)	eʿlān fel radio (m)	إعلان في الراديو
buitenreclame (de)	eʿlān zahery (m)	إعلان ظاهري
massamedia (de)	wasāʾel el eʿlām (pl)	وسائل الإعلام
periodiek (de)	magalla dawriya (f)	مجلّة دوريّة
imago (het)	imyʒ (m)	إيميج
slagzin (de)	ʃeʿār (m)	شعار
motto (het)	ʃeʿār (m)	شعار
campagne (de)	ḥamla (f)	حملة
reclamecampagne (de)	ḥamla eʿlaniya (f)	حملة إعلانيّة
doelpubliek (het)	magmūʿa mostahdafa (f)	مجموعة مستهدفة
visitekaartje (het)	kart el ʿamal (m)	كارت العمل
flyer (de)	manʃūr (m)	منشور
brochure (de)	naʃra (f)	نشرة
folder (de)	kotayeb (m)	كتيّب
nieuwsbrief (de)	naʃra exbariya (f)	نشرة إخبارية
gevelreclame (de)	yafṭa, lāfeta (f)	لافتة, يافطة
poster (de)	boster (m)	بوستر
aanplakbord (het)	lawḥet eʿlanāt (f)	لوحة إعلانات

112. Bankieren

bank (de)	bank (m)	بنك
bankfiliaal (het)	farʿ (m)	فرع
bankbediende (de)	mowazzaf bank (m)	موظّف بنك
manager (de)	modīr (m)	مدير
bankrekening (de)	ḥesāb bank (m)	حساب بنك
rekeningnummer (het)	raqam el ḥesāb (m)	رقم الحساب
lopende rekening (de)	ḥesāb gāry (m)	حساب جاري
spaarrekening (de)	ḥesāb tawfīr (m)	حساب توفير
een rekening openen	fataḥ ḥesāb	فتح حساب
de rekening sluiten	ʾafal ḥesāb	قفل حساب
op rekening storten	awdaʿ fel ḥesāb	أودع في الحساب
opnemen (ww)	saḥab men el ḥesāb	سحب من الحساب
storting (de)	wadeeʿa (f)	وديعة
een storting maken	awdaʿ	أودع
overschrijving (de)	ḥewāla maṣrefiya (f)	حوالة مصرفيّة

een overschrijving maken	ḥawwel	حوّل
som (de)	mablaɣ (m)	مبلغ
Hoeveel?	kām?	كام؟
handtekening (de)	tawqee' (m)	توقيع
ondertekenen (ww)	waqqa'	وقّع
kredietkaart (de)	kredit kard (f)	كريدت كارد
code (de)	kōd (m)	كود
kredietkaartnummer (het)	raqam el kredit kard (m)	رقم الكريدت كارد
geldautomaat (de)	makinet ṣarrāf 'āly (f)	ماكينة صرّاف آلي
cheque (de)	ʃīk (m)	شيك
een cheque uitschrijven	katab ʃīk	كتب شيك
chequeboekje (het)	daftar ʃikāt (m)	دفتر شيكات
lening, krediet (de)	qarḍ (m)	قرض
een lening aanvragen	'addem ṭalab 'ala qarḍ	قدّم طلب على قرض
een lening nemen	ḥaṣal 'ala qarḍ	حصل على قرض
een lening verlenen	edda qarḍ	ادّى قرض
garantie (de)	ḍamān (m)	ضمان

113. Telefoon. Telefoongesprek

telefoon (de)	telefon (m)	تليفون
mobieltje (het)	mobile (m)	موبايل
antwoordapparaat (het)	gehāz radd 'alal mokalmāt (m)	جهاز ردّ على المكالمات
bellen (ww)	ettaṣal	إتّصل
belletje (telefoontje)	mokalma telefoniya (f)	مكالمة تليفونية
een nummer draaien	ettaṣal be raqam	إتّصل برقم
Hallo!	alo!	ألو!
vragen (ww)	sa'al	سأل
antwoorden (ww)	radd	ردّ
horen (ww)	seme'	سمع
goed (bw)	kewayes	كويّس
slecht (bw)	meʃ kowayīs	مش كويّس
storingen (mv.)	taʃwīʃ (m)	تشويش
hoorn (de)	sammā'a (f)	سمّاعة
opnemen (ww)	rafa' el sammā'a	رفع السمّاعة
ophangen (ww)	'afal el sammā'a	قفل السمّاعة
bezet (bn)	maʃɣūl	مشغول
overgaan (ww)	rann	رنّ
telefoonboek (het)	dalīl el telefone (m)	دليل التليفون
lokaal (bn)	maḥalliyya	ة محلّيّ
lokaal gesprek (het)	mokalma maḥalliya (f)	مكالمة محلّيّة
interlokaal (bn)	bi'īd	بعيد
interlokaal gesprek (het)	mokalma bi'īda (f)	مكالمة بعيدة المدى
buitenlands (bn)	dowly	دوّلي
buitenlands gesprek (het)	mokalma dowliya (f)	مكالمة دوليّة

114. Mobiele telefoon

mobieltje (het)	mobile (m)	موبايل
scherm (het)	'arḍ (m)	عرض
toets, knop (de)	zerr (m)	زر
simkaart (de)	sim kard (m)	سيم كارد
batterij (de)	baṭṭariya (f)	بطّاريّة
leeg zijn (ww)	χelṣet	خلصت
acculader (de)	ʃāḥen (m)	شاحن
menu (het)	qā'ema (f)	قائمة
instellingen (mv.)	awḍā' (pl)	أوضاع
melodie (beltoon)	naɣama (f)	نغمة
selecteren (ww)	eχtār	إختار
rekenmachine (de)	'āla ḥasba (f)	آلة حاسبة
voicemail (de)	barīd ṣawty (m)	بريد صوتي
wekker (de)	monabbeh (m)	منبّه
contacten (mv.)	gehāt el etteṣāl (pl)	جهات الإتّصال
SMS-bericht (het)	resāla 'aṣīra ɛsɛmɛs (f)	رسالة قصيرة sms
abonnee (de)	moʃtarek (m)	مشترك

115. Schrijfbehoeften

balpen (de)	'alam gāf (m)	قلم جاف
vulpen (de)	'alam rīʃa (m)	قلم ريشة
potlood (het)	'alam roṣāṣ (m)	قلم رصاص
marker (de)	markar (m)	ماركر
viltstift (de)	'alam fulumaster (m)	قلم فلوماستر
notitieboekje (het)	mozakkera (f)	مذكّرة
agenda (boekje)	gadwal el a'māl (m)	جدول الأعمال
liniaal (de/het)	masṭara (f)	مسطرة
rekenmachine (de)	'āla ḥasba (f)	آلة حاسبة
gom (de)	astīka (f)	استيكة
punaise (de)	dabbūs (m)	دبّوس
paperclip (de)	dabbūs wara' (m)	دبّوس ورق
lijm (de)	ṣamɣ (m)	صمغ
nietmachine (de)	dabbāsa (f)	دبّاسة
perforator (de)	χarrāma (m)	خرّامة
potloodslijper (de)	barrāya (f)	برّاية

116. Verschillende soorten documenten

verslag (het)	ta'rīr (m)	تقرير
overeenkomst (de)	ettefā' (m)	إتّفاق

aanvraagformulier (het)	estemāret ṭalab (m)	إستمارة طلب
origineel, authentiek (bn)	aṣly	أصلي
badge, kaart (de)	ʃāra (f)	شارة
visitekaartje (het)	kart el ʿamal (m)	كارت العمل
certificaat (het)	ʃahāda (f)	شهادة
cheque (de)	ʃīk (m)	شيك
rekening (in restaurant)	ḥesāb (m)	حساب
grondwet (de)	dostūr (m)	دستور
contract (het)	ʿaʾd (m)	عقد
kopie (de)	ṣūra (f)	صورة
exemplaar (het)	nosχa (f)	نسخة
douaneaangifte (de)	taṣrīḥ gomroky (m)	تصريح جمركي
document (het)	wasīqa (f)	وثيقة
rijbewijs (het)	roχṣet el qeyāda (f)	رخصة قيادة
bijlage (de)	molḥaʾ (m)	ملحق
formulier (het)	estemāra (f)	استمارة
identiteitskaart (de)	beṭāʾet el hawiya (f)	بطاقة الهويّة
aanvraag (de)	estefsār (m)	إستفسار
uitnodigingskaart (de)	beṭāʾet daʿwa (f)	بطاقة دعوة
factuur (de)	fatūra (f)	فاتورة
wet (de)	qanūn (m)	قانون
brief (de)	resāla (f)	رسالة
briefhoofd (het)	tarwīsa (f)	ترويّسة
lijst (de)	qāʾema (f)	قائمة
manuscript (het)	maχṭūṭa (f)	مخطوطة
nieuwsbrief (de)	naʃra eχbariya (f)	نشرة إخبارية
briefje (het)	nouta (f)	نوتة
pasje (voor personeel, enz.)	beṭāʾet morūr (f)	بطاقة مرور
paspoort (het)	basbore (m)	باسبور
vergunning (de)	roχṣa (f)	رخصة
CV, curriculum vitae (het)	sīra zātiya (f)	سيرة ذاتيّة
schuldbekentenis (de)	mozakkeret deyn (f)	مذكّرة دين
kwitantie (de)	eṣāl (m)	إيصال
bon (kassabon)	eṣāl (m)	إيصال
rapport (het)	taʾrīr (m)	تقرير
tonen (paspoort, enz.)	ʾaddem	قدّم
ondertekenen (ww)	waqqaʿ	وقّع
handtekening (de)	tawqeeʿ (m)	توقيع
stempel (de)	χetm (m)	ختم
tekst (de)	noṣṣ (m)	نصّ
biljet (het)	tazkara (f)	تذكرة
doorhalen (doorstrepen)	ʃaṭab	شطب
invullen (een formulier ~)	mala	ملأ
vrachtbrief (de)	bolīṣet ʃaḥn (f)	بوليصة شحن
testament (het)	waṣiya (f)	وصيّة

117. Soorten bedrijven

uitzendbureau (het)	wekālet tawẓīf (f)	وكالة توّظيف
bewakingsfirma (de)	ʃerket amn (f)	شركة أمن
persbureau (het)	wekāla eχbariya (f)	وكالة إخبارية
reclamebureau (het)	wekālet e'lān (f)	وكالة إعلان
antiek (het)	toḥaf (pl)	تحف
verzekering (de)	ta'mīn (m)	تأمين
naaiatelier (het)	maḥal χeyāṭa (m)	محل خياطة
banken (mv.)	el qeṭā' el maṣrefy (m)	القطاع المصرفي
bar (de)	bār (m)	بار
bouwbedrijven (mv.)	benā' (m)	بناء
juwelen (mv.)	mogawharāt (pl)	مجوّهرات
juwelier (de)	ṣā'eɣ (m)	صائغ
wasserette (de)	maɣsala (f)	مغسلة
alcoholische dranken (mv.)	maʃrūbāt koḥūliya (pl)	مشروبات كحوليّة
nachtclub (de)	malha leyly (m)	ملهى ليّلي
handelsbeurs (de)	borṣa (f)	بورصة
bierbrouwerij (de)	maṣna' bīra (m)	مصنع بيرة
uitvaartcentrum (het)	maktab mota'ahhed el dafn (m)	مكتب متعهّد الدفن
casino (het)	kazino (m)	كازينو
zakencentrum (het)	markaz tegāry (m)	مركز تجاري
bioscoop (de)	sinema (f)	سينما
airconditioning (de)	takyīf (m)	تكييف
handel (de)	tegāra (f)	تجارة
luchtvaartmaatschappij (de)	ʃerket ṭayarān (f)	شركة طيران
adviesbureau (het)	esteʃāra (f)	إستشارة
koerierdienst (de)	χedamāt el ʃaḥn (pl)	خدمات الشحن
tandheelkunde (de)	'eyādet asnān (f)	عيادة أسنان
design (het)	taṣmīm (m)	تصميم
business school (de)	kolliyet edāret el a'māl (f)	كليّة إدارة الأعمال
magazijn (het)	mostawda' (m)	مستودع
kunstgalerie (de)	ma'raḍ fanny (m)	معرض فنّي
ijsje (het)	'ays krīm (m)	آيس كريم
hotel (het)	fondo' (m)	فندق
vastgoed (het)	'eqarāt (pl)	عقارات
drukkerij (de)	ṭebā'a (f)	طباعة
industrie (de)	ṣenā'a (f)	صناعة
Internet (het)	internet (m)	إنترنت
investeringen (mv.)	estesmarāt (pl)	إستثمارات
krant (de)	garīda (f)	جريدة
boekhandel (de)	maḥal kotob (m)	محل كتب
lichte industrie (de)	ṣenā'a χafīfa (f)	صناعة خفيفة
winkel (de)	maḥal (m)	محل
uitgeverij (de)	dar el ṭebā'a wel naʃr (f)	دار الطباعة والنشر

medicijnen (mv.)	ṭebb (m)	طبّ
meubilair (het)	asās (m)	أثاث
museum (het)	mat-ḥaf (m)	متحف
olie (aardolie)	nafṭ (m)	نفط
apotheek (de)	ṣaydaliya (f)	صيدليّة
farmacie (de)	ṣaydala (f)	صيدلة
zwembad (het)	ḥammām sebāḥa (m)	حمّام سباحة
stomerij (de)	dray klīn (m)	دراي كلين
voedingswaren (mv.)	akl (m)	أكل
reclame (de)	e'lān (m)	إعلان
radio (de)	radio (m)	راديو
afvalinzameling (de)	gama' el nefayāt (m)	جمع النفايات
restaurant (het)	maṭ'am (m)	مطعم
tijdschrift (het)	magalla (f)	مجلّة
schoonheidssalon (de/het)	ṣalone tagmīl (m)	صالون تجميل
financiële diensten (mv.)	χedamāt māliya (pl)	خدمات ماليّة
juridische diensten (mv.)	χedamāt qanūniya (pl)	خدمات قانونيّة
boekhouddiensten (mv.)	χedamāt moḥasba (pl)	خدمات محاسبة
audit diensten (mv.)	χedamāt faḥṣ el ḥesābāt (pl)	خدمات فحص الحسابات
sport (de)	reyāḍa (f)	رياضة
supermarkt (de)	subermarket (m)	سوبرماركت
televisie (de)	televizion (m)	تليفزيون
theater (het)	masraḥ (m)	مسرح
toerisme (het)	safar (m)	سفر
transport (het)	wasā'el el na'l (pl)	وسائل النقل
postorderbedrijven (mv.)	bey' be neẓām el barīd (m)	بيع بنظام البريد
kleding (de)	malābes (pl)	ملابس
dierenarts (de)	doktore beṭary (m)	دكتور بيطري

Baan. Business. Deel 2

118. Show. Tentoonstelling

beurs (de)	maʿraḍ (m)	معرض
vakbeurs, handelsbeurs (de)	maʿraḍ tegāry (m)	معرض تجاري
deelneming (de)	eʃterāk (m)	إشتراك
deelnemen (ww)	ʃārek	شارك
deelnemer (de)	moʃtarek (m)	مشترك
directeur (de)	modīr (m)	مدير
organisatiecomité (het)	maktab el monaẓẓemīn (m)	مكتب المنظّمين
organisator (de)	monazzem (m)	منظّم
organiseren (ww)	nazzam	نظّم
deelnemingsaanvraag (de)	estemāret el eʃterak (f)	إستمارة الإشتراك
invullen (een formulier ~)	mala	ملأ
details (mv.)	tafaṣīl (pl)	تفاصيل
informatie (de)	esteʿlamāt (pl)	إستعلامات
prijs (de)	seʿr (m)	سعر
inclusief (bijv. ~ BTW)	bema feyh	بما فيه
inbegrepen (alles ~)	taḍamman	تضمّن
betalen (ww)	dafaʿ	دفع
registratietarief (het)	rosūm el tasgīl (pl)	رسوم التسجيل
ingang (de)	madχal (m)	مدخل
paviljoen (het), hal (de)	genāḥ (m)	جناح
registreren (ww)	saggel	سجّل
badge, kaart (de)	ʃāra (f)	شارة
beursstand (de)	koʃk (m)	كشك
reserveren (een stand ~)	ḥagaz	حجز
vitrine (de)	vatrīna (f)	فترينة
licht (het)	kasʃāf el nūr (m)	كشّاف النور
design (het)	taṣmīm (m)	تصميم
plaatsen (ww)	ḥatt	حطّ
distributeur (de)	mowazzeʿ (m)	موزّع
leverancier (de)	mowarred (m)	مورّد
land (het)	balad (m)	بلد
buitenlands (bn)	agnaby	أجنبي
product (het)	montag (m)	منتج
associatie (de)	gamʿiya (f)	جمعيّة
conferentiezaal (de)	qāʿet el moʿtamarāt (f)	قاعة المؤتمرات
congres (het)	moʾtamar (m)	مؤتمر

wedstrijd (de)	mosab'a (f)	مسابقة
bezoeker (de)	zā'er (m)	زائر
bezoeken (ww)	ḥaḍar	حضر
afnemer (de)	zobūn (m)	زبون

119. Massamedia

krant (de)	garīda (f)	جريدة
tijdschrift (het)	magalla (f)	مجلّة
pers (gedrukte media)	ṣaḥāfa (f)	صحافة
radio (de)	radio (m)	راديو
radiostation (het)	maḥaṭṭet radio (f)	محطّة راديو
televisie (de)	televizion (m)	تليفزيون
presentator (de)	mo'addem (m)	مقدّم
nieuwslezer (de)	mozee' (m)	مذيع
commentator (de)	mo'alleq (m)	معلّق
journalist (de)	ṣaḥafy (m)	صحفي
correspondent (de)	morāsel (m)	مراسل
fotocorrespondent (de)	moṣawwer ṣaḥafy (m)	مصوّر صحفي
reporter (de)	ṣaḥafy (m)	صحفي
redacteur (de)	moḥarrer (m)	محرّر
chef-redacteur (de)	ra'īs taḥrīr (m)	رئيس تحرير
zich abonneren op	eʃtarak	إشترك
abonnement (het)	eʃterāk (m)	إشتراك
abonnee (de)	moʃtarek (m)	مشترك
lezen (ww)	'ara	قرأ
lezer (de)	qāre' (m)	قارئ
oplage (de)	tadāwol (m)	تداول
maand-, maandelijks (bn)	ʃahry	شهري
wekelijks (bn)	osbū'y	أسبوعي
nummer (het)	'adad (m)	عدد
vers (~ van de pers)	gedīd	جديد
kop (de)	'enwān (m)	عنوان
korte artikel (het)	maqāla saɣīra (f)	مقالة قصيرة
rubriek (de)	'amūd (m)	عمود
artikel (het)	maqāla (f)	مقالة
pagina (de)	ṣafḥa (f)	صفحة
reportage (de)	rebortāʒ (m)	ريبورتاج
gebeurtenis (de)	ḥadass (m)	حدث
sensatie (de)	ḍagga (f)	ضجّة
schandaal (het)	feḍīḥa (f)	فضيحة
schandalig (bn)	fāḍeḥ	فاضح
groot (~ schandaal, enz.)	ʃahīr	شهير
programma (het)	barnāmeg (m)	برنامج
interview (het)	leqā' ṣaḥafy (m)	لقاء صحفي
live uitzending (de)	ezā'a mobāʃera (f)	إذاعة مباشرة
kanaal (het)	qanah (f)	قناة

120. Landbouw

landbouw (de)	zerāʿa (f)	زراعة
boer (de)	fallāḥ (m)	فلّاح
boerin (de)	fallāḥa (f)	فلّاحة
landbouwer (de)	mozāreʿ (m)	مزارع
tractor (de)	garrār (m)	جرّار
maaidorser (de)	ḥaṣṣāda (f)	حصّادة
ploeg (de)	meḥrās (m)	محراث
ploegen (ww)	ḥaras	حرث
akkerland (het)	ḥaql maḥrūθ (m)	حقل محروث
voor (de)	talem (m)	تلم
zaaien (ww)	bezr	بذر
zaaimachine (de)	bazzara (f)	بذّارة
zaaien (het)	zarʿ (m)	زرع
zeis (de)	meḥaʃ (m)	محشّ
maaien (ww)	ḥaʃ	حشّ
schop (de)	karīk (m)	كريك
spitten (ww)	ḥaras	حرث
schoffel (de)	magrafa (f)	مجرفة
wieden (ww)	estʾṣal nabatāt	إستأصل نباتات
onkruid (het)	nabāt ṭafayly (m)	نبات طفيّلي
gieter (de)	raʃāʃa (f)	رشّاشة
begieten (water geven)	saʾa	سقى
bewatering (de)	saʾy (m)	سقي
riek, hooivork (de)	mazrāh (f)	مذراة
hark (de)	madamma (f)	مدمّة
kunstmest (de)	semād (m)	سماد
bemesten (ww)	sammed	سمّد
mest (de)	semād (m)	سماد
veld (het)	ḥaql (m)	حقل
wei (de)	marag (m)	مرج
moestuin (de)	bostān χoḍār (m)	بستان خضار
boomgaard (de)	bostān (m)	بستان
weiden (ww)	raʿa	رعى
herder (de)	rāʿy (m)	راعي
weiland (de)	marʿa (m)	مرعى
veehouderij (de)	tarbeya el mawāʃy (f)	تربية المواشي
schapenteelt (de)	tarbeya aɣnām (f)	تربية أغنام
plantage (de)	mazraʿa (f)	مزرعة
rijtje (het)	ḥoḍe (m)	حوض
broeikas (de)	dafīʾa (f)	دفيئة

droogte (de)	gafāf (m)	جفاف
droog (bn)	gāf	جاف
graan (het)	ḥobūb (pl)	حبوب
graangewassen (mv.)	maḥaṣīl el ḥubūb (pl)	محاصيل الحبوب
oogsten (ww)	ḥaṣad	حصد
molenaar (de)	ṭaḥḥān (m)	طحّان
molen (de)	ṭaḥūna (f)	طاحونة
malen (graan ~)	ṭaḥn el ḥobūb	طحن الحبوب
bloem (bijv. tarwebloem)	deʾī (m)	دقيق
stro (het)	ʾaʃ (m)	قشّ

121. Gebouw. Bouwproces

bouwplaats (de)	arḍ benāʾ (f)	أرض بناء
bouwen (ww)	bana	بنى
bouwvakker (de)	ʿāmel benāʾ (m)	عامل بناء
project (het)	maʃrūʿ (m)	مشروع
architect (de)	mohandes meʿmāry (m)	مهندس معماري
arbeider (de)	ʿāmel (m)	عامل
fundering (de)	asās (m)	أساس
dak (het)	saʾf (m)	سقف
heipaal (de)	kawmet el asās (f)	كومة الأساس
muur (de)	ḥeyṭa (f)	حيطة
betonstaal (het)	ḥadīd taslīḥ (m)	حديد تسليح
steigers (mv.)	saʾʾāla (f)	سقّالة
beton (het)	χarasāna (f)	خرسانة
graniet (het)	granīt (m)	جرانيت
steen (de)	ḥagar (m)	حجر
baksteen (de)	ṭūb (m)	طوب
zand (het)	raml (m)	رمل
cement (de/het)	asmant (m)	إسمنت
pleister (het)	ṭalāʾ gaṣṣ (m)	طلاء جصّ
pleisteren (ww)	ṭala bel gaṣṣ	طلى بالجصّ
verf (de)	dehān (m)	دهان
verven (muur ~)	dahhen	دهّن
ton (de)	barmīl (m)	برميل
kraan (de)	rāfeʿa (f)	رافعة
heffen, hijsen (ww)	rafaʿ	رفع
neerlaten (ww)	nazzel	نزّل
bulldozer (de)	bulldozer (m)	بولدوزر
graafmachine (de)	ḥaffāra (f)	حفّارة
graafbak (de)	magrafa (f)	مجرفة
graven (tunnel, enz.)	ḥafar	حفر
helm (de)	χawza (f)	خوذة

122. Wetenschap. Onderzoek. Wetenschappers

wetenschap (de)	ʻelm (m)	علم
wetenschappelijk (bn)	ʻelmy	علمي
wetenschapper (de)	ʻālem (m)	عالم
theorie (de)	naẓariya (f)	نظريّة
axioma (het)	badīhiya (f)	بديهيّة
analyse (de)	taḥlīl (m)	تحليل
analyseren (ww)	ḥallel	حلّل
argument (het)	borhān (m)	برهان
substantie (de)	madda (f)	مادّة
hypothese (de)	faraḍiya (f)	فرضيّة
dilemma (het)	moʻḍela (f)	معضلة
dissertatie (de)	resāla ʻelmiya (f)	رسالة علميّة
dogma (het)	ʻaqīda (f)	عقيدة
doctrine (de)	mazhab (m)	مذهب
onderzoek (het)	baḥs (m)	بحث
onderzoeken (ww)	baḥs	بحث
toetsing (de)	eχtebārāt (pl)	إختبارات
laboratorium (het)	moχtabar (m)	مختبر
methode (de)	manhag (m)	منهج
molecule (de/het)	gozaye' (m)	جزيء
monitoring (de)	reqāba (f)	رقابة
ontdekking (de)	ekteʃāf (m)	إكتشاف
postulaat (het)	mosallama (f)	مسلّمة
principe (het)	mabda' (m)	مبدأ
voorspelling (de)	tanabbo' (m)	تنبّؤ
een prognose maken	tanabba'	تنبّأ
synthese (de)	tarkīb (m)	تركيب
tendentie (de)	ettegāh (m)	إتّجاه
theorema (het)	naẓariya (f)	نظريّة
leerstellingen (mv.)	taʻalīm (pl)	تعاليم
feit (het)	ḥaʼīʼa (f)	حقيقة
expeditie (de)	beʻsa (f)	بعثة
experiment (het)	tagreba (f)	تجربة
academicus (de)	akadīmy (m)	أكاديمي
bachelor (bijv. BA, LLB)	bakaleryūs (m)	بكالوريوس
doctor (de)	doktore (m)	دكتور
universitair docent (de)	ostāz moʃārek (m)	أستاذ مشارك
master, magister (de)	maʒestīr (m)	ماجستير
professor (de)	brofessor (m)	بروفيسور

Beroepen en ambachten

123. Zoeken naar werk. Ontslag

baan (de)	ʻamal (m)	عمل
werknemers (mv.)	kawādir (pl)	كوادر
personeel (het)	ṭāqem el ʻāmelīn (m)	طاقم العاملين
carrière (de)	mehna (f)	مهنة
vooruitzichten (mv.)	ʼāfāq (pl)	آفاق
meesterschap (het)	maharāt (pl)	مهارات
keuze (de)	eχteyār (m)	إختيار
uitzendbureau (het)	wekālet tawẓīf (f)	وكالة توّظيف
CV, curriculum vitae (het)	sīra zātiya (f)	سيرة ذاتيّة
sollicitatiegesprek (het)	mo'ablet ʻamal (f)	مقابلة عمل
vacature (de)	wazīfa χaleya (f)	وظيفة خالية
salaris (het)	morattab (m)	مرتّب
vaste salaris (het)	rāteb sābet (m)	راتب ثابت
loon (het)	ogra (f)	أجرة
betrekking (de)	manṣeb (m)	منصب
taak, plicht (de)	wāgeb (m)	واجب
takenpakket (het)	magmūʻa men el wāgebāt (f)	مجموعة من الواجبات
bezig (~ zijn)	maʃɣūl	مشغول
ontslagen (ww)	rafad	رفد
ontslag (het)	eqāla (m)	إقالة
werkloosheid (de)	baṭāla (f)	بطالة
werkloze (de)	ʻāṭel (m)	عاطل
pensioen (het)	maʻāʃ (m)	معاش
met pensioen gaan	oḥīl ʻala el maʻāʃ	أحيل على المعاش

124. Zakenmensen

directeur (de)	modīr (m)	مدير
beheerder (de)	modīr (m)	مدير
hoofd (het)	ra'īs (m)	رئيس
baas (de)	motafawweq (m)	متفوّق
superieuren (mv.)	ro'asā' (pl)	رؤساء
president (de)	ra'īs (m)	رئيس
voorzitter (de)	ra'īs (m)	رئيس
adjunct (de)	nā'eb (m)	نائب
assistent (de)	mosāʻed (m)	مساعد

secretaris (de)	sekerteyr (m)	سكرتير
persoonlijke assistent (de)	sekerteyr χāṣ (m)	سكرتير خاص
zakenman (de)	ragol a'māl (m)	رجل أعمال
ondernemer (de)	rā'ed a'māl (m)	رائد أعمال
oprichter (de)	mo'asses (m)	مؤسّس
oprichten (een nieuw bedrijf ~)	asses	أسّس
stichter (de)	mo'asses (m)	مؤسّس
partner (de)	ʃerīk (m)	شريك
aandeelhouder (de)	mālek el as-hom (m)	مالك الأسهم
miljonair (de)	millyonīr (m)	مليونير
miljardair (de)	milliardīr (m)	ملياردير
eigenaar (de)	ṣāḥeb (m)	صاحب
landeigenaar (de)	ṣāḥeb el arḍ (m)	صاحب الأرض
klant (de)	'amīl (m)	عميل
vaste klant (de)	'amīl dā'em (m)	عميل دائم
koper (de)	moʃtary (m)	مشتري
bezoeker (de)	zā'er (m)	زائر
professioneel (de)	moḥtaref (m)	محترف
expert (de)	χabīr (m)	خبير
specialist (de)	motaχaṣṣeṣ (m)	متخصّص
bankier (de)	ṣāḥeb maṣraf (m)	صاحب مصرف
makelaar (de)	semsār (m)	سمسار
kassier (de)	'āmel kaʃier (m)	عامل كاشيير
boekhouder (de)	muḥāseb (m)	محاسب
bewaker (de)	ḥāres amn (m)	حارس أمن
investeerder (de)	mostasmer (m)	مستثمر
schuldenaar (de)	modīn (m)	مدين
crediteur (de)	dā'en (m)	دائن
lener (de)	moqtareḍ (m)	مقترض
importeur (de)	mostawred (m)	مستوّرد
exporteur (de)	moṣadder (m)	مصدّر
producent (de)	el ʃerka el moṣanne'a (f)	الشركة المصنّعة
distributeur (de)	mowazze' (m)	موزّع
bemiddelaar (de)	wasīṭ (m)	وسيط
adviseur, consulent (de)	mostaʃār (m)	مستشار
vertegenwoordiger (de)	mandūb mabi'āt (m)	مندوب مبيعات
agent (de)	wakīl (m)	وكيل
verzekeringsagent (de)	wakīl el ta'mīn (m)	وكيل التأمين

125. Dienstverlenende beroepen

kok (de)	ṭabbāχ (m)	طبّاخ
chef-kok (de)	el ʃeyf (m)	الشيف

bakker (de)	χabbāz (m)	خبّاز
barman (de)	bārman (m)	بارمان
kelner, ober (de)	garsone (m)	جرسون
serveerster (de)	garsona (f)	جرسونة
advocaat (de)	muḥāmy (m)	محامي
jurist (de)	muḥāmy χabīr qanūny (m)	محامي خبير قانوني
notaris (de)	mowassaq (m)	موثّق
elektricien (de)	kahrabā'y (m)	كهربائي
loodgieter (de)	samkary (m)	سمكري
timmerman (de)	naggār (m)	نجّار
masseur (de)	modallek (m)	مدلّك
masseuse (de)	modalleka (f)	مدلّكة
dokter, arts (de)	doktore (m)	دكتور
taxichauffeur (de)	sawwā' taksi (m)	سوّاق تاكسي
chauffeur (de)	sawwā' (m)	سوّاق
koerier (de)	rāgel el delivery (m)	راجل الديلفري
kamermeisje (het)	'āmela tandīf ɣoraf (f)	عاملة تنظيف غرف
bewaker (de)	ḥāres amn (m)	حارس أمن
stewardess (de)	moḍīfet ṭayarān (f)	مضيفة طيران
meester (de)	modarres madrasa (m)	مدرّس مدرسة
bibliothecaris (de)	amīn maktaba (m)	أمين مكتبة
vertaler (de)	motargem (m)	مترجم
tolk (de)	motargem fawwry (m)	مترجم فوّري
gids (de)	morʃed (m)	مرشد
kapper (de)	ḥallā' (m)	حلّاق
postbode (de)	sā'y el barīd (m)	ساعي البريد
verkoper (de)	bayā' (m)	بيّاع
tuinman (de)	bostāny (m)	بستاني
huisbediende (de)	χādema (m)	خادمة
dienstmeisje (het)	χadema (f)	خادمة
schoonmaakster (de)	'āmela tandīf (f)	عاملة تنظيف

126. Militaire beroepen en rangen

soldaat (rang)	gondy (m)	جنّدي
sergeant (de)	raqīb tāny (m)	رقيب تاني
luitenant (de)	molāzem tāny (m)	ملازم تاني
kapitein (de)	naqīb (m)	نقيب
majoor (de)	rā'ed (m)	رائد
kolonel (de)	'aqīd (m)	عقيد
generaal (de)	ʒenerāl (m)	جنرال
maarschalk (de)	marʃāl (m)	مارشال
admiraal (de)	amerāl (m)	أميرال
militair (de)	'askary (m)	عسكري
soldaat (de)	gondy (m)	جنّدي

officier (de)	ḍābeṭ (m)	ضابط
commandant (de)	qā'ed (m)	قائد
grenswachter (de)	ḥaras ḥodūd (m)	حرس حدود
marconist (de)	'āmel lāselky (m)	عامل لاسلكي
verkenner (de)	rā'ed mostakʃef (m)	رائد مستكشف
sappeur (de)	mohandes 'askary (m)	مهندس عسكري
schutter (de)	rāmy (m)	رامي
stuurman (de)	mallāḥ (m)	ملاّح

127. Ambtenaren. Priesters

koning (de)	malek (m)	ملك
koningin (de)	maleka (f)	ملكة
prins (de)	amīr (m)	أمير
prinses (de)	amīra (f)	أميرة
tsaar (de)	qayṣar (m)	قيصر
tsarina (de)	qayṣara (f)	قيصرة
president (de)	ra'īs (m)	رئيس
minister (de)	wazīr (m)	وزير
eerste minister (de)	ra'īs wozarā' (m)	رئيس وزراء
senator (de)	'oḍw magles el ʃoyūχ (m)	عضو مجلس الشيوخ
diplomaat (de)	deblomāsy (m)	دبلوماسي
consul (de)	qonṣol (m)	قنصل
ambassadeur (de)	safīr (m)	سفير
adviseur (de)	mostaʃār (m)	مستشار
ambtenaar (de)	mowazzaf (m)	موظّف
prefect (de)	ra'īs edāret el ḥayī (m)	رئيس إدارة الحي
burgemeester (de)	ra'īs el baladiya (m)	رئيس البلديّة
rechter (de)	qāḍy (m)	قاضي
aanklager (de)	el na'eb el 'ām (m)	النائب العام
missionaris (de)	mobasʃer (m)	مبشّر
monnik (de)	rāheb (m)	راهب
abt (de)	ra'īs el deyr (m)	رئيس الدير
rabbi, rabbijn (de)	ḥaχām (m)	حاخام
vizier (de)	wazīr (m)	وزير
sjah (de)	ʃāh (m)	شاه
sjeik (de)	ʃɛyχ (m)	شيخ

128. Agrarische beroepen

imker (de)	naḥḥāl (m)	نحّال
herder (de)	rā'y (m)	راعي
landbouwkundige (de)	mohandes zerā'y (m)	مهندس زراعي

veehouder (de)	morabby el mawāʃy (m)	مربّي المواشي
dierenarts (de)	doktore beṭary (m)	دكتور بيطري
landbouwer (de)	mozāreʿ (m)	مزارع
wijnmaker (de)	ṣāneʿ el χamr (m)	صانع الخمر
zoöloog (de)	χabīr fe ʿelm el ḥayawān (m)	خبير في علم الحيوان
cowboy (de)	rāʿy el baʾar (m)	راعي البقر

129. Kunst beroepen

acteur (de)	momassel (m)	ممثّل
actrice (de)	momassela (f)	ممثّلة
zanger (de)	moṭreb (m)	مطرب
zangeres (de)	moṭreba (f)	مطربة
danser (de)	rāqeṣ (m)	راقص
danseres (de)	raʾāṣa (f)	راقصة
artiest (mann.)	fannān (m)	فنّان
artiest (vrouw.)	fannāna (f)	فنّانة
muzikant (de)	ʿāzef (m)	عازف
pianist (de)	ʿāzef biano (m)	عازف بيانو
gitarist (de)	ʿāzef guitar (m)	عازف جيتار
orkestdirigent (de)	qāʾed orkestra (m)	قائد أوركسترا
componist (de)	molaḥḥen (m)	ملحّن
impresario (de)	modīr ferʾa (m)	مدير فرقة
filmregisseur (de)	moχreg aflām (m)	مخرج أفلام
filmproducent (de)	monteg (m)	منتج
scenarioschrijver (de)	kāteb senario (m)	كاتب سيناريو
criticus (de)	nāqed (m)	ناقد
schrijver (de)	kāteb (m)	كاتب
dichter (de)	ʃāʿer (m)	شاعر
beeldhouwer (de)	naḥḥāt (m)	نحّات
kunstenaar (de)	rassām (m)	رسّام
jongleur (de)	bahlawān (m)	بهلوان
clown (de)	aragoze (m)	أراجوز
acrobaat (de)	bahlawān (m)	بهلوان
goochelaar (de)	sāḥer (m)	ساحر

130. Verschillende beroepen

dokter, arts (de)	doktore (m)	دكتور
ziekenzuster (de)	momarreḍa (f)	ممرّضة
psychiater (de)	doktore nafsāny (m)	دكتور نفساني
tandarts (de)	doktore asnān (m)	دكتور أسنان
chirurg (de)	garrāḥ (m)	جرّاح

astronaut (de)	rā'ed faḍā' (m)	رائد فضاء
astronoom (de)	'ālem falak (m)	عالم فلك
piloot (de)	ṭayār (m)	طيّار
chauffeur (de)	sawwā' (m)	سوّاق
machinist (de)	sawwā' (m)	سوّاق
mecanicien (de)	mikanīky (m)	ميكانيكي
mijnwerker (de)	'āmel mangam (m)	عامل منجم
arbeider (de)	'āmel (m)	عامل
bankwerker (de)	'affāl (m)	قفّال
houtbewerker (de)	naggār (m)	نجّار
draaier (de)	χarrāṭ (m)	خرّاط
bouwvakker (de)	'āmel benā' (m)	عامل بناء
lasser (de)	laḥḥām (m)	لحّام
professor (de)	brofessor (m)	بروفيسور
architect (de)	mohandes me'māry (m)	مهندس معماري
historicus (de)	mo'arreχ (m)	مؤرّخ
wetenschapper (de)	'ālem (m)	عالم
fysicus (de)	fizyā'y (m)	فيزيائي
scheikundige (de)	kemyā'y (m)	كيميائي
archeoloog (de)	'ālem'āsār (m)	عالم آثار
geoloog (de)	ʒeoloʒy (m)	جيولوجي
onderzoeker (de)	bāḥes (m)	باحث
babysitter (de)	dāda (f)	دادة
leraar, pedagoog (de)	mo'allem (m)	معلّم
redacteur (de)	moḥarrer (m)	محرّر
chef-redacteur (de)	ra'īs taḥrīr (m)	رئيس تحرير
correspondent (de)	morāsel (m)	مراسل
typiste (de)	kāteba 'ala el 'āla el kāteba (f)	كاتبة على الآلة الكاتبة
designer (de)	moṣammem (m)	مصمّم
computerexpert (de)	motaχaṣṣeṣ bel kombuter (m)	متخصّص بالكمبيوتر
programmeur (de)	mobarmeg (m)	مبرمج
ingenieur (de)	mohandes (m)	مهندس
matroos (de)	baḥḥār (m)	بحّار
zeeman (de)	baḥḥār (m)	بحّار
redder (de)	monqez (m)	منقذ
brandweerman (de)	rāgel el maṭāfy (m)	راجل المطافئ
politieagent (de)	ʃorṭy (m)	شرطي
nachtwaker (de)	ḥāres (m)	حارس
detective (de)	moḥaqqeq (m)	محقّق
douanier (de)	mowazzaf el gamārek (m)	موظّف الجمارك
lijfwacht (de)	ḥāres ʃaχṣy (m)	حارس شخصي
gevangenisbewaker (de)	ḥāres segn (m)	حارس سجن
inspecteur (de)	mofatteʃ (m)	مفتّش
sportman (de)	reyāḍy (m)	رياضي
trainer (de)	modarreb (m)	مدرّب

slager, beenhouwer (de)	gazzār (m)	جزّار
schoenlapper (de)	eskāfy (m)	إسكافي
handelaar (de)	tāger (m)	تاجر
lader (de)	ʃayāl (m)	شيّال
kledingstilist (de)	moṣammem azyā' (m)	مصمّم أزياء
model (het)	modeyl (f)	موديل

131. Beroepen. Sociale status

scholier (de)	talmīz (m)	تلميذ
student (de)	ṭāleb (m)	طالب
filosoof (de)	faylasūf (m)	فيلسوف
econoom (de)	eqtiṣādy (m)	إقتصادي
uitvinder (de)	moχtare' (m)	مخترع
werkloze (de)	'āṭel (m)	عاطل
gepensioneerde (de)	motaqā'ed (m)	متقاعد
spion (de)	gasūs (m)	جاسوس
gedetineerde (de)	sagīn (m)	سجين
staker (de)	moḍrab (m)	مضرب
bureaucraat (de)	buroqrāṭy (m)	بيوروقراطي
reiziger (de)	raḥḥāla (m)	رحّالة
homoseksueel (de)	ʃāz (m)	شاذ
hacker (computerkraker)	haker (m)	هاكِر
hippie (de)	hippi (m)	هيبي
bandiet (de)	qāṭe' ṭarī' (m)	قاطع طريق
huurmoordenaar (de)	qātel ma'gūr (m)	قاتل مأجور
drugsverslaafde (de)	modmen moχaddarāt (m)	مدمن مخدّرات
drugshandelaar (de)	tāger moχaddarāt (m)	تاجر مخدّرات
prostituee (de)	mommos (f)	مومّس
pooier (de)	qawwād (m)	قوّاد
tovenaar (de)	sāḥer (m)	ساحر
tovenares (de)	sāḥera (f)	ساحرة
piraat (de)	'orṣān (m)	قرصان
slaaf (de)	'abd (m)	عبد
samoerai (de)	samuray (m)	ساموراي
wilde (de)	motawaḥḥeʃ (m)	متوحّش

Sport

132. Soorten sporten. Sporters

sportman (de)	reyāḍy (m)	رياضي
soort sport (de/het)	nūʿ men el reyāḍa (m)	نوع من الرياضة
basketbal (het)	koret el salla (f)	كرة السلّة
basketbalspeler (de)	lāʿeb korat el salla (m)	لاعب كرة السلّة
baseball (het)	baseball (m)	بيسبول
baseballspeler (de)	lāʿeb basebāl (m)	لاعب بيسبول
voetbal (het)	koret el qadam (f)	كرة القدم
voetballer (de)	lāʿeb korat qadam (m)	لاعب كرة القدم
doelman (de)	ḥāres el marma (m)	حارس المرمى
hockey (het)	hoky (m)	هوكي
hockeyspeler (de)	lāʿeb hoky (m)	لاعب هوكي
volleybal (het)	voliball (m)	فولي بول
volleybalspeler (de)	lāʿeb volly bal (m)	لاعب فولي بول
boksen (het)	molakma (f)	ملاكمة
bokser (de)	molākem (m)	ملاكم
worstelen (het)	moṣarʿa (f)	مصارعة
worstelaar (de)	moṣāreʿ (m)	مصارع
karate (de)	karate (m)	كاراتيه
karateka (de)	lāʿeb karateyh (m)	لاعب كاراتيه
judo (de)	ʒudo (m)	جودو
judoka (de)	lāʿeb ʒudo (m)	لاعب جودو
tennis (het)	tennis (m)	تنس
tennisspeler (de)	lāʿeb tennis (m)	لاعب تنس
zwemmen (het)	sebāḥa (f)	سباحة
zwemmer (de)	sabbāḥ (m)	سبّاح
schermen (het)	mobarza (f)	مبارزة
schermer (de)	mobārez (m)	مبارز
schaak (het)	ʃaṭarang (m)	شطرنج
schaker (de)	lāʿeb ʃaṭarang (m)	لاعب شطرنج
alpinisme (het)	tasalloq el gebāl (m)	تسلّق الجبال
alpinist (de)	motasalleq el gebāl (m)	متسلّق الجبال
hardlopen (het)	garyī (m)	جري

renner (de)	‘addā’ (m)	عدّاء
atletiek (de)	al‘āb el qowa (pl)	ألعاب القوى
atleet (de)	lā‘eb reyāḍy (m)	لاعب رياضي
paardensport (de)	reyāḍa el forūsiya (f)	رياضة الفروسيّة
ruiter (de)	fāres (m)	فارس
kunstschaatsen (het)	tazallog fanny ‘alal galīd (m)	تزلّج فنّي على الجليد
kunstschaatser (de)	motazalleg rāqeṣ (m)	متزلّج راقص
kunstschaatsster (de)	motazallega rāqeṣa (f)	متزلّجة راقصة
gewichtheffen (het)	raf‘ el asqāl (m)	رفع الأثقال
gewichtheffer (de)	rāfe‘ el asqāl (m)	رافع الأثقال
autoraces (mv.)	sebā’ el sayarāt (m)	سباق السيارات
coureur (de)	sawwā’ sebā’ (m)	سائق سباق
wielersport (de)	rokūb el darragāt (m)	ركوب الدرّاجات
wielrenner (de)	lā‘eb el darrāga (m)	لاعب الدرّاجة
verspringen (het)	el qafz el ‘āly (m)	القفز العالي
polsstokspringen (het)	el qafz bel ‘aṣa (m)	القفز بالعصا
verspringer (de)	qāfez (m)	قافز

133. Soorten sporten. Diversen

Amerikaans voetbal (het)	koret el qadam (f)	كرة القدم
badminton (het)	el rīʃa (m)	الريشة
biatlon (de)	el biatlon (m)	البياتلون
biljart (het)	bilyardo (m)	بلياردو
bobsleeën (het)	zalāga gama‘iya (f)	زلاجة جماعية
bodybuilding (de)	body building (m)	بادي بيلدنج
waterpolo (het)	koret el maya (f)	كرة الميّة
handbal (de)	koret el yad (f)	كرة اليد
golf (het)	golf (m)	جولف
roeisport (de)	tagdīf (m)	تجديف
duiken (het)	ɣoṣe (m)	غوص
langlaufen (het)	reyāḍa el ski (f)	رياضة الإسكي
tafeltennis (het)	koret el ṭawla (f)	كرة الطاولة
zeilen (het)	reyāḍa ebḥār el marākeb (f)	رياضة إبحار المراكب
rally (de)	sebā’ el sayarāt (m)	سباق السيارات
rugby (het)	rugby (m)	رجبي
snowboarden (het)	el tazallog ‘lal galīd (m)	التزلّج على الجليد
boogschieten (het)	remāya (f)	رماية

134. Fitnessruimte

lange halter (de)	bār ḥadīd (m)	بار حديد
halters (mv.)	dumbbells (m)	دمبلز

training machine (de)	gehāz tadrīb (m)	جهاز تدريب
hometrainer (de)	ʿagalet tadrīb (f)	عجلة تدريب
loopband (de)	trīdmil (f)	تريد ميل
rekstok (de)	ʿoʾla (f)	عقلة
brug (de) gelijke leggers	el motawaziyīn (pl)	المتوازيين
paardsprong (de)	manaṣṣet el qafz (f)	منصّة القفز
mat (de)	ḥaṣīra (f)	حصيرة
springtouw (het)	ḥabl el naṭṭ (m)	حبل النطّ
aerobics (de)	aerobiks (m)	ايروبيكس
yoga (de)	yoga (f)	يوجا

135. Hockey

hockey (het)	hoky (m)	هوكي
hockeyspeler (de)	lāʿeb hoky (m)	لاعب هوكي
hockey spelen	leʿeb el hoky	لعب الهوكي
ijs (het)	galīd (m)	جليد
puck (de)	ʾorṣ el hoky (m)	قرص الهوكي
hockeystick (de)	maḍrab el hoky (m)	مضرب الهوكي
schaatsen (mv.)	zallagāt (pl)	زلّاجات
boarding (de)	ḥalabet el hokky (f)	حلبة الهوكي
schot (het)	ramya (f)	رمية
doelman (de)	ḥāres el marma (m)	حارس المرمى
goal (de)	hadaf (m)	هدف
een goal scoren	gāb hadaf	جاب هدف
periode (de)	ʃoṭe (m)	شوط
tweede periode (de)	el ʃoṭe el tāni (m)	الشوط التاني
reservebank (de)	dekket el eḥṭiāṭy (f)	دكّة الإحتياطي

136. Voetbal

voetbal (het)	koret el qadam (f)	كرة القدم
voetballer (de)	lāʿeb korat qadam (m)	لاعب كرة القدم
voetbal spelen	leʿeb korret el qadam	لعب كرة القدم
eredivisie (de)	el dawry el kebīr (m)	الدوّري الكبير
voetbalclub (de)	nādy koret el qadam (m)	نادي كرة القدم
trainer (de)	modarreb (m)	مدرّب
eigenaar (de)	ṣāḥeb (m)	صاحب
team (het)	farīʾ (m)	فريق
aanvoerder (de)	kabten el farīʾ (m)	كابتن الفريق
speler (de)	lāʿeb (m)	لاعب
reservespeler (de)	lāʿeb eḥteyāṭy (m)	لاعب إحتياطي
aanvaller (de)	lāʿeb hogūm (m)	لاعب هجوم
centrale aanvaller (de)	wasaṭ el hogūm (m)	وسط الهجوم

doelpuntmaker (de)	haddāf (m)	هدّاف
verdediger (de)	modāfeʿ (m)	مدافع
middenvelder (de)	lāʿeb χaṭṭ wasaṭ (m)	لاعب خطّ وسط
match, wedstrijd (de)	mobarā (f)	مباراة
elkaar ontmoeten (ww)	ʾābel	قابل
finale (de)	mobarāh neha'iya (f)	مباراة نهائيّة
halve finale (de)	el dore el neṣf el nehāʾy (m)	الدور النصف النهائي
kampioenschap (het)	boṭūla (f)	بطولة
helft (de)	ʃoṭe (m)	شوط
eerste helft (de)	el ʃoṭe el awwal (m)	الشوط الأوّل
pauze (de)	beyn el ʃoṭeyn	بين الشوطين
doel (het)	marma (m)	مرمى
doelman (de)	ḥāres el marma (m)	حارس المرمى
doelpaal (de)	ʿārḍa (f)	عارضة
lat (de)	ʿārḍa (f)	عارضة
doelnet (het)	ʃabaka (f)	شبكة
een goal incasseren	samaḥ be eṣābet el hadaf	سمح بإصابة الهدف
bal (de)	kora (f)	كرة
pass (de)	tamrīra (f)	تمريرة
schot (het), schop (de)	ḍarba (f)	ضربة
schieten (de bal ~)	ʃāt	شات
vrije schop (directe ~)	ḍarba ḥorra (f)	ضربة حرّة
hoekschop, corner (de)	ḍarba rokniya (f)	ضربة ركنيّة
aanval (de)	hogūm (m)	هجوم
tegenaanval (de)	hagma moḍāda (f)	هجمة مضادّة
combinatie (de)	tarkīb (m)	تركيب
scheidsrechter (de)	ḥakam (m)	حكم
fluiten (ww)	ṣaffar	صفّر
fluitsignaal (het)	ṣoffāra (f)	صفّارة
overtreding (de)	moχalfa (f)	مخالفة
een overtreding maken	χālef	خالف
uit het veld te sturen	ṭarad men el malʿab	طرد من الملعب
gele kaart (de)	el kart el aṣfar (m)	الكارت الأصفر
rode kaart (de)	el kart el aḥmar (m)	الكارت الأحمر
diskwalificatie (de)	ḥermān (m)	حرمان
diskwalificeren (ww)	ḥaram	حرم
strafschop, penalty (de)	ḍarbet gazāʾ (f)	ضربة جزاء
muur (de)	ḥāʾeṭ (m)	حائط
scoren (ww)	gāb hadaf	جاب هدف
goal (de), doelpunt (het)	hadaf (m)	هدف
een goal scoren	gāb hadaf	جاب هدف
vervanging (de)	tabdīl (m)	تبديل
vervangen (ov.ww.)	baddal	بدّل
regels (mv.)	qawāʿed (pl)	قواعد
tactiek (de)	taktīk (m)	تكتيك
stadion (het)	malʿab (m)	ملعب
tribune (de)	modarrag (m)	مدرّج

fan, supporter (de)	moʃagge' (m)	مشجّع
schreeuwen (ww)	ṣarraχ	صرّخ
scorebord (het)	lawḥet el natīga (f)	لوحة النتيجة
stand (~ is 3-1)	natīga (f)	نتيجة
nederlaag (de)	hazīma (f)	هزيمة
verliezen (ww)	χeser	خسر
gelijkspel (het)	ta'ādol (m)	تعادل
in gelijk spel eindigen	ta'ādal	تعادل
overwinning (de)	foze (m)	فوز
overwinnen (ww)	fāz	فاز
kampioen (de)	baṭal (m)	بطل
best (bn)	aḥsan	أحسن
feliciteren (ww)	hanna	هنّأ
commentator (de)	mo'alleq (m)	معلّق
becommentariëren (ww)	'alla'	علّق
uitzending (de)	ezā'a (f)	إذاعة

137. Alpine skiën

ski's (mv.)	zallagāt (pl)	زلّاجات
skiën (ww)	tazallag	تزلّج
skigebied (het)	montaga' gabaly lel tazaḥloq (m)	منتجع جبلي للتزلج
skilift (de)	meṣ'ad (m)	مصعد
skistokken (mv.)	'eṣyān el tazallog (pl)	عصيان التزلّج
helling (de)	monḥadar (m)	منحدر
slalom (de)	el tazallog el mota'arreg (m)	التزلّج المتعرّج

138. Tennis. Golf

golf (het)	golf (m)	جولف
golfclub (de)	nādy golf (m)	نادي جولف
golfer (de)	lā'eb golf (m)	لاعب جولف
hole (de)	tagwīf (m)	تجويف
golfclub (de)	maḍrab (m)	مضرب
trolley (de)	'araba lel golf (f)	عربة للجولف
tennis (het)	tennis (m)	تنس
tennisveld (het)	mal'ab tennis (m)	ملعب تنس
opslag (de)	monawla (f)	مناولة
serveren, opslaan (ww)	nāwel	ناول
racket (het)	maḍrab (m)	مضرب
net (het)	ʃabaka (f)	شبكة
bal (de)	kora (f)	كرة

139. Schaken

schaak (het)	ʃaṭarang (m)	شطرنج
schaakstukken (mv.)	aḥgār el ʃaṭarang (pl)	أحجار الشطرنج
schaker (de)	lā'eb ʃaṭarang (m)	لاعب شطرنج
schaakbord (het)	lawḥet el ʃaṭarang (f)	لوحة الشطرنج
schaakstuk (het)	ḥagar (m)	حجر
witte stukken (mv.)	aḥgār bayḍā' (pl)	أحجار بيضاء
zwarte stukken (mv.)	aḥgār sawdā' (pl)	أحجار سوداء
pion (de)	bayda' (m)	بيدق
loper (de)	fīl (m)	فيل
paard (het)	ḥoṣān (m)	حصان
toren (de)	rakχ (m)	رخ
dame, koningin (de)	el maleka (f)	الملكة
koning (de)	el malek (m)	الملك
zet (de)	χaṭwa (f)	خطوة
zetten (ww)	ḥarrak	حرّك
opofferen (ww)	ḍaḥḥa	ضحّى
rokade (de)	χaṭwa el raχ wel ʃah (f)	خطوة الرخ والشاه
schaak (het)	kesʃ	كشّ
schaakmat (het)	kesʃ malek	كشّ ملك
schaakwedstrijd (de)	boṭūlet ʃaṭarang (f)	بطولة شطرنج
grootmeester (de)	grand master (m)	جراند ماستر
combinatie (de)	tarkīb (m)	تركيب
partij (de)	dore (m)	دور
dammen (de)	dama (f)	داما

140. Boksen

boksen (het)	molakma (f)	ملاكمة
boksgevecht (het)	molakma (f)	ملاكمة
bokswedstrijd (de)	mobarāt molakma (f)	مباراة ملاكمة
ronde (de)	gawla (f)	جولة
ring (de)	ḥalaba (f)	حلبة
gong (de)	naqūs (m)	ناقوس
stoot (de)	ḍarba (f)	ضربة
knock-down (de)	ḍarba ḥasema (f)	ضربة حاسمة
knock-out (de)	ḍarba 'āḍya (f)	ضربة قاضية
knock-out slaan (ww)	ḍarab ḍarba qāḍiya	ضرب ضربة قاضية
bokshandschoen (de)	qoffāz el molakma (m)	قفّاز الملاكمة
referee (de)	ḥakam (m)	حكم
lichtgewicht (het)	el wazn el χafīf (m)	الوزن الخفيف
middengewicht (het)	el wazn el motawasseṭ (m)	الوزن المتوسط
zwaargewicht (het)	el wazn el te'īl (m)	الوزن الثقيل

141. Sporten. Diversen

Olympische Spelen (mv.)	al'āb olombiya (pl)	ألعاب أولمبيّة
winnaar (de)	fā'ez (m)	فائز
overwinnen (ww)	fāz	فاز
winnen (ww)	fāz	فاز
leider (de)	za'īm (m)	زعيم
leiden (ww)	ta'addam	تقدّم
eerste plaats (de)	el martaba el ūla (f)	المرتبة الأولى
tweede plaats (de)	el martaba el tanya (f)	المرتبة الثانية
derde plaats (de)	el martaba el talta (f)	المرتبة الثالثة
medaille (de)	medalya (f)	ميدالية
trofee (de)	ka's (f)	كأس
beker (de)	ka's (f)	كأس
prijs (de)	gayza (f)	جائزة
hoofdprijs (de)	akbar gayza (f)	أكبر جائزة
record (het)	raqam qeyāsy (m)	رقم قياسي
een record breken	fāz be raqam qeyāsy	فاز برقم قياسي
finale (de)	mobarāh neha'iya (f)	مباراة نهائيّة
finale (bn)	nehā'y	نهائي
kampioen (de)	baṭal (m)	بطل
kampioenschap (het)	boṭūla (f)	بطولة
stadion (het)	mal'ab (m)	ملعب
tribune (de)	modarrag (m)	مدرّج
fan, supporter (de)	moʃagge' (m)	مشجّع
tegenstander (de)	'adeww (m)	عدوّ
start (de)	xaṭṭ el bedāya (m)	خطّ البداية
finish (de)	xaṭṭ el nehāya (m)	خطّ النهاية
nederlaag (de)	hazīma (f)	هزيمة
verliezen (ww)	xeser	خسر
rechter (de)	ḥakam (m)	حكم
jury (de)	hay'et el ḥokm (f)	هيئة الحكم
stand (~ is 3-1)	natīga (f)	نتيجة
gelijkspel (het)	ta'ādol (m)	تعادل
in gelijk spel eindigen	ta'ādal	تعادل
punt (het)	no'ṭa (f)	نقطة
uitslag (de)	natīga neha'iya (f)	نتيجة نهائية
periode (de)	ʃoṭe (m)	شوط
pauze (de)	beyn el ʃoṭeyn	بين الشوطين
doping (de)	monasʃeṭāt (pl)	منشّطات
straffen (ww)	'āqab	عاقب
diskwalificeren (ww)	ḥaram	حرم
toestel (het)	adah (f)	أداة
speer (de)	remḥ (m)	رمح

kogel (de)	kora maʿdaniya (f)	كرة معدنية
bal (de)	kora (f)	كرة
doel (het)	hadaf (m)	هدف
schietkaart (de)	hadaf (m)	هدف
schieten (ww)	ḍarab bel nār	ضرب بالنار
precies (bijv. precieze schot)	maḍbūṭ	مضبوط
trainer, coach (de)	modarreb (m)	مدرّب
trainen (ww)	darrab	درّب
zich trainen (ww)	etdarrab	إتدرّب
training (de)	tadrīb (m)	تدريب
gymnastiekzaal (de)	gīm (m)	جيم
oefening (de)	tamrīn (m)	تمرين
opwarming (de)	tasχīn (m)	تسخين

Onderwijs

142. School

school (de)	madrasa (f)	مدرسة
schooldirecteur (de)	modīr el madrasa (m)	مدير المدرسة
leerling (de)	talmīz (m)	تلميذ
leerlinge (de)	telmīza (f)	تلميذة
scholier (de)	talmīz (m)	تلميذ
scholiere (de)	telmīza (f)	تلميذة
leren (lesgeven)	ʿallem	علّم
studeren (bijv. een taal ~)	taʿallam	تعلّم
van buiten leren	ḥafaẓ	حفظ
leren (bijv. ~ tellen)	taʿallam	تعلّم
in school zijn (schooljongen zijn)	daras	درس
naar school gaan	rāḥ el madrasa	راح المدرسة
alfabet (het)	abgadiya (f)	أبجدية
vak (schoolvak)	madda (f)	مادّة
klaslokaal (het)	faṣl (m)	فصل
les (de)	dars (m)	درس
pauze (de)	estrāḥa (f)	إستراحة
bel (de)	garas el madrasa (m)	جرس المدرسة
schooltafel (de)	disk el madrasa (m)	ديسك المدرسة
schoolbord (het)	sabbūra (f)	سبّورة
cijfer (het)	daraga (f)	درجة
goed cijfer (het)	daraga kewayesa (f)	درجة كويسة
slecht cijfer (het)	daraga meʃ kewayesa (f)	درجة مش كويسة
een cijfer geven	edda daraga	إدّى درجة
fout (de)	χaṭaʾ (m)	خطأ
fouten maken	aχṭaʾ	أخطأ
corrigeren (fouten ~)	ṣaḥḥaḥ	صحّح
spiekbriefje (het)	berʃām (m)	برشام
huiswerk (het)	wāgeb (m)	واجب
oefening (de)	tamrīn (m)	تمرين
aanwezig zijn (ww)	ḥaḍar	حضر
absent zijn (ww)	ɣāb	غاب
school verzuimen	taɣeyyab ʿan el madrasa	تغيّب عن المدرسة
bestraffen (een stout kind ~)	ʿāqab	عاقب
bestraffing (de)	ʿeqāb (m)	عقاب

gedrag (het)	solūk (m)	سلوك
cijferlijst (de)	el taqrīr el madrasy (m)	التقرير المدرسي
potlood (het)	'alam roṣāṣ (m)	قلم رصاص
gom (de)	astīka (f)	استيكة
krijt (het)	ṭabaʃīr (m)	طباشير
pennendoos (de)	ma'lama (f)	مقلمة
boekentas (de)	ʃanṭet el madrasa (f)	شنطة المدرسة
pen (de)	'alam (m)	قلم
schrift (de)	daftar (m)	دفتر
leerboek (het)	ketāb ta'līm (m)	كتاب تعليم
passer (de)	bargal (m)	برجل
technisch tekenen (ww)	rasam rasm teqany	رسم رسم تقني
technische tekening (de)	rasm teqany (m)	رسم تقني
gedicht (het)	'aṣīda (f)	قصيدة
van buiten (bw)	'an ẓahr qalb	عن ظهر قلب
van buiten leren	ḥafaẓ	حفظ
vakantie (de)	agāza (f)	أجازة
met vakantie zijn	'ando agāza	عنده أجازة
vakantie doorbrengen	'aḍa el agāza	قضى الأجازة
toets (schriftelijke ~)	emteḥān (m)	إمتحان
opstel (het)	enʃā' (m)	إنشاء
dictee (het)	emlā' (m)	إملاء
examen (het)	emteḥān (m)	إمتحان
examen afleggen	'amal emteḥān	عمل إمتحان
experiment (het)	tagreba (f)	تجربة

143. Hogeschool. Universiteit

academie (de)	akademiya (f)	أكاديميّة
universiteit (de)	gam'a (f)	جامعة
faculteit (de)	kolliya (f)	كلّيّة
student (de)	ṭāleb (m)	طالب
studente (de)	ṭāleba (f)	طالبة
leraar (de)	muḥāḍer (m)	محاضر
collegezaal (de)	modarrag (m)	مدرّج
afgestudeerde (de)	motaχarreg (m)	متخرج
diploma (het)	dibloma (f)	دبلومة
dissertatie (de)	resāla 'elmiya (f)	رسالة علميّة
onderzoek (het)	derāsa (f)	دراسة
laboratorium (het)	moχtabar (m)	مختبر
college (het)	moḥaḍra (f)	محاضرة
medestudent (de)	zamīl fel ṣaff (m)	زميل في الصفّ
studiebeurs (de)	menḥa derāsiya (f)	منحة دراسيّة
academische graad (de)	daraga 'elmiya (f)	درجة علميّة

144. Wetenschappen. Disciplines

wiskunde (de)	reyāḍīāt (pl)	رياضيّات
algebra (de)	el gabr (m)	الجبر
meetkunde (de)	handasa (f)	هندسة
astronomie (de)	'elm el falak (m)	علم الفلك
biologie (de)	al aḥya' (m)	الأحياء
geografie (de)	goɣrafia (f)	جغرافيا
geologie (de)	ʒeoloʒia (f)	جيولوجيا
geschiedenis (de)	tarīχ (m)	تاريخ
geneeskunde (de)	ṭebb (m)	طبّ
pedagogiek (de)	tarbeya (f)	تربية
rechten (mv.)	qanūn (m)	قانون
fysica, natuurkunde (de)	fezya' (f)	فيزياء
scheikunde (de)	kemya' (f)	كيمياء
filosofie (de)	falsafa (f)	فلسفة
psychologie (de)	'elm el nafs (m)	علم النفس

145. Schrift. Spelling

grammatica (de)	el naḥw wel ṣarf (m)	النحو والصرف
vocabulaire (het)	mofradāt el loɣa (pl)	مفردات اللغة
fonetiek (de)	ṣawtīāt (pl)	صوتيات
zelfstandig naamwoord (het)	esm (m)	اسم
bijvoeglijk naamwoord (het)	ṣefa (f)	صفة
werkwoord (het)	fe'l (m)	فعل
bijwoord (het)	ẓarf (m)	ظرف
voornaamwoord (het)	ḍamīr (m)	ضمير
tussenwerpsel (het)	oslūb el ta'aggob (m)	أسلوب التعجّب
voorzetsel (het)	ḥarf el garr (m)	حرف الجرّ
stam (de)	gezr el kelma (m)	جذر الكلمة
achtervoegsel (het)	nehāya (f)	نهاية
voorvoegsel (het)	sabaeqa (f)	سابقة
lettergreep (de)	maqṭa' lafzy (m)	مقطع لفظي
achtervoegsel (het)	lāḥeqa (f)	لاحقة
nadruk (de)	nabra (f)	نبرة
afkappingsteken (het)	'alāmet ḥazf (f)	علامة حذف
punt (de)	no'ṭa (f)	نقطة
komma (de/het)	faṣla (f)	فاصلة
puntkomma (de)	no'ṭa w faṣla (f)	نقطة وفاصلة
dubbelpunt (de)	no'ṭeteyn (pl)	نقطتين
beletselteken (het)	talat no'aṭ (pl)	ثلاث نقط
vraagteken (het)	'alāmet estefhām (f)	علامة إستفهام
uitroepteken (het)	'alāmet ta'aggob (f)	علامة تعجّب

aanhalingstekens (mv.)	'alamāt el eqtebās (pl)	علامات الإقتباس
tussen aanhalingstekens (bw)	beyn 'alamaty el eqtebās	بين علامتي الاقتباس
haakjes (mv.)	qoseyn (du)	قوسين
tussen haakjes (bw)	beyn el qoseyn	بين القوسين
streepje (het)	'alāmet waṣl (f)	علامة وصل
gedachtestreepje (het)	ʃorṭa (f)	شرطة
spatie (~ tussen twee woorden)	farāɣ (m)	فراغ
letter (de)	ḥarf (m)	حرف
hoofdletter (de)	ḥarf kebīr (m)	حرف كبير
klinker (de)	ḥarf ṣauty (m)	حرف صوتي
medeklinker (de)	ḥarf sāken (m)	حرف ساكن
zin (de)	gomla (f)	جملة
onderwerp (het)	fā'el (m)	فاعل
gezegde (het)	mosnad (m)	مسند
regel (in een tekst)	saṭr (m)	سطر
op een nieuwe regel (bw)	men bedāyet el saṭr	من بداية السطر
alinea (de)	faqra (f)	فقرة
woord (het)	kelma (f)	كلمة
woordgroep (de)	magmū'a men el kelamāt (pl)	مجموعة من الكلمات
uitdrukking (de)	moṣṭalaḥ (m)	مصطلح
synoniem (het)	morādef (m)	مرادف
antoniem (het)	motaḍād loɣawy (m)	متضاد لغوي
regel (de)	qa'eda (f)	قاعدة
uitzondering (de)	estesnā' (m)	إستثناء
correct (bijv. ~e spelling)	ṣaḥīḥ	صحيح
vervoeging, conjugatie (de)	ṣarf (m)	صرف
verbuiging, declinatie (de)	taṣrīf el asmā' (m)	تصريف الأسماء
naamval (de)	ḥāla esmiya (f)	حالة أسمية
vraag (de)	so'āl (m)	سؤال
onderstrepen (ww)	ḥaṭṭ xaṭṭ taḥt	حطّ خطّ تحت
stippellijn (de)	xaṭṭ mena''aṭ (m)	خطّ منقّط

146. Vreemde talen

taal (de)	loɣa (f)	لغة
vreemd (bn)	agnaby	أجنبيّ
vreemde taal (de)	loɣa agnabiya (f)	لغة أجنبية
leren (bijv. van buiten ~)	daras	درس
studeren (Nederlands ~)	ta'allam	تعلّم
lezen (ww)	'ara	قرأ
spreken (ww)	kallem	كلّم
begrijpen (ww)	fehem	فهم
schrijven (ww)	katab	كتب
snel (bw)	bosor'a	بسرعة

langzaam (bw)	bo boṭ'	ببطء
vloeiend (bw)	beṭalāqa	بطلاقة
regels (mv.)	qawā'ed (pl)	قواعد
grammatica (de)	el naḥw wel ṣarf (m)	النحو والصرف
vocabulaire (het)	mofradāt el loɣa (pl)	مفردات اللغة
fonetiek (de)	ṣawtīāt (pl)	صوتيات
leerboek (het)	ketāb ta'līm (m)	كتاب تعليم
woordenboek (het)	qamūs (m)	قاموس
leerboek (het) voor zelfstudie	ketāb ta'līm zāty (m)	كتاب تعليم ذاتي
taalgids (de)	ketāb lel 'ebarāt el ʃā'e'a (m)	كتاب للعبارت الشائعة
cassette (de)	kasett (m)	كاسيت
videocassette (de)	ʃerī'ṭ video (m)	شريط فيديو
CD (de)	sidī (m)	سي دي
DVD (de)	dividī (m)	دي في دي
alfabet (het)	abgadiya (f)	أبجدية
spellen (ww)	tahagga	تهجّى
uitspraak (de)	noṭ' (m)	نطق
accent (het)	lahga (f)	لهجة
met een accent (bw)	be lahga	بـ لهجة
zonder accent (bw)	men ɣeyr lahga	من غير لهجة
woord (het)	kelma (f)	كلمة
betekenis (de)	ma'na (m)	معنى
cursus (de)	dawra (f)	دورة
zich inschrijven (ww)	saggel esmo	سجّل إسمه
leraar (de)	modarres (m)	مدرّس
vertaling (een ~ maken)	targama (f)	ترجمة
vertaling (tekst)	targama (f)	ترجمة
vertaler (de)	motargem (m)	مترجم
tolk (de)	motargem fawwry (m)	مترجم فوّري
polyglot (de)	'alīm be'eddet loɣāt (m)	عليم بعدّة لغات
geheugen (het)	zākera (f)	ذاكرة

147. Sprookjesfiguren

Sinterklaas (de)	baba neweyl (m)	بابا نويل
Assepoester (de)	sindrīla	سيندريلا
zeemeermin (de)	'arūset el baḥr (f)	عروسة البحر
Neptunus (de)	nibtūn (m)	نبتون
magiër, tovenaar (de)	sāḥer (m)	ساحر
goede heks (de)	genniya (f)	جنّيّة
magisch (bn)	seḥry	سحري
toverstokje (het)	el 'aṣāya el seḥriya (f)	العصاية السحرية
sprookje (het)	ḥekāya χayaliya (f)	حكاية خيالية
wonder (het)	mo'geza (f)	معجزة

dwerg (de)	qazam (m)	قزم
veranderen in … (anders worden)	taḥawwal ela …	تحوّل إلى...
geest (de)	ʃabaḥ (m)	شبح
spook (het)	ʃabaḥ (m)	شبح
monster (het)	waḥʃ (m)	وحش
draak (de)	tennīn (m)	تنّين
reus (de)	ʻemlāq (m)	عملاق

148. Dierenriem

Ram (de)	borg el ḥaml (m)	برج الحمل
Stier (de)	borg el sore (m)	برج الثور
Tweelingen (mv.)	borg el gawzāʼ (m)	برج الجوزاء
Kreeft (de)	borg el saraṭān (m)	برج السرطان
Leeuw (de)	borg el asad (m)	برج الأسد
Maagd (de)	borg el ʻazrāʼ (m)	برج العذراء
Weegschaal (de)	borg el mezān (m)	برج الميزان
Schorpioen (de)	borg el ʻaʼrab (m)	برج العقرب
Boogschutter (de)	borg el qose (m)	برج القوس
Steenbok (de)	borg el gady (m)	برج الجدي
Waterman (de)	borg el dalw (m)	برج الدلو
Vissen (mv.)	borg el ḥūt (m)	برج الحوت
karakter (het)	ʃaχṣiya (f)	شخصية
karaktertrekken (mv.)	el ṣefāt el ʃaχṣiya (pl)	الصفات الشخصية
gedrag (het)	solūk (m)	سلوك
waarzeggen (ww)	ʼara el ṭāleʻ	قرأ الطالع
waarzegster (de)	ʻarrāfa (f)	عرّافة
horoscoop (de)	tawaqqoʻāt el abrāg (pl)	توقّعات الأبراج

Kunst

149. Theater

theater (het)	masraḥ (m)	مسرح
opera (de)	obra (f)	أوبرا
operette (de)	obrette (f)	أوبريت
ballet (het)	baleyh (m)	باليه
affiche (de/het)	molṣaq (m)	ملصق
theatergezelschap (het)	fer'a (f)	فرقة
tournee (de)	gawlet fananīn (f)	جولة فنّانين
op tournee zijn	tagawwal	تجوّل
repeteren (ww)	ʿamal brova	عمل بروفة
repetitie (de)	brova (f)	بروفة
repertoire (het)	barnāmeg el masraḥ (m)	برنامج المسرح
voorstelling (de)	adā' (m)	أداء
spektakel (het)	ʿarḍ masraḥy (m)	عرض مسرحي
toneelstuk (het)	masraḥiya (f)	مسرحيّة
biljet (het)	tazkara (f)	تذكرة
kassa (de)	ʃebbāk el tazāker (m)	شبّاك التذاكر
foyer (de)	ṣāla (f)	صالة
garderobe (de)	ɣorfet īdāʿ el maʿāṭef (f)	غرفة إيداع المعاطف
garderobe nummer (het)	beṭā'et edāʿ el maʿaṭef (f)	بطاقة إيداع المعاطف
verrekijker (de)	naḍḍāra moʿaẓẓema lel obera (f)	نظارة معظمة للأوبرا
plaatsaanwijzer (de)	ḥāgeb el sinema (m)	حاجب السينما
parterre (de)	karāsy el orkestra (pl)	كراسي الأوركسترا
balkon (het)	balakona (f)	بلكونة
gouden rang (de)	ʃorfa (f)	شرفة
loge (de)	log (m)	لوج
rij (de)	ṣaff (m)	صفّ
plaats (de)	meqʿad (m)	مقعد
publiek (het)	gomhūr (m)	جمهور
kijker (de)	moʃāhed (m)	مشاهد
klappen (ww)	ṣaffa'	صفّق
applaus (het)	taṣfī' (m)	تصفيق
ovatie (de)	taṣfī' ḥār (m)	تصفيق حار
toneel (op het ~ staan)	χaʃabet el masraḥ (f)	خشبة المسرح
gordijn, doek (het)	setāra (f)	ستارة
toneeldecor (het)	dekor (m)	ديكور
backstage (de)	kawalīs (pl)	كواليس
scène (de)	maʃ-had (m)	مشهد
bedrijf (het)	faṣl (m)	فصل
pauze (de)	estrāḥa (f)	استراحة

150. Bioscoop

acteur (de)	momassel (m)	ممثّل
actrice (de)	momassela (f)	ممثّلة
bioscoop (de)	el aflām (m)	الأفلام
speelfilm (de)	film (m)	فيلم
aflevering (de)	goz' (m)	جزء
detectivefilm (de)	film bolīsy (m)	فيلم بوليسي
actiefilm (de)	film akʃen (m)	فيلم أكشن
avonturenfilm (de)	film moɣamarāt (m)	فيلم مغامرات
sciencefictionfilm (de)	film χayāl 'elmy (m)	فيلم خيال علمي
griezelfilm (de)	film ro'b (m)	فيلم رعب
komedie (de)	film komedia (f)	فيلم كوميديا
melodrama (het)	melodrama (m)	ميلودراما
drama (het)	drama (f)	دراما
speelfilm (de)	film χayāly (m)	فيلم خيالي
documentaire (de)	film wasā'eqy (m)	فيلم وثائقي
tekenfilm (de)	kartōn (m)	كرتون
stomme film (de)	sinema ṣāmeta (f)	سينما صامتة
rol (de)	dore (m)	دور
hoofdrol (de)	dore ra'īsy (m)	دور رئيسي
spelen (ww)	massel	مثّل
filmster (de)	negm senamā'y (m)	نجم سينمائي
bekend (bn)	ma'rūf	معروف
beroemd (bn)	maʃ-hūr	مشهور
populair (bn)	maḥbūb	محبوب
scenario (het)	senario (m)	سيناريو
scenarioschrijver (de)	kāteb senario (m)	كاتب سيناريو
regisseur (de)	moχreg (m)	مخرج
filmproducent (de)	monteg (m)	منتج
assistent (de)	mosā'ed (m)	مساعد
cameraman (de)	moṣawwer (m)	مصوّر
stuntman (de)	mo'addy maʃāhed χaṭīra (m)	مؤدي مشاهد خطيرة
stuntdubbel (de)	momassel badīl (m)	ممثّل بديل
een film maken	ṣawwar film	صوّر فيلم
auditie (de)	tagreba adā' (f)	تجربة أداء
opnamen (mv.)	taṣwīr (m)	تصوير
filmploeg (de)	ṭāqem el film (m)	طاقم الفيلم
filmset (de)	mante'et taṣwīr (f)	منطقة التصوير
filmcamera (de)	kamera (f)	كاميرا
bioscoop (de)	sinema (f)	سينما
scherm (het)	ʃāʃa (f)	شاشة
een film vertonen	'araḍ film	عرض فيلم
geluidsspoor (de)	mosīqa taṣweriya (f)	موسيقى تصويرية
speciale effecten (mv.)	mo'asserāt χāṣa (pl)	مؤثّرات خاصّة

ondertiteling (de)	targamet el ḥewār (f)	ترجمة الحوار
voortiteling, aftiteling (de)	ʃāret el nehāya (f)	شارة النهاية
vertaling (de)	targama (f)	ترجمة

151. Schilderij

kunst (de)	fann (m)	فنّ
schone kunsten (mv.)	fonūn gamīla (pl)	فنون جميلة
kunstgalerie (de)	ma'raḍ fonūn (m)	معرض فنون
kunsttentoonstelling (de)	ma'raḍ fanny (m)	معرض فنّي
schilderkunst (de)	lawḥa (f)	لوحة
grafiek (de)	fann taṣwīry (m)	فن تصويري
abstracte kunst (de)	fann tagrīdy (m)	فنّ تجريدي
impressionisme (het)	el enṭebā'iya (f)	الإنطباعيّة
schilderij (het)	lawḥa (f)	لوحة
tekening (de)	rasm (m)	رسم
poster (de)	boster (m)	بوستر
illustratie (de)	rasm tawḍīḥy (m)	رسم توضيحي
miniatuur (de)	ṣūra moṣagɣara (f)	صورة مصغّرة
kopie (de)	nosχa (f)	نسخة
reproductie (de)	nosχa ṭeb' el aṣl (f)	نسخة طبق الأصل
mozaïek (het)	fosayfesā' (f)	فسيفساء
gebrandschilderd glas (het)	ʃebbāk 'ezāz mlawwen (m)	شبّاك قزاز ملوّن
fresco (het)	taṣwīr gaṣṣy (m)	تصوير جصي
gravure (de)	na'ʃ (m)	نقش
buste (de)	temsāl neṣfy (m)	تمثال نصفي
beeldhouwwerk (het)	naḥt (m)	نحت
beeld (bronzen ~)	temsāl (m)	تمثال
gips (het)	gibss (m)	جيبس
gipsen (bn)	men el gebs	من الجيبس
portret (het)	bortreyh (m)	بورتريه
zelfportret (het)	bortreyh ʃaχṣy (m)	بورتريه شخصي
landschap (het)	lawḥet manzar ṭabee'y (f)	لوحة منظر طبيعي
stilleven (het)	ṭabee'a ṣāmeta (f)	طبيعة صامتة
karikatuur (de)	ṣūra karikatoriya (f)	صورة كاريكاتورية
schets (de)	rasm tamhīdy (m)	رسم تمهيدي
verf (de)	lone (m)	لون
aquarel (de)	alwān maya (m)	ألوان ميّة
olieverf (de)	zeyt (m)	زيت
potlood (het)	'alam roṣāṣ (m)	قلم رصاص
Oostindische inkt (de)	ḥebr hendy (m)	حبر هندي
houtskool (de)	faḥm (m)	فحم
tekenen (met krijt)	rasam	رسم
schilderen (ww)	rasam	رسم
poseren (ww)	'a'ad	قعد
naaktmodel (man)	modeyl ḥayī amām el rassām (m)	موديل حيّ أمام الرسّام

naaktmodel (vrouw)	modeyl ḥayī amām el rassām (m)	موديل حيّ أمام الرسّام
kunstenaar (de)	rassām (m)	رسّام
kunstwerk (het)	'amal fanny (m)	عمل فنّي
meesterwerk (het)	toḥfa faniya (f)	تحفة فنية
studio, werkruimte (de)	warʃa (f)	ورشة
schildersdoek (het)	kanava (f)	كانفا
schildersezel (de)	masnad el loḥe (m)	مسند اللوح
palet (het)	lawḥet el alwān (f)	لوحة الألوان
lijst (een vergulde ~)	eṭār (m)	إطار
restauratie (de)	tarmīm (m)	ترميم
restaureren (ww)	rammem	رمّم

152. Literatuur & Poëzie

literatuur (de)	adab (m)	أدب
auteur (de)	mo'allef (m)	مؤلّف
pseudoniem (het)	esm mosta'ār (m)	اسم مستعار
boek (het)	ketāb (m)	كتاب
boekdeel (het)	mogallad (m)	مجلّد
inhoudsopgave (de)	gadwal el moḥtawayāt (m)	جدوّل المحتويات
pagina (de)	ṣafḥa (f)	صفحة
hoofdpersoon (de)	el ʃaχṣiya el ra'esiya (f)	الشخصية الرئيسية
handtekening (de)	tawqee' el mo'allef (m)	توقيع المؤلّف
verhaal (het)	qeṣṣa 'aṣīra (f)	قصّة قصيرة
novelle (de)	'oṣṣa (f)	قصّة
roman (de)	rewāya (f)	رواية
werk (literatuur)	mo'allef (m)	مؤلّف
fabel (de)	ḥekāya (f)	حكاية
detectiveroman (de)	rewāya bolesiya (f)	رواية بوليسية
gedicht (het)	'aṣīda (f)	قصيدة
poëzie (de)	ʃe'r (m)	شعر
epos (het)	'aṣīda (f)	قصيدة
dichter (de)	ʃā'er (m)	شاعر
fictie (de)	χayāl (m)	خيال
sciencefiction (de)	χayāl 'elmy (m)	خيال علمي
avonturenroman (de)	adab el moχamrāt (m)	أدب المغامرات
opvoedkundige literatuur (de)	adab tarbawy (m)	أدب تربوّي
kinderliteratuur (de)	adab el aṭfāl (m)	أدب الأطفال

153. Circus

circus (de/het)	serk (m)	سيرك
chapiteau circus (de/het)	serk motana''el (m)	سيرك متنقّل
programma (het)	barnāmeg (m)	برنامج
voorstelling (de)	adā' (m)	أداء

nummer (circus ~)	ʿarḍ (m)	عرض
arena (de)	ḥalabet el serk (f)	حلبة السيرك
pantomime (de)	momassel īmāʾy (m)	ممثّل إيمائي
clown (de)	aragoze (m)	أراجوز
acrobaat (de)	bahlawān (m)	بهلوان
acrobatiek (de)	alʿab bahlawaniya (f)	ألعاب بهلوانية
gymnast (de)	lāʿeb gombāz (m)	لاعب جمباز
gymnastiek (de)	gombāz (m)	جمباز
salto (de)	ḥarakāt ʃaʾlaba (pl)	حركات شقلبة
sterke man (de)	el ragl el qawy (m)	الرجل القوي
temmer (de)	morawweḍ (m)	مروّض
ruiter (de)	fāres (m)	فارس
assistent (de)	mosāʿed (m)	مساعد
stunt (de)	ḥeyla (f)	حيلة
goocheltruc (de)	χedʿa seḥriya (f)	خدعة سحرية
goochelaar (de)	sāḥer (m)	ساحر
jongleur (de)	bahlawān (m)	بهلوان
jongleren (ww)	leʿeb be korāt ʿadīda	لعب بكرات عديدة
dierentrainer (de)	modarreb ḥayawanāt (m)	مدرّب حيوانات
dressuur (de)	tadrīb el ḥayawanāt (m)	تدريب الحيوانات
dresseren (ww)	darrab	درّب

154. Muziek. Popmuziek

muziek (de)	mosīqa (f)	موسيقى
muzikant (de)	ʿāzef (m)	عازف
muziekinstrument (het)	ʾāla moseqiya (f)	آلة موسيقيّة
spelen (bijv. gitaar ~)	ʿazaf ...	عزف...
gitaar (de)	guitar (m)	جيتار
viool (de)	kamān (m)	كمان
cello (de)	el tʃello (m)	التشيلو
contrabas (de)	kamān kebīr (m)	كمان كبير
harp (de)	qesār (m)	قيثار
piano (de)	biano (m)	بيانو
vleugel (de)	biano kebīr (m)	بيانو كبير
orgel (het)	arɣan (m)	أرغن
blaasinstrumenten (mv.)	ʾālāt el nafχ (pl)	آلات النفخ
hobo (de)	mezmār (m)	مزمار
saxofoon (de)	saksofon (m)	ساكسوفون
klarinet (de)	klarinet (m)	كلارنيت
fluit (de)	flute (m)	فلوت
trompet (de)	būʾ (m)	بوق
accordeon (de/het)	okordiōn (m)	أكورديون
trommel (de)	ṭabla (f)	طبلة
duet (het)	sonāʾy (m)	ثنائي

trio (het)	solāsy (m)	ثلاثي
kwartet (het)	robā'y (m)	رباعي
koor (het)	korale (m)	كورال
orkest (het)	orkestra (f)	أوركسترا
popmuziek (de)	mosīqa el bob (f)	موسيقى البوب
rockmuziek (de)	mosīqa el rok (f)	موسيقى الروك
rockgroep (de)	fer'et el rokk (f)	فرقة الروك
jazz (de)	ʒāzz (m)	جاز
idool (het)	ma'būd (m)	معبود
bewonderaar (de)	mo'gab (m)	معجب
concert (het)	ḥafla mūsiqiya (f)	حفلة موسيقيّة
symfonie (de)	semfoniya (f)	سمفونيّة
compositie (de)	'eṭ'a mosiqiya (f)	قطعة موسيقيّة
componeren (muziek ~)	allaf	ألّف
zang (de)	ɣenā' (m)	غناء
lied (het)	oɣniya (f)	أغنيّة
melodie (de)	laḥn (m)	لحن
ritme (het)	eqā' (m)	إيقاع
blues (de)	mosīqa el blues (f)	موسيقى البلوز
bladmuziek (de)	notāt (pl)	نوتات
dirigeerstok (baton)	'aṣa el maystro (m)	عصا المايسترو
strijkstok (de)	qose (m)	قوس
snaar (de)	watar (m)	وتر
koffer (de)	ʃanṭa (f)	شنطة

Rusten. Entertainment. Reizen

155. Trip. Reizen

toerisme (het)	seyāḥa (f)	سياحة
toerist (de)	sā'eḥ (m)	سائح
reis (de)	reḥla (f)	رحلة
avontuur (het)	moɣamra (f)	مغامرة
tocht (de)	reḥla (f)	رحلة
vakantie (de)	agāza (f)	أجازة
met vakantie zijn	kān fi agāza	كان في أجازة
rust (de)	estrāḥa (f)	إستراحة
trein (de)	qeṭār, 'aṭṭr (m)	قطار
met de trein	bel qeṭār - bel aṭṭr	بالقطار
vliegtuig (het)	ṭayāra (f)	طيّارة
met het vliegtuig	bel ṭayāra	بالطيّارة
met de auto	bel sayāra	بالسيّارة
per schip (bw)	bel safīna	بالسفينة
bagage (de)	el ʃonaṭ (pl)	الشنط
valies (de)	ʃanṭa (f)	شنطة
bagagekarretje (het)	'arabet ʃonaṭ (f)	عربة شنط
paspoort (het)	basbore (m)	باسبور
visum (het)	ta'ʃīra (f)	تأشيرة
kaartje (het)	tazkara (f)	تذكرة
vliegticket (het)	tazkara ṭayarān (f)	تذكرة طيران
reisgids (de)	dalīl (m)	دليل
kaart (de)	χarīṭa (f)	خريطة
gebied (landelijk ~)	mante'a (f)	منطقة
plaats (de)	makān (m)	مكان
exotische bestemming (de)	ɣarāba (f)	غرابة
exotisch (bn)	ɣarīb	غريب
verwonderlijk (bn)	mod-heʃ	مدهش
groep (de)	magmū'a (f)	مجموعة
rondleiding (de)	gawla (f)	جولة
gids (de)	morʃed (m)	مرشد

156. Hotel

hotel (het)	fondo' (m)	فندق
motel (het)	motel (m)	موتيل
3-sterren	talat nogūm	ثلاث نجوم

5-sterren	xamas nogūm	خمس نجوم
overnachten (ww)	nezel	نزل
kamer (de)	oḍa (f)	أوضة
eenpersoonskamer (de)	owḍa le ʃaχṣ wāḥed (f)	أوضة لشخص واحد
tweepersoonskamer (de)	oḍa le ʃaχṣeyn (f)	أوضة لشخصين
een kamer reserveren	ḥagaz owḍa	حجز أوضة
halfpension (het)	wagbeteyn fel yome (du)	وجبتين في اليوم
volpension (het)	talat wagabāt fel yome	ثلاث وجبات في اليوم
met badkamer	bel banyo	بـ البانيو
met douche	bel doʃ	بالدوش
satelliet-tv (de)	televizion be qanawāt faḍā'iya (m)	تليفزيون بقنوات فضائية
airconditioner (de)	takyīf (m)	تكييف
handdoek (de)	fūṭa (f)	فوطة
sleutel (de)	meftāḥ (m)	مفتاح
administrateur (de)	modīr (m)	مدير
kamermeisje (het)	'āmela tandīf ɣoraf (f)	عاملة تنظيف غرف
piccolo (de)	ʃayāl (m)	شيّال
portier (de)	bawwāb (m)	بوّاب
restaurant (het)	maṭ'am (m)	مطعم
bar (de)	bār (m)	بار
ontbijt (het)	foṭūr (m)	فطور
avondeten (het)	'aʃā' (m)	عشاء
buffet (het)	bofeyh (m)	بوفيه
hal (de)	rad-ha (f)	ردهة
lift (de)	asanseyr (m)	اسانسير
NIET STOREN	nargu 'adam el ez'āg	نرجو عدم الإزعاج
VERBODEN TE ROKEN!	mamnū' el tadχīn	ممنوع التدخين

157. Boeken. Lezen

boek (het)	ketāb (m)	كتاب
auteur (de)	mo'allef (m)	مؤلّف
schrijver (de)	kāteb (m)	كاتب
schrijven (een boek)	allaf	ألّف
lezer (de)	qāre' (m)	قارئ
lezen (ww)	'ara	قرأ
lezen (het)	qerā'a (f)	قراءة
stil (~ lezen)	beṣamt	بصمت
hardop (~ lezen)	beṣote 'āly	بصوت عالي
uitgeven (boek ~)	naʃar	نشر
uitgeven (het)	naʃr (m)	نشر
uitgever (de)	nāʃer (m)	ناشر
uitgeverij (de)	dar el ṭebā'a wel naʃr (f)	دار الطباعة والنشر

verschijnen (bijv. boek)	ṣadar	صدر
verschijnen (het)	ṣodūr (m)	صدور
oplage (de)	'adad el nosaχ (m)	عدد النسخ
boekhandel (de)	maḥal kotob (m)	محل كتب
bibliotheek (de)	maktaba (f)	مكتبة
novelle (de)	'oṣṣa (f)	قصّة
verhaal (het)	qeṣṣa 'aṣīra (f)	قصّة قصيرة
roman (de)	rewāya (f)	رواية
detectiveroman (de)	rewāya bolesiya (f)	رواية بوليسية
memoires (mv.)	mozakkerāt (pl)	مذكّرات
legende (de)	osṭūra (f)	أسطورة
mythe (de)	χorāfa (f)	خرافة
gedichten (mv.)	ʃe'r (m)	شعر
autobiografie (de)	sīret ḥayah (f)	سيرة حياة
bloemlezing (de)	muχtarāt (pl)	مختارات
sciencefiction (de)	χayāl 'elmy (m)	خيال علمي
naam (de)	'enwān (m)	عنوان
inleiding (de)	moqaddema (f)	مقدّمة
voorblad (het)	ṣafḥet 'enwān (f)	صفحة العنوان
hoofdstuk (het)	faṣl (m)	فصل
fragment (het)	χolāṣa (f)	خلاصة
episode (de)	maʃ-had (m)	مشهد
intrige (de)	ḥabka (f)	حبكة
inhoud (de)	moḥtawayāt (pl)	محتويات
inhoudsopgave (de)	gadwal el moḥtawayāt (m)	جدول المحتويات
hoofdpersonage (het)	el ʃaχṣiya el ra'esiya (f)	الشخصية الرئيسية
boekdeel (het)	mogallad (m)	مجلّد
omslag (de/het)	ɣelāf (m)	غلاف
boekband (de)	taglīd (m)	تجليد
bladwijzer (de)	ʃerī'ṭ (m)	شريط
pagina (de)	ṣafḥa (f)	صفحة
bladeren (ww)	'alleb el ṣafaḥāt	قلّب الصفحات
marges (mv.)	hāmeʃ (m)	هامش
annotatie (de)	molaḥza (f)	ملاحظة
opmerking (de)	molaḥza (f)	ملاحظة
tekst (de)	noṣṣ (m)	نصّ
lettertype (het)	nū' el χaṭṭ (m)	نوع الخطّ
drukfout (de)	χaṭa' maṭba'y (m)	خطأ مطبعيّ
vertaling (de)	targama (f)	ترجمة
vertalen (ww)	targem	ترجم
origineel (het)	aṣliya (f)	أصلية
beroemd (bn)	maʃ-hūr	مشهور
onbekend (bn)	meʃ ma'rūf	مش معروف
interessant (bn)	moʃawweq	مشوّق

bestseller (de)	aktar mabee'an (m)	أكثر مبيعاً
woordenboek (het)	qamūs (m)	قاموس
leerboek (het)	ketāb ta'līm (m)	كتاب تعليم
encyclopedie (de)	ensayklopedia (f)	إنسيكلوبيديا

158. Jacht. Vissen

jacht (de)	ṣeyd (m)	صيد
jagen (ww)	eṣṭād	إصطاد
jager (de)	ṣayād (m)	صيّاد
schieten (ww)	ḍarab bel nār	ضرب بالنار
geweer (het)	bondoqiya (f)	بندقيّة
patroon (de)	roṣāṣa (f)	رصاصة
hagel (de)	'eyār (m)	عيار
val (de)	maṣyada (f)	مصيّدة
valstrik (de)	fakχ (m)	فخّ
in de val trappen	we'e' fe fakχ	وقع في فخّ
een val zetten	naṣb fakχ	نصب فخّ
stroper (de)	sāre' el ṣeyd (m)	سارق الصيد
wild (het)	ṣeyd (m)	صيد
jachthond (de)	kalb ṣeyd (m)	كلب صيد
safari (de)	safāry (m)	سفاري
opgezet dier (het)	ḥayawān moḥannaṭ (m)	حيوان محنّط
visser (de)	ṣayād el samak (m)	صيّاد السمك
visvangst (de)	ṣeyd el samak (m)	صيد السمك
vissen (ww)	eṣṭād samak	إصطاد سمك
hengel (de)	ṣennāra (f)	صنّارة
vislijn (de)	χeyṭ (m)	خيط
haak (de)	ʃaṣ el garīma (m)	شص الصيد
dobber (de)	'awwāma (f)	عوّامة
aas (het)	ṭa'm (m)	طعم
de hengel uitwerpen	ṭaraḥ el ṣennāra	طرح الصنّارة
bijten (ov. de vissen)	'aḍḍ	عضّ
vangst (de)	el samak el moṣṭād (m)	السمك المصطاد
wak (het)	fat-ḥa fel galīd (f)	فتحة في الجليد
net (het)	ʃabaket el ṣeyd (f)	شبكة الصيد
boot (de)	markeb (m)	مركب
vissen met netten	eṣṭād bel ʃabaka	إصطاد بالشبكة
het net uitwerpen	rama ʃabaka	رمى شبكة
het net binnenhalen	aχrag ʃabaka	أخرج شبكة
in het net vallen	we'e' fe ʃabaka	وقع في شبكة
walvisvangst (de)	ṣayād el ḥūt (m)	صيّاد الحوت
walvisvaarder (de)	safīna ṣeyd ḥitān (f)	سفينة صيد الحيتان
harpoen (de)	ḥerba (f)	حربة

159. Spellen. Biljart

biljart (het)	bilyardo (m)	بلياردو
biljartzaal (de)	qā'a bilyardo (m)	قاعة بلياردو
biljartbal (de)	kora (f)	كرة
een bal in het gat jagen	dakχal kora	دخّل كرة
keu (de)	'aṣāyet bilyardo (f)	عصاية بلياردو
gat (het)	geyb bilyardo (m)	جيب بلياردو

160. Spellen. Speelkaarten

ruiten (mv.)	el dinary (m)	الديناري
schoppen (mv.)	el bastūny (m)	البستوني
klaveren (mv.)	el koba (f)	الكوبة
harten (mv.)	el sebāty (m)	السباتي
aas (de)	'āss (m)	آس
koning (de)	malek (m)	ملك
dame (de)	maleka (f)	ملكة
boer (de)	walad (m)	ولد
speelkaart (de)	wara'a (f)	ورقة
kaarten (mv.)	wara' (m)	ورق
troef (de)	wara'a rābeḥa (f)	ورقة رابحة
pak (het) kaarten	desta wara' 'enab (f)	دستة ورق اللعب
punt (bijv. vijftig ~en)	nu'ṭa (f)	نقطة
uitdelen (kaarten ~)	farra'	فرّق
schudden (de kaarten ~)	χalaṭ	خلط
beurt (de)	dore (m)	دور
valsspeler (de)	moḥtāl fel 'omār (m)	محتال في القمار

161. Casino. Roulette

casino (het)	kazino (m)	كازينو
roulette (de)	rulett (m)	روليت
inzet (de)	rahān (m)	رهان
een bod doen	qāmar	قامر
rood (de)	aḥmar (m)	أحمر
zwart (de)	aswad (m)	أسود
inzetten op rood	rāhen 'ala el aḥmar	راهن على الأحمر
inzetten op zwart	rāhen 'ala el aswad	راهن على الأسود
croupier (de)	mowazzaf nādy el 'omār (m)	موظّف نادى القمار
de cilinder draaien	dawwar el 'agala	دوّر العجلة
spelregels (mv.)	qawā'ed (pl)	قواعد
fiche (pokerfiche, etc.)	fīʃa (f)	فيشة
winnen (ww)	keseb	كسب
winst (de)	rebḥ (m)	ربح

verliezen (ww)	xeser	خسر
verlies (het)	xesāra (f)	خسارة
speler (de)	lā'eb (m)	لاعب
blackjack (kaartspel)	blɛkdʒɛk (m)	بلاك جاك
dobbelspel (het)	le'bet el nard (f)	لعبة النرد
dobbelstenen (mv.)	zahr el nard (m)	زهر النرد
speelautomaat (de)	'ālet qomār (f)	آلة قمار

162. Rusten. Spellen. Diversen

wandelen (on.ww.)	tamasʃa	تمشّى
wandeling (de)	tamʃeya (f)	تمشيّة
trip (per auto)	gawla bel sayāra (f)	جولة بالسيّارة
avontuur (het)	moxamra (f)	مغامرة
picknick (de)	nozha (f)	نزهة
spel (het)	le'ba (f)	لعبة
speler (de)	lā'eb (m)	لاعب
partij (de)	dore (m)	دور
collectioneur (de)	gāme' (m)	جامع
collectioneren (ww)	gamma'	جمّع
collectie (de)	magmū'a (f)	مجموعة
kruiswoordraadsel (het)	kalemāt motaqaṭ'a (pl)	كلمات متقاطعة
hippodroom (de)	ḥalabet el sebā' (f)	حلبة السباق
discotheek (de)	disko (m)	ديسكو
sauna (de)	sauna (f)	ساونا
loterij (de)	yanaṣīb (m)	يانصيب
trektocht (kampeertocht)	reḥlet taxyīm (f)	رحلة تخييم
kamp (het)	moxayam (m)	مخيّم
tent (de)	xeyma (f)	خيمة
kompas (het)	boṣla (f)	بوصلة
rugzaktoerist (de)	moxayam (m)	مخيّم
bekijken (een film ~)	ʃāhed	شاهد
kijker (televisie~)	moʃāhed (m)	مشاهد
televisie-uitzending (de)	barnāmeg televiziony (m)	برنامج تليفزيوني

163. Fotografie

fotocamera (de)	kamera (f)	كاميرا
foto (de)	ṣūra (f)	صورة
fotograaf (de)	moṣawwer (m)	مصوّر
fotostudio (de)	estudio taṣwīr (m)	إستوديو تصوير
fotoalbum (het)	albūm el ṣewar (m)	ألبوم الصور
lens (de), objectief (het)	'adaset kamera (f)	عدسة الكاميرا
telelens (de)	'adasa teleskopiya (f)	عدسة تلسكوبيّة

filter (de/het)	filter (m)	فلتر
lens (de)	ʿadasa (f)	عدسة
optiek (de)	baṣrīāt (pl)	بصريات
diafragma (het)	saddāda (f)	سدّادة
belichtingstijd (de)	moddet el taʿarroḍ (f)	مدّة التعرض
zoeker (de)	el ʿeyn el faḥeṣa (f)	العين الفاحصة
digitale camera (de)	kamera diʒital (f)	كاميرا ديجيتال
statief (het)	tribod (m)	ترايبود
flits (de)	flāʃ (m)	فلاش
fotograferen (ww)	ṣawwar	صوّر
foto's maken	ṣawwar	صوّر
zich laten fotograferen	etṣawwar	إتصوّر
focus (de)	tarkīz (m)	تركيز
scherpstellen (ww)	rakkez	ركّز
scherp (bn)	ḥādda	حادّة
scherpte (de)	ḥedda (m)	حدّة
contrast (het)	tabāyon (m)	تباين
contrastrijk (bn)	motabāyen	متباين
kiekje (het)	ṣūra (f)	صورة
negatief (het)	el nosχa el salba (f)	النسخة السالبة
filmpje (het)	film (m)	فيلم
beeld (frame)	eṭār (m)	إطار
afdrukken (foto's ~)	ṭabaʿ	طبع

164. Strand. Zwemmen

strand (het)	ʃāṭeʾ (m)	شاطئ
zand (het)	raml (m)	رمل
leeg (~ strand)	mahgūr	مهجور
bruine kleur (de)	esmerār el baʃra (m)	إسمرار البشرة
zonnebaden (ww)	etʃammes	إتشمّس
gebruind (bn)	asmar	أسمر
zonnecrème (de)	krīm wāqy men el ʃams (m)	كريم واقي من الشمس
bikini (de)	bikini (m)	بكيني
badpak (het)	mayo (m)	مايّوه
zwembroek (de)	mayo regāly (m)	مايّوه رجالي
zwembad (het)	ḥammām sebāḥa (m)	حمّام سباحة
zwemmen (ww)	ʿām, sabaḥ	عام, سبح
douche (de)	doʃ (m)	دوش
zich omkleden (ww)	ɣayar lebso	غيّر لبسه
handdoek (de)	fūṭa (f)	فوطة
boot (de)	markeb (m)	مركب
motorboot (de)	lunʃ (m)	لنش
waterski's (mv.)	tazallog ʿalal māʾ (m)	تزلّج على الماء

waterfiets (de)	el baddāl (m)	البدّال
surfen (het)	surfing (m)	سيرفينج
surfer (de)	rākeb el amwāg (m)	راكب الأمواج
scuba, aqualong (de)	gehāz el tanaffos (m)	جهاز التنفّس
zwemvliezen (mv.)	zaʿānef el sebāḥa (pl)	زعانف السباحة
duikmasker (het)	kamāma (f)	كمامة
duiker (de)	ɣawwāṣ (m)	غوّاص
duiken (ww)	ɣāṣ	غاص
onder water (bw)	taḥt el maya	تحت المايّة
parasol (de)	ʃamsiya (f)	شمسيّة
ligstoel (de)	korsy blāʒ (m)	كرسي بلاج
zonnebril (de)	naḍḍāret ʃams (f)	نضّارة شمس
luchtmatras (de/het)	martaba hawa'iya (f)	مرتبة هوائية
spelen (ww)	leʿeb	لعب
gaan zwemmen (ww)	sebeḥ	سبح
bal (de)	koret ʃaṭṭ (f)	كرة شطّ
opblazen (oppompen)	nafaχ	نفخ
lucht-, opblaasbare (bn)	qābel lel nafχ	قابل للنفخ
golf (hoge ~)	mouga (f)	موجة
boei (de)	ʃamandūra (f)	شمندورة
verdrinken (ww)	ɣere'	غرق
redden (ww)	anqaz	أنقذ
reddingsvest (de)	sotret nagah (f)	سترة نجاة
waarnemen (ww)	rāqab	راقب
redder (de)	ḥāres ʃāṭe' (m)	حارس شاطئ

TECHNISCHE APPARATUUR. VERVOER

Technische apparatuur

165. Computer

computer (de)	kombuter (m)	كمبيوتر
laptop (de)	lab tob (m)	لابتوب
aanzetten (ww)	fataḥ, ʃagɣal	فتح, شغّل
uitzetten (ww)	ṭaffa	طفّى
toetsenbord (het)	lawḥet el mafatīḥ (f)	لوحة المفاتيح
toets (enter~)	meftāḥ (m)	مفتاح
muis (de)	maws (m)	ماوس
muismat (de)	maws bād (m)	ماوس باد
knopje (het)	zerr (m)	زرّ
cursor (de)	mo'asʃer (m)	مؤشّر
monitor (de)	ʃāʃa (f)	شاشة
scherm (het)	ʃāʃa (f)	شاشة
harde schijf (de)	hard disk (m)	هارد ديسك
volume (het) van de harde schijf	se'et el hard disk (f)	سعة الهارد ديسك
geheugen (het)	zākera (f)	ذاكرة
RAM-geheugen (het)	zākerat el woṣūl el 'aʃwā'y (f)	ذاكرة الوصول العشوائي
bestand (het)	malaff (m)	ملفّ
folder (de)	ḥāfeza (m)	حافظة
openen (ww)	fataḥ	فتح
sluiten (ww)	'afal	قفل
opslaan (ww)	ḥafaẓ	حفظ
verwijderen (wissen)	masaḥ	مسح
kopiëren (ww)	nasaχ	نسخ
sorteren (ww)	ṣannaf	صنّف
overplaatsen (ww)	na'al	نقل
programma (het)	barnāmeg (m)	برنامج
software (de)	barmagīāt (pl)	برمجيّات
programmeur (de)	mobarmeg (m)	مبرمج
programmeren (ww)	barmag	برمج
hacker (computerkraker)	haker (m)	هاكر
wachtwoord (het)	kelmet el serr (f)	كلمة السرّ
virus (het)	virūs (m)	فيروس
ontdekken (virus ~)	la'a	لقى

byte (de)	byte (m)	بايت
megabyte (de)	megabayt (m)	ميجا بايت
data (de)	bayanāt (pl)	بيانات
databank (de)	qa'edet bayanāt (f)	قاعدة بيانات
kabel (USB-~, enz.)	kabl (m)	كابل
afsluiten (ww)	faṣal	فصل
aansluiten op (ww)	waṣṣal	وصّل

166. Internet. E-mail

internet (het)	internet (m)	إنترنت
browser (de)	motaṣaffeḥ (m)	متصفّح
zoekmachine (de)	moḥarrek baḥs (m)	محرك بحث
internetprovider (de)	ʃerket el internet (f)	شركة الإنترنت
webmaster (de)	modīr el mawqe' (m)	مدير الموقع
website (de)	mawqe' elektrony (m)	موقع الكتروني
webpagina (de)	ṣafḥet web (f)	صفحة ويب
adres (het)	'enwān (m)	عنوان
adresboek (het)	daftar el 'anawīn (m)	دفتر العناوين
postvak (het)	ṣandū' el barīd (m)	صندوق البريد
post (de)	barīd (m)	بريد
vol (~ postvak)	mumtali'	ممتلىء
bericht (het)	resāla (f)	رسالة
binnenkomende berichten (mv.)	rasa'el wārda (pl)	رسائل واردة
uitgaande berichten (mv.)	rasa'el ṣādra (pl)	رسائل صادرة
verzender (de)	morsel (m)	مرسل
verzenden (ww)	arsal	أرسل
verzending (de)	ersāl (m)	إرسال
ontvanger (de)	morsel elayh (m)	مرسل إليه
ontvangen (ww)	estalam	إستلم
correspondentie (de)	morasla (f)	مراسلة
corresponderen (met ...)	tarāsal	تراسل
bestand (het)	malaff (m)	ملفّ
downloaden (ww)	ḥammel	حمّل
creëren (ww)	'amal	عمل
verwijderen (een bestand ~)	masaḥ	مسح
verwijderd (bn)	mamsūḥ	ممسوح
verbinding (de)	etteṣāl (m)	إتّصال
snelheid (de)	sor'a (f)	سرعة
modem (de)	modem (m)	مودم
toegang (de)	woṣūl (m)	وصول
poort (de)	maχrag (m)	مخرج
aansluiting (de)	etteṣāl (m)	إتّصال

zich aansluiten (ww)	yuwṣel	يوصل
selecteren (ww)	eχtār	إختار
zoeken (ww)	baḥs	بحث

167. Elektriciteit

elektriciteit (de)	kahraba' (m)	كهرباء
elektrisch (bn)	kahrabā'y	كهربائي
elektriciteitscentrale (de)	maḥaṭṭa kahraba'iya (f)	محطة كهربائيّة
energie (de)	ṭāqa (f)	طاقة
elektrisch vermogen (het)	ṭāqa kahraba'iya (f)	طاقة كهربائيّة
lamp (de)	lammba (f)	لمّبة
zaklamp (de)	kasʃāf el nūr (m)	كشّاف النور
straatlantaarn (de)	ʿamūd el nūr (m)	عمود النور
licht (elektriciteit)	nūr (m)	نور
aandoen (ww)	fataḥ, ʃagɣal	فتح, شغّل
uitdoen (ww)	ṭaffa	طفّى
het licht uitdoen	ṭaffa el nūr	طفّى النور
doorbranden (gloeilamp)	ettafa	إتّطفى
kortsluiting (de)	dayra kahraba'iya 'aṣīra (f)	دائرة كهربائية قصيرة
onderbreking (de)	selk ma'ṭūʿ (m)	سلك مقطوع
contact (het)	talāmos (m)	تلامس
schakelaar (de)	meftāḥ el nūr (m)	مفتاح النور
stopcontact (het)	bareza el kaharaba' (f)	بريزة الكهرباء
stekker (de)	fīʃet el kahraba' (f)	فيشة الكهرباء
verlengsnoer (de)	selk tawṣīl (m)	سلك توصيل
zekering (de)	fetīl (m)	فتيل
kabel (de)	selk (m)	سلك
bedrading (de)	aslāk (pl)	أسلاك
ampère (de)	ambere (m)	أمبير
stroomsterkte (de)	ʃeddet el tayār (f)	شدّة التيّار
volt (de)	volt (m)	فولت
spanning (de)	el gohd el kaharab'y (m)	الجهد الكهربائي
elektrisch toestel (het)	gehāz kahrabā'y (m)	جهاز كهربائي
indicator (de)	mo'asʃer (m)	مؤشّر
elektricien (de)	kahrabā'y (m)	كهربائي
solderen (ww)	laḥam	لحم
soldeerbout (de)	adat laḥm (f)	إداة لحم
stroom (de)	tayār kahrabā'y (m)	تيّاركهربائي

168. Gereedschappen

werktuig (stuk gereedschap)	adah (f)	أداة
gereedschap (het)	adawāt (pl)	أدوات

uitrusting (de)	moʿeddāt (pl)	معدّات
hamer (de)	ʃakūʃ (m)	شاكوش
schroevendraaier (de)	mefakk (m)	مفكّ
bijl (de)	fa'ʾs (m)	فأس
zaag (de)	monʃār (m)	منشار
zagen (ww)	naʃar	نشر
schaaf (de)	mesḥāg (m)	مسحاج
schaven (ww)	saḥag	سحج
soldeerbout (de)	adat laḥm (f)	إداة لحم
solderen (ww)	laḥam	لحم
vijl (de)	mabrad (m)	مبرد
nijptang (de)	kamʃa (f)	كمشة
combinatietang (de)	zardiya (f)	زرديّة
beitel (de)	ezmīl (m)	إزميل
boorkop (de)	mesqāb (m)	مثقاب
boormachine (de)	drill kahrabāʾy (m)	دريل كهربائي
boren (ww)	ḥafar	حفر
mes (het)	sekkīna (f)	سكّينة
zakmes (het)	sekkīnet gīb (m)	سكّينة جيب
lemmet (het)	ʃafra (f)	شفرة
scherp (bijv. ~ mes)	ḥād	حاد
bot (bn)	telma	تلمة
bot raken (ww)	kānet telma	كانت تلمة
slijpen (een mes ~)	sann	سنّ
bout (de)	mesmār ʾalawoze (m)	مسمار قلاووظ
moer (de)	ṣamūla (f)	صامولة
schroefdraad (de)	χaʃχana (f)	خشخنة
houtschroef (de)	ʾalawūz (m)	قلاووظ
spijker (de)	mesmār (m)	مسمار
kop (de)	rās el mesmār (m)	رأس المسمار
liniaal (de/het)	masṭara (f)	مسطرة
rolmeter (de)	ʃerīʾṭ el ʾeyās (m)	شريط القياس
waterpas (de/het)	mizān el maya (m)	ميزان الميّة
loep (de)	ʿadasa mokabbera (f)	عدسة مكبّرة
meetinstrument (het)	gehāz ʾeyās (m)	جهاز قياس
opmeten (ww)	ʾās	قاس
schaal (meetschaal)	meʾyās (m)	مقياس
gegevens (mv.)	qerāʾa (f)	قراءة
compressor (de)	kombressor (m)	كومبرسور
microscoop (de)	mikroskob (m)	ميكروسكوب
pomp (de)	ṭolommba (f)	طلمّبة
robot (de)	robot (m)	روبوت
laser (de)	laser (m)	ليزر
moersleutel (de)	meftāḥ rabṭ (m)	مفتاح ربط
plakband (de)	lazʾ (m)	لزق

lijm (de)	ṣamɣ (m)	صمغ
schuurpapier (het)	wara' ṣanfara (m)	ورق صنفرة
veer (de)	sosta (f)	سوستة
magneet (de)	meɣnaṭīs (m)	مغنطيس
handschoenen (mv.)	gwanty (m)	جوانتي
touw (bijv. henneptouw)	ḥabl (m)	حبل
snoer (het)	selk (m)	سلك
draad (de)	selk (m)	سلك
kabel (de)	kabl (m)	كابل
moker (de)	marzaba (f)	مرزبة
breekijzer (het)	'atala (f)	عتلة
ladder (de)	sellem (m)	سلّم
trapje (inklapbaar ~)	sellem na'āl (m)	سلّم نقال
aanschroeven (ww)	aḥkam el ʃadd	أحكم الشدّ
losschroeven (ww)	fataḥ	فتح
dichtpersen (ww)	kamaʃ	كمش
vastlijmen (ww)	alṣaq	ألصق
snijden (ww)	'aṭa'	قطع
defect (het)	'oṭl (m)	عطل
reparatie (de)	taṣlīḥ (m)	تصليح
repareren (ww)	ṣallaḥ	صلّح
regelen (een machine ~)	ḍabaṭ	ضبط
checken (ww)	eχtabar	إختبر
controle (de)	faḥṣ (m)	فحص
gegevens (mv.)	qerā'a (f)	قراءة
degelijk (bijv. ~ machine)	matīn	متين
ingewikkeld (bn)	morakkab	مركّب
roesten (ww)	ṣada'	صدئ
roestig (bn)	meṣaddy	مصدّي
roest (de/het)	ṣada' (m)	صدأ

Vervoer

169. Vliegtuig

vliegtuig (het)	ṭayāra (f)	طيّارة
vliegticket (het)	tazkara ṭayarān (f)	تذكرة طيران
luchtvaartmaatschappij (de)	ʃerket ṭayarān (f)	شركة طيران
luchthaven (de)	maṭār (m)	مطار
supersonisch (bn)	χāreq lel ṣote	خارق للصوت
gezagvoerder (de)	kabten (m)	كابتن
bemanning (de)	ṭa'm (m)	طقم
piloot (de)	ṭayār (m)	طيّار
stewardess (de)	moḍīfet ṭayarān (f)	مضيفة طيران
stuurman (de)	mallāḥ (m)	ملاّح
vleugels (mv.)	agneḥa (pl)	أجنحة
staart (de)	deyl (m)	ذيل
cabine (de)	kabīna (f)	كابينة
motor (de)	motore (m)	موتور
landingsgestel (het)	'agalāt el hobūṭ (pl)	عجلات الهبوط
turbine (de)	torbīna (f)	توربينة
propeller (de)	marwaḥa (f)	مروّحة
zwarte doos (de)	mosaggel el ṭayarān (m)	مسجّل الطيران
stuur (het)	moqawwed el ṭayāra (m)	مقوّد الطيّارة
brandstof (de)	woqūd (m)	وقود
veiligheidskaart (de)	beṭā'et el salāma (f)	بطاقة السلامة
zuurstofmasker (het)	mask el oksyʒīn (m)	ماسك الاوكسيجين
uniform (het)	zayī muwaḥḥad (m)	زيّ موحّد
reddingsvest (de)	sotret nagah (f)	سترة نجاة
parachute (de)	baraʃot (m)	باراشوت
opstijgen (het)	eqlā' (m)	إقلاع
opstijgen (ww)	aqla'et	أقلعت
startbaan (de)	modarrag el ṭa'erāṭ (m)	مدرّج الطائرات
zicht (het)	ro'ya (f)	رؤية
vlucht (de)	ṭayarān (m)	طيران
hoogte (de)	ertefā' (m)	إرتفاع
luchtzak (de)	geyb hawā'y (m)	جيب هوائي
plaats (de)	meq'ad (m)	مقعد
koptelefoon (de)	samma'āt ra'siya (pl)	سمّاعات رأسية
tafeltje (het)	ṣeniya qabela lel ṭayī (f)	صينية قابلة للطيّ
venster (het)	ʃebbāk el ṭayāra (m)	شبّاك الطيّارة
gangpad (het)	mamarr (m)	ممرّ

170. Trein

trein (de)	qeṭār, 'aṭṭr (m)	قطار
elektrische trein (de)	qeṭār rokkāb (m)	قطار ركّاب
sneltrein (de)	qeṭār saree' (m)	قطار سريع
diesellocomotief (de)	qāṭeret dīzel (f)	قاطرة ديزل
stoomlocomotief (de)	qāṭera boχariya (f)	قاطرة بخاريّة
rijtuig (het)	'araba (f)	عربة
restauratierijtuig (het)	'arabet el ṭa'ām (f)	عربة الطعام
rails (mv.)	qoḍbān (pl)	قضبان
spoorweg (de)	sekka ḥadīdiya (f)	سكّة حديديّة
dwarsligger (de)	'āreḍa sekket ḥadīd (f)	عارضة سكّة الحديد
perron (het)	raṣīf (m)	رصيف
spoor (het)	χaṭṭ (m)	خطّ
semafoor (de)	semafore (m)	سيمافور
halte (bijv. kleine treinhalte)	maḥaṭṭa (f)	محطّة
machinist (de)	sawwā' (m)	سوّاق
kruier (de)	ʃayāl (m)	شيّال
conducteur (de)	mas'ūl 'arabet el qeṭār (m)	مسؤول عربة القطار
passagier (de)	rākeb (m)	راكب
controleur (de)	kamsary (m)	كمسري
gang (in een trein)	mamarr (m)	ممرّ
noodrem (de)	farāmel el ṭawāre' (pl)	فرامل الطوارئ
coupé (de)	ɣorfa (f)	غرفة
bed (slaapplaats)	serīr (m)	سرير
bovenste bed (het)	serīr 'olwy (m)	سرير علوّي
onderste bed (het)	serīr sofly (m)	سرير سفلي
beddengoed (het)	aɣṭeyet el serīr (pl)	أغطيّة السرير
kaartje (het)	tazkara (f)	تذكرة
dienstregeling (de)	gadwal (m)	جدوّل
informatiebord (het)	lawḥet ma'lomāt (f)	لوحة معلومات
vertrekken (De trein vertrekt ...)	ɣādar	غادر
vertrek (ov. een trein)	moɣadra (f)	مغادرة
aankomen (ov. de treinen)	weṣel	وصل
aankomst (de)	woṣūl (m)	وصول
aankomen per trein	weṣel bel qeṭār	وصل بالقطار
in de trein stappen	rekeb el qeṭār	ركب القطار
uit de trein stappen	nezel men el qeṭār	نزل من القطار
treinwrak (het)	ḥeṭām qeṭār (m)	حطام قطار
ontspoord zijn	χarag 'an χaṭṭ sīru	خرج عن خطّ سيره
stoomlocomotief (de)	qāṭera boχariya (f)	قاطرة بخاريّة
stoker (de)	'aṭʃagy (m)	عطشجي
stookplaats (de)	forn el moḥarrek (m)	فرن المحرّك
steenkool (de)	faḥm (m)	فحم

171. Schip

schip (het)	safīna (f)	سفينة
vaartuig (het)	safīna (f)	سفينة
stoomboot (de)	baχera (f)	باخرة
motorschip (het)	baχera nahriya (f)	باخرة نهرية
lijnschip (het)	safīna seyaḥiya (f)	سفينة سياحيّة
kruiser (de)	ṭarrād safīna baḥariya (m)	طرّاد سفينة بحريّة
jacht (het)	yaχt (m)	يخت
sleepboot (de)	qāṭera baḥariya (f)	قاطرة بحريّة
duwbak (de)	ṣandal (m)	صندل
ferryboot (de)	ʻabbāra (f)	عبّارة
zeilboot (de)	safīna ʃeraʻiya (m)	سفينة شراعيّة
brigantijn (de)	markeb ʃerāʻy (m)	مركب شراعي
ijsbreker (de)	moḥaṭṭemet galīd (f)	محطّمة جليد
duikboot (de)	ɣawwāṣa (f)	غوّاصة
boot (de)	markeb (m)	مركب
sloep (de)	zawraʼ (m)	زورق
reddingssloep (de)	qāreb nagah (m)	قارب نجاة
motorboot (de)	lunʃ (m)	لنش
kapitein (de)	ʼobṭān (m)	قبطان
zeeman (de)	baḥḥār (m)	بحّار
matroos (de)	baḥḥār (m)	بحّار
bemanning (de)	ṭāqem (m)	طاقم
bootsman (de)	rabbān (m)	ربّان
scheepsjongen (de)	ṣaby el safīna (m)	صبي السفينة
kok (de)	ṭabbāχ (m)	طبّاخ
scheepsarts (de)	ṭabīb el safīna (m)	طبيب السفينة
dek (het)	saṭ-ḥ el safīna (m)	سطح السفينة
mast (de)	sāreya (f)	سارية
zeil (het)	ʃerāʻ (m)	شراع
ruim (het)	ʻanbar (m)	عنبر
voorsteven (de)	moʼaddema (m)	مقدّمة
achtersteven (de)	moʼaχeret el safīna (f)	مؤخّرة السفينة
roeispaan (de)	megdāf (m)	مجذاف
schroef (de)	marwaḥa (f)	مروّحة
kajuit (de)	kabīna (f)	كابينة
officierskamer (de)	ɣorfet el ṭaʻām wel rāḥa (f)	غرفة الطعام والراحة
machinekamer (de)	qesm el ʼālāt (m)	قسم الآلات
brug (de)	borg el qeyāda (m)	برج القيادة
radiokamer (de)	ɣorfet el lāselky (f)	غرفة اللاسلكي
radiogolf (de)	mouga (f)	موجة
logboek (het)	segel el safīna (m)	سجل السفينة
verrekijker (de)	monzār (m)	منظار
klok (de)	garas (m)	جرس

vlag (de)	ʿalam (m)	علم
kabel (de)	ḥabl (m)	حبل
knoop (de)	ʿoʾda (f)	عقدة
leuning (de)	drabzīn saṭ-ḥ el safīna (m)	درابزين سطح السفينة
trap (de)	sellem (m)	سلّم
anker (het)	marsāh (f)	مرساة
het anker lichten	rafaʿ morsah	رفع مرساة
het anker neerlaten	rasa	رسا
ankerketting (de)	selselet morsah (f)	سلسلة مرساة
haven (bijv. containerhaven)	mināʾ (m)	ميناء
kaai (de)	marsa (m)	مرسى
aanleggen (ww)	rasa	رسا
wegvaren (ww)	aqlaʿ	أقلع
reis (de)	reḥla (f)	رحلة
cruise (de)	reḥla baḥariya (f)	رحلة بحريّة
koers (de)	masār (m)	مسار
route (de)	ṭarīʾ (m)	طريق
vaarwater (het)	magra melāḥy (m)	مجرى ملاحيّ
zandbank (de)	meyāh ḍaḥla (f)	مياه ضحلة
stranden (ww)	ganaḥ	جنح
storm (de)	ʿāṣefa (f)	عاصفة
signaal (het)	eʃara (f)	إشارة
zinken (ov. een boot)	ɣereʾ	غرق
Man overboord!	saʾaṭ rāgil min el sefīna!	سقط راجل من السفينة!
SOS (noodsignaal)	nedāʾ eɣāsa (m)	نداء إغاثة
reddingsboei (de)	ṭoʾe nagah (m)	طوق نجاة

172. Vliegveld

luchthaven (de)	maṭār (m)	مطار
vliegtuig (het)	ṭayāra (f)	طيّارة
luchtvaartmaatschappij (de)	ʃerket ṭayarān (f)	شركة طيران
luchtverkeersleider (de)	marākeb el ḥaraka el gawiya (m)	مراكب الحركة الجويّة
vertrek (het)	moɣadra (f)	مغادرة
aankomst (de)	woṣūl (m)	وصول
aankomen (per vliegtuig)	weṣel	وصل
vertrektijd (de)	waʾt el moɣadra (m)	وقت المغادرة
aankomstuur (het)	waʾt el woṣūl (m)	وقت الوصول
vertraagd zijn (ww)	taʾakχar	تأخّر
vluchtvertraging (de)	taʾaχor el reḥla (m)	تأخّر الرحلة
informatiebord (het)	lawḥet el maʿlomāt (f)	لوحة المعلومات
informatie (de)	esteʿlamāt (pl)	إستعلامات
aankondigen (ww)	aʿlan	أعلن

vlucht (bijv. KLM ~)	reḥlet ṭayarān (f)	رحلة طيران
douane (de)	gamārek (pl)	جمارك
douanier (de)	mowazzaf el gamārek (m)	موظّف الجمارك
douaneaangifte (de)	taṣrīḥ gomroky (m)	تصريح جمركي
invullen (douaneaangifte ~)	mala	ملا
een douaneaangifte invullen	mala el taṣrīḥ	ملأ التصريح
paspoortcontrole (de)	taftīʃ el gawazāt (m)	تفتيش الجوازات
bagage (de)	el ʃonaṭ (pl)	الشنط
handbagage (de)	ʃonaṭ el yad (pl)	شنط اليد
bagagekarretje (het)	ʿarabet ʃonaṭ (f)	عربة شنط
landing (de)	hobūṭ (m)	هبوط
landingsbaan (de)	mamarr el hobūṭ (m)	ممرّ الهبوط
landen (ww)	habaṭ	هبط
vliegtuigtrap (de)	sellem el ṭayāra (m)	سلّم الطيّارة
inchecken (het)	tasgīl (m)	تسجيل
incheckbalie (de)	makān tasgīl (m)	مكان تسجيل
inchecken (ww)	saggel	سجّل
instapkaart (de)	beṭāqet el rokūb (f)	بطاقة الركوب
gate (de)	bawwābet el moɣadra (f)	بوّابة المغادرة
transit (de)	tranzīt (m)	ترانزيت
wachten (ww)	estanna	إستنّى
wachtzaal (de)	ṣālet el moɣadra (f)	صالة المغادرة
begeleiden (uitwuiven)	waddaʿ	ودّع
afscheid nemen (ww)	waddaʿ	ودّع

173. Fiets. Motorfiets

fiets (de)	beskeletta (f)	بيسكلتّة
bromfiets (de)	fezba (f)	فزبة
motorfiets (de)	motosekl (m)	موتوسيكل
met de fiets rijden	rāḥ bel beskeletta	راح بالبسكلتّة
stuur (het)	moqawwed (m)	مقوّد
pedaal (de/het)	dawwāsa (f)	دوّاسة
remmen (mv.)	farāmel (pl)	فرامل
fietszadel (de/het)	korsy (m)	كرسي
pomp (de)	ṭolommba (f)	طلمّبة
bagagedrager (de)	raff el amteʿa (m)	رفّ الأمتعة
fietslicht (het)	el meṣbāḥ el amāmy (m)	المصباح الأمامي
helm (de)	χawza (f)	خوذة
wiel (het)	ʿagala (f)	عجلة
spatbord (het)	refrāf (m)	رفراف
velg (de)	eṭār (m)	إطار
spaak (de)	mekbaḥ el ʿagala (m)	مكبح العجلة

Auto's

174. Soorten auto's

auto (de)	sayāra (f)	سيّارة
sportauto (de)	sayāra reyāḍiya (f)	سيّارة رياضيّة
limousine (de)	limozīn (m)	ليموزين
terreinwagen (de)	sayāret ṭoro' wa'ra (f)	سيّارة طرق وعرة
cabriolet (de)	kabryoleyh (m)	كابريوليه
minibus (de)	mikrobāṣ (m)	ميكروباص
ambulance (de)	es'āf (m)	إسعاف
sneeuwruimer (de)	garrāfet talg (f)	جرّافة ثلج
vrachtwagen (de)	ʃāḥena (f)	شاحنة
tankwagen (de)	nāqelet betrūl (f)	ناقلة بترول
bestelwagen (de)	'arabiyet na'l (f)	عربيّة نقل
trekker (de)	garrār (m)	جرّار
aanhangwagen (de)	ma'ṭūra (f)	مقطورة
comfortabel (bn)	morīḥ	مريح
tweedehands (bn)	mosta'mal	مستعمل

175. Auto's. Carrosserie

motorkap (de)	kabbūt (m)	كبوّت
spatbord (het)	refrāf (m)	رفراف
dak (het)	sa'f (m)	سقف
voorruit (de)	ezāz amāmy (f)	إزاز أمامي
achterruit (de)	merāya daχeliya (f)	مراية داخلية
ruitensproeier (de)	monazzef el ezāz el amāmy (m)	منظّف الإزاز الأمامي
wisserbladen (mv.)	massāḥāt (pl)	مسّاحات
zijruit (de)	ʃebbāk gāneby (m)	شبّاك جانبي
raamlift (de)	ezāz kahrabā'y (m)	إزاز كهربائي
antenne (de)	hawā'y (m)	هوائي
zonnedak (het)	fat-ḥet el sa'f (f)	فتحة السقف
bumper (de)	ekṣedām (m)	اكصدام
koffer (de)	ʃanṭet el 'arabiya (f)	شنطة العربيّة
imperiaal (de/het)	raff sa'f el 'arabiya (m)	رفّ سقف العربيّة
portier (het)	bāb (m)	باب
handvat (het)	okret el bāb (f)	اوكرة الباب
slot (het)	'efl el bāb (m)	قفل الباب
nummerplaat (de)	lawḥet raqam el sayāra (f)	لوحة رقم السيارة

knalpot (de)	kātem lel ṣote (m)	كاتم للصوت
benzinetank (de)	χazzān el banzīn (m)	خزّان البنزين
uitlaatpijp (de)	anbūb el ʿādem (m)	أنبوب العادم
gas (het)	ɣāz (m)	غاز
pedaal (de/het)	dawwāsa (f)	دوّاسة
gaspedaal (de/het)	dawwāset el banzīn (f)	دوّاسة البنزين
rem (de)	farāmel (pl)	فرامل
rempedaal (de/het)	dawwāset el farāmel (m)	دوّاسة الفرامل
remmen (ww)	farmel	فرمل
handrem (de)	farāmel el enteẓār (pl)	فرامل الإنتظار
koppeling (de)	klatʃ (m)	كلتش
koppelingspedaal (de/het)	dawwāset el klatʃ (f)	دوّاسة الكلتش
koppelingsschijf (de)	ʾorṣ el klatʃ (m)	قرص الكلتش
schokdemper (de)	momtaṣṣ lel ṣadamāt (m)	ممتصّ للصدمات
wiel (het)	ʿagala (f)	عجلة
reservewiel (het)	ʿagala eḥteyāṭy (f)	عجلة إحتياطية
band (de)	eṭār (m)	إطار
wieldop (de)	ṭīs (m)	طيس
aandrijfwielen (mv.)	ʿagalāt el qeyāda (pl)	عجلات القيادة
met voorwielaandrijving	dafʿ amāmy (m)	دفع أمامي
met achterwielaandrijving	dafʿ χalfy (m)	دفع خلفي
met vierwielaandrijving	dafʿ kāmel (m)	دفع كامل
versnellingsbak (de)	gearboks (m)	جير بوكس
automatisch (bn)	otomatīky	أوتوماتيكي
mechanisch (bn)	mikanīky	ميكانيكي
versnellingspook (de)	meqbaḍ nāqel lel ḥaraka (m)	مقبض ناقل الحركة
voorlicht (het)	el meṣbāḥ el amāmy (m)	المصباح الأمامي
voorlichten (mv.)	el maṣabīḥ el amamiya (pl)	المصابيح الأمامية
dimlicht (het)	nūr moʾaʃer monχafeḍ (pl)	نور مؤشر منخفض
grootlicht (het)	nūr moʾasʃer ʿāly (m)	نور مؤشر عالي
stoplicht (het)	nūr el farāmel (m)	نور الفرامل
standlichten (mv.)	lambet el enteẓār (f)	لمبة الإنتظار
noodverlichting (de)	eʃārāt el taḥzīr (pl)	إشارات التحذير
mistlichten (mv.)	kasʃāf el ḍabāb (m)	كشّاف الضباب
pinker (de)	eʃāret el enʿeṭāf (f)	إشارة الإنعطاف
achteruitrijdlicht (het)	ḍūʾ el rogūʿ lel χalf (m)	ضوء الرجوع للخلف

176. Auto's. Passagiersruimte

interieur (het)	ṣalone el sayāra (m)	صالون السيارة
leren (van leer gemaak)	men el geld	من الجلد
fluwelen (abn)	men el moχmal	من المخمل
bekleding (de)	tangīd (m)	تنجيد
toestel (het)	gehāz (m)	جهاز
instrumentenbord (het)	lawḥet ag-heza (f)	لوحة أجهزة

snelheidsmeter (de)	me'yās sor'a (m)	مقياس سرعة
pijltje (het)	mo'asʃer (m)	مؤشّر
kilometerteller (de)	'addād el mesafāt (m)	عدّاد المسافات
sensor (de)	'addād (m)	عدّاد
niveau (het)	mostawa (m)	مستوى
controlelampje (het)	lammbet enzār (f)	لمّبة إنذار
stuur (het)	moqawwed (m)	مقوّد
toeter (de)	kalaks (m)	كلاكس
knopje (het)	zerr (m)	زرّ
schakelaar (de)	nāqel, meftāḥ (m)	ناقل, مفتاح
stoel (bestuurders~)	korsy (m)	كرسي
rugleuning (de)	masnad el ḍahr (m)	مسند الظهر
hoofdsteun (de)	masnad el ra's (m)	مسند الرأس
veiligheidsgordel (de)	ḥezām el amān (m)	حزام الأمان
de gordel aandoen	rabaṭ el ḥezām	ربط الحزام
regeling (de)	ḍabṭ (m)	ضبط
airbag (de)	wesāda hawa'iya (f)	وسادة هوائية
airconditioner (de)	takyīf (m)	تكييف
radio (de)	radio (m)	راديو
CD-speler (de)	moʃagɣel sidi (m)	مشغّل سي دي
aanzetten (bijv. radio ~)	fataḥ, ʃagɣal	فتح, شغّل
antenne (de)	hawā'y (m)	هوائي
handschoenenkastje (het)	dorg (m)	درج
asbak (de)	ṭa'ṭū'a (f)	طقطوقة

177. Auto's. Motor

diesel- (abn)	'alal diesel	على الديزل
benzine- (~motor)	'alal banzīn	على البنزين
motorinhoud (de)	ḥagm el moḥarrek (m)	حجم المحرّك
vermogen (het)	'owwa (f)	قوّة
paardenkracht (de)	ḥoṣān (m)	حصان
zuiger (de)	mekbas (m)	مكبس
cilinder (de)	esṭewāna (f)	أسطوانة
klep (de)	ṣamām (m)	صمام
injectie (de)	baχāχa (f)	بخّاخة
generator (de)	mowalled (m)	مولّد
carburator (de)	karburetor (m)	كاربراتير
motorolie (de)	zeyt el moḥarrek (m)	زيت المحرّك
radiator (de)	radiator (m)	رادياتير
koelvloeistof (de)	mobarred (m)	مبرّد
ventilator (de)	marwaḥa (f)	مروّحة
accu (de)	baṭṭariya (f)	بطّاريّة
starter (de)	meftāḥ el taʃɣīl (m)	مفتاح التشغيل
contact (ontsteking)	nezām taʃɣīl (m)	نظام تشغيل

bougie (de)	ʃam'et el eḥterāq (f)	شمعة الإحتراق
pool (de)	ṭaraf tawṣīl (m)	طرف توصيل
positieve pool (de)	ṭaraf muwgeb (m)	طرف موجب
negatieve pool (de)	ṭaraf sāleb (m)	طرف سالب
zekering (de)	fetīl (m)	فتيل
luchtfilter (de)	ṣaffāyet el hawā' (f)	صفّاية الهواء
oliefilter (de)	ṣaffāyet el zeyt (f)	صفّاية الزيت
benzinefilter (de)	ṣaffāyet el banzīn (f)	صفّاية البنزين

178. Auto's. Botsing. Reparatie

auto-ongeval (het)	ḥadset sayāra (f)	حادثة سيارة
verkeersongeluk (het)	ḥādes morūry (m)	حادث مروري
aanrijden (tegen een boom, enz.)	χabaṭ	خبط
verongelukken (ww)	daʃdaʃ	دشدش
beschadiging (de)	χesāra (f)	خسارة
heelhuids (bn)	salīm	سليم
kapot gaan (zijn gebroken)	ta'aṭṭal	تعطّل
sleeptouw (het)	ḥabl el saḥb	حبل السحب
lek (het)	soqb (m)	ثقب
lekke krijgen (band)	fasʃ	فشّ
oppompen (ww)	nafaχ	نفخ
druk (de)	ḍaɣṭ (m)	ضغط
checken (ww)	eχtabar	إختبر
reparatie (de)	taṣlīḥ (m)	تصليح
garage (de)	warʃet taṣlīḥ 'arabīāt (f)	ورشة تصليح عربيات
wisselstuk (het)	'eṭ'et ɣeyār (f)	قطعة غيار
onderdeel (het)	'eṭ'a (f)	قطعة
bout (de)	mesmār 'alawoze (m)	مسمار قلاووظ
schroef (de)	mesmār (m)	مسمار
moer (de)	ṣamūla (f)	صامولة
sluitring (de)	warda (f)	وردة
kogellager (de/het)	maḥmal (m)	محمل
pijp (de)	anbūba (f)	أنبوبة
pakking (de)	'az'a (f)	عزقة
kabel (de)	selk (m)	سلك
dommekracht (de)	'afrīṭa (f)	عفريطة
moersleutel (de)	meftāḥ rabṭ (m)	مفتاح ربط
hamer (de)	ʃakūʃ (m)	شاكوش
pomp (de)	ṭolommba (f)	طلمّبة
schroevendraaier (de)	mefakk (m)	مفكّ
brandblusser (de)	ṭaffayet ḥarī' (f)	طفّاية حريق
gevarendriehoek (de)	eʃāret taḥzīr (f)	إشارة تحذير
afslaan (ophouden te werken)	et'aṭṭal	إتعطّل

uitvallen (het)	tawaqqof (m)	توقّف
zijn gebroken	kān maksūr	كان مكسور
oververhitten (ww)	soχn aktar men el lāzem	سخن أكثر من اللازم
verstopt raken (ww)	kān masdūd	كان مسدود
bevriezen (autodeur, enz.)	etgammed	إتجمّد
barsten (leidingen, enz.)	enqaṭa' - ett'aṭṭa'	إنقطع
druk (de)	ḍaɣṭ (m)	ضغط
niveau (bijv. olieniveau)	mostawa (m)	مستوى
slap (de drijfriem is ~)	ḍa'īf	ضعيف
deuk (de)	ṭa'ga (f)	طعجة
geklop (vreemde geluiden)	da'' (m)	دقّ
barst (de)	ʃa'' (m)	شقّ
kras (de)	χadʃ (m)	خدش

179. Auto's. Weg

weg (de)	ṭarī' (m)	طريق
snelweg (de)	ṭarī' saree' (m)	طريق سريع
autoweg (de)	otostrad (m)	اوتوستراد
richting (de)	ettegāh (m)	إتّجاه
afstand (de)	masāfa (f)	مسافة
brug (de)	kobry (m)	كبري
parking (de)	maw'ef el 'arabeyāt (m)	موقف العربيات
plein (het)	medān (m)	ميدان
verkeersknooppunt (het)	taqāṭo' ṭoro' (m)	تقاطع طرق
tunnel (de)	nafa' (m)	نفق
benzinestation (het)	maḥaṭṭet banzīn (f)	محطّة بنزين
parking (de)	maw'ef el 'arabeyāt (m)	موقف العربيات
benzinepomp (de)	maḍaχet banzīn (f)	مضخّة بنزين
garage (de)	warʃet taṣlīḥ 'arabīāt (f)	ورشة تصليح عربيات
tanken (ww)	mala banzīn	ملى بنزين
brandstof (de)	woqūd (m)	وقود
jerrycan (de)	ʒerken (m)	جركن
asfalt (het)	asfalt (m)	اسفلت
markering (de)	'alamāt el ṭarī' (pl)	علامات الطريق
trottoirband (de)	bardora (f)	بردورة
geleiderail (de)	sūr (m)	سور
greppel (de)	ter'a (f)	ترعة
vluchtstrook (de)	ḥaffet el ṭarī' (f)	حافّة الطريق
lichtmast (de)	'amūd nūr (m)	عمود نور
besturen (een auto ~)	sā'	ساق
afslaan (naar rechts ~)	ḥād	حاد
U-bocht maken (ww)	laff fe u-turn	لفّ في يو تيرن
achteruit (de)	ḥaraka ela al warā' (f)	حركة إلى الوراء
toeteren (ww)	zammar	زمّر
toeter (de)	kalaks (m)	كلاكس

vastzitten (in modder)	ɣaraz	غرز
spinnen (wielen gaan ~)	dawwar	دور
uitzetten (ww)	awqaf	أوقف
snelheid (de)	sorʿa (f)	سرعة
een snelheidsovertreding maken	ʿadda el sorʿa	عدّى السرعة
bekeuren (ww)	farad̩ ɣarāma	فرض غرامة
verkeerslicht (het)	eʃārāt el morūr (pl)	إشارات المرور
rijbewijs (het)	roχs̩et el qeyāda (f)	رخصة قيادة
overgang (de)	maʿbar (m)	معبر
kruispunt (het)	taqāt̩oʿ (m)	تقاطع
zebrapad (oversteekplaats)	maʿbar (m)	معبر
bocht (de)	monʿat̩af (m)	منعطف
voetgangerszone (de)	mante'a lel moʃāh (f)	منطقة للمشاة

180. Verkeersborden

verkeersregels (mv.)	qawāʿed el t̩arīʾ (pl)	قواعد الطريق
verkeersbord (het)	ʿalāma (f)	علامة
inhalen (het)	tagāwuz (m)	تجاوز
bocht (de)	monʿat̩af (m)	منعطف
U-bocht, kering (de)	malaff (m)	ملفّ
Rotonde (de)	dawarān morūry (m)	دوّران مروري
Verboden richting	mamnūʿ el doχūl	ممنوع الدخول
Verboden toegang	mamnūʿ morūr el sayārāt	ممنوع مرور السيارات
Inhalen verboden	mamnūʿ el morūr	ممنوع المرور
Parkeerverbod	mamnūʿ el wo'ūf	ممنوع الوقوف
Verbod stil te staan	mamnūʿ el wo'ūf	ممنوع الوقوف
Gevaarlijke bocht	monʿat̩af χat̩ar (m)	منعطف خطر
Gevaarlijke daling	monh̩adar ʃedīd (m)	منحدر شديد
Eenrichtingsweg	t̩arīʾ etegāh wāh̩ed	طريق إتجاه واحد
Voetgangers	maʿbar (m)	معبر
Slipgevaar	t̩arīʾ zaleq (m)	طريق زلق
Voorrang verlenen	eʃāret el awlawiya	إشارة الأولوية

MENSEN. GEBEURTENISSEN IN HET LEVEN

Gebeurtenissen in het leven

181. Vakanties. Evenement

feest (het)	'īd (m)	عيد
nationale feestdag (de)	'īd waṭany (m)	عيد وطني
feestdag (de)	agāza rasmiya (f)	أجازة رسميّة
herdenken (ww)	eḥtafal be zekra	إحتفل بذكرى
gebeurtenis (de)	ḥadass (m)	حدث
evenement (het)	monasba (f)	مناسبة
banket (het)	walīma (f)	وليمة
receptie (de)	ḥaflet este'bāl (f)	حفلة إستقبال
feestmaal (het)	walīma (f)	وليمة
verjaardag (de)	zekra sanawiya (f)	ذكرى سنوية
jubileum (het)	yobeyl (m)	يوبيل
vieren (ww)	eḥtafal	إحتفل
Nieuwjaar (het)	ra's el sanna (m)	رأس السنة
Gelukkig Nieuwjaar!	koll sana wenta ṭayeb!	كلّ سنة وأنت طيّب!
Sinterklaas (de)	baba neweyl (m)	بابا نويل
Kerstfeest (het)	'īd el melād (m)	عيد الميلاد
Vrolijk kerstfeest!	'īd melād sa'īd!	عيد ميلاد سعيد!
kerstboom (de)	ʃagaret el kresmas (f)	شجرة الكريسمس
vuurwerk (het)	al'āb nāriya (pl)	ألعاب ناريّة
bruiloft (de)	faraḥ (m)	فرح
bruidegom (de)	'arīs (m)	عريس
bruid (de)	'arūsa (f)	عروسة
uitnodigen (ww)	'azam	عزم
uitnodigingskaart (de)	beṭā'et da'wa (f)	بطاقة دعوة
gast (de)	ḍeyf (m)	ضيف
op bezoek gaan	zār	زار
gasten verwelkomen	esta'bal ḍoyūf	إستقبل ضيوف
geschenk, cadeau (het)	hediya (f)	هديّة
geven (iets cadeau ~)	edda	إدّى
geschenken ontvangen	estalam hadāya	إستلم هدايا
boeket (het)	bokeyh (f)	بوكيه
felicitaties (mv.)	tahne'a (f)	تهنئة
feliciteren (ww)	hanna	هنّأ
wenskaart (de)	beṭā'et tahne'a (f)	بطاقة تهنئة

een kaartje versturen	baʿat beṭāʾet tahneʾa	بعت بطاقة تهنئة
een kaartje ontvangen	estalam beṭāʾa tahneʾa	استلم بطاقة تهنئة
toast (de)	naχab (m)	نخب
aanbieden (een drankje ~)	ḍayaf	ضيّف
champagne (de)	ʃambania (f)	شمبانيا
plezier hebben (ww)	estamtaʿ	إستمتع
plezier (het)	bahga (f)	بهجة
vreugde (de)	saʿāda (f)	سعادة
dans (de)	raʾṣa (f)	رقصة
dansen (ww)	raʾaṣ	رقص
wals (de)	valles (m)	فالس
tango (de)	tango (m)	تانجو

182. Begrafenissen. Begrafenis

kerkhof (het)	maqbara (f)	مقبرة
graf (het)	ʾabr (m)	قبر
kruis (het)	ṣalīb (m)	صليب
grafsteen (de)	ḥagar el maʾʾbara (m)	حجر المقبرة
omheining (de)	sūr (m)	سور
kapel (de)	kenīsa saɣīra (f)	كنيسة صغيرة
dood (de)	mote (m)	موت
sterven (ww)	māt	مات
overledene (de)	el motawaffy (m)	المتوفّي
rouw (de)	ḥedād (m)	حداد
begraven (ww)	dafan	دفن
begrafenisonderneming (de)	maktab motaʿahhed el dafn (m)	مكتب متعهّد الدفن
begrafenis (de)	ganāza (f)	جنازة
krans (de)	eklīl (m)	إكليل
doodskist (de)	tabūt (m)	تابوت
lijkwagen (de)	naʿʃ (m)	نعش
lijkkleed (de)	kafan (m)	كفن
begrafenisstoet (de)	ganāza (f)	جنازة
urn (de)	garra ganaʾeziya (f)	جرّة جنائزية
crematorium (het)	maḥraʾet gosas el mawta (f)	محرقة جثث الموتى
overlijdensbericht (het)	segel el wafīāt (m)	سجل الوفيات
huilen (wenen)	baka	بكى
snikken (huilen)	nawwaḥ	نوّح

183. Oorlog. Soldaten

peloton (het)	faṣīla (f)	فصيلة
compagnie (de)	serriya (f)	سريّة

regiment (het)	foge (m)	فوج
leger (armee)	geyʃ (m)	جيش
divisie (de)	fer'a (f)	فرقة
sectie (de)	weḥda (f)	وحدة
troep (de)	geyʃ (m)	جيش
soldaat (militair)	gondy (m)	جنّدي
officier (de)	ḍābeṭ (m)	ضابط
soldaat (rang)	gondy (m)	جنّدي
sergeant (de)	raqīb tāny (m)	رقيب تاني
luitenant (de)	molāzem tāny (m)	ملازم تاني
kapitein (de)	naqīb (m)	نقيب
majoor (de)	rā'ed (m)	رائد
kolonel (de)	ʿaqīd (m)	عقيد
generaal (de)	ʒenerāl (m)	جنرال
matroos (de)	baḥḥār (m)	بحّار
kapitein (de)	'obṭān (m)	قبطان
bootsman (de)	rabbān (m)	ربّان
artillerist (de)	gondy fe selāḥ el madfaʿiya (m)	جنّدي في سلاح المدفعيّة
valschermjager (de)	selāḥ el maẓallāt (m)	سلاح المظلّلات
piloot (de)	ṭayār (m)	طيّار
stuurman (de)	mallāḥ (m)	ملاّح
mecanicien (de)	mikanīky (m)	ميكانيكي
sappeur (de)	mohandes ʿaskary (m)	مهندس عسكري
parachutist (de)	gondy el baraʃot (m)	جنّدي الباراشوت
verkenner (de)	kaʃāfet el esteṭlāʿ (f)	كشّافة الإستطلاع
scherpschutter (de)	qannāṣ (m)	قنّاص
patrouille (de)	dawriya (f)	دوّريّة
patrouilleren (ww)	'ām be dawriya	قام بدوريّة
wacht (de)	ḥāres (m)	حارس
krijger (de)	muḥāreb (m)	محارب
patriot (de)	waṭany (m)	وطني
held (de)	baṭal (m)	بطل
heldin (de)	baṭala (f)	بطلة
verrader (de)	χāyen (m)	خاين
verraden (ww)	χān	خان
deserteur (de)	hāreb men el gondiya (m)	هارب من الجنديّة
deserteren (ww)	farr men el geyʃ	فرّ من الجيش
huurling (de)	ma'gūr (m)	مأجور
rekruut (de)	gondy gedīd (m)	جنّدي جديد
vrijwilliger (de)	motaṭawweʿ (m)	متطوّع
gedode (de)	'atīl (m)	قتيل
gewonde (de)	garīḥ (m)	جريح
krijgsgevangene (de)	asīr ḥarb (m)	أسير حرب

184. Oorlog. Militaire acties. Deel 1

oorlog (de)	ḥarb (f)	حرب
oorlog voeren (ww)	ḥārab	حارب
burgeroorlog (de)	ḥarb ahliya (f)	حرب أهليّة
achterbaks (bw)	ɣadran	غدراً
oorlogsverklaring (de)	e'lān ḥarb (m)	إعلان حرب
verklaren (de oorlog ~)	a'lan	أعلن
agressie (de)	'edwān (m)	عدوان
aanvallen (binnenvallen)	hagam	هجم
binnenvallen (ww)	eḥtall	إحتلّ
invaller (de)	moḥtell (m)	محتلّ
veroveraar (de)	fāteḥ (m)	فاتح
verdediging (de)	defā' (m)	دفاع
verdedigen (je land ~)	dāfa'	دافع
zich verdedigen (ww)	dāfa' 'an ...	دافع عن ...
vijand (de)	'adeww (m)	عدوّ
tegenstander (de)	χeṣm (m)	خصم
vijandelijk (bn)	'adeww	عدوّ
strategie (de)	estrateʒiya (f)	إستراتيجيّة
tactiek (de)	taktīk (m)	تكتيك
order (de)	amr (m)	أمر
bevel (het)	amr (m)	أمر
bevelen (ww)	amar	أمر
opdracht (de)	mohemma (f)	مهمّة
geheim (bn)	serry	سرّي
veldslag (de)	ma'raka (f)	معركة
strijd (de)	'etāl (m)	قتال
aanval (de)	hogūm (m)	هجوم
bestorming (de)	enqeḍāḍ (m)	إنقضاض
bestormen (ww)	enqaḍḍ	إنقضّ
bezetting (de)	ḥeṣār (m)	حصار
aanval (de)	hogūm (m)	هجوم
in het offensief te gaan	hagam	هجم
terugtrekking (de)	enseḥāb (m)	إنسحاب
zich terugtrekken (ww)	ensaḥab	إنسحب
omsingeling (de)	eḥāṭa (f)	إحاطة
omsingelen (ww)	aḥāṭ	أحاط
bombardement (het)	'aṣf (m)	قصف
een bom gooien	asqaṭ qonbola	أسقط قنبلة
bombarderen (ww)	'aṣaf	قصف
ontploffing (de)	enfegār (m)	إنفجار
schot (het)	ṭal'a (f)	طلقة

een schot lossen	aṭlaq el nār	أطلق النار
schieten (het)	eṭlāq nār (m)	إطلاق نار
mikken op (ww)	ṣawwab ʿala ...	... صوّب على
aanleggen (een wapen ~)	ṣawwab	صوّب
treffen (doelwit ~)	aṣāb el hadaf	أصاب الهدف
zinken (tot zinken brengen)	aɣraʾ	أغرق
kogelgat (het)	soqb (m)	ثقب
zinken (gezonken zijn)	ɣereʾ	غرق
front (het)	gabha (f)	جبهة
evacuatie (de)	eχlāʾ (m)	إخلاء
evacueren (ww)	aχla	أخلى
loopgraaf (de)	χondoq (m)	خندق
prikkeldraad (de)	aslāk ʃāʾeka (pl)	أسلاك شائكة
verdedigingsobstakel (het)	ḥāgez (m)	حاجز
wachttoren (de)	borg moraʾba (m)	برج مراقبة
hospitaal (het)	mostaʃfa ʿaskary (m)	مستشفى عسكري
verwonden (ww)	garaḥ	جرح
wond (de)	garḥ (m)	جرح
gewonde (de)	garīḥ (m)	جريح
gewond raken (ww)	oṣīb bel garḥ	أصيب بالجرح
ernstig (~e wond)	χaṭīr	خطير

185. Oorlog. Militaire acties. Deel 2

krijgsgevangenschap (de)	asr (m)	أسر
krijgsgevangen nemen	asar	أسر
krijgsgevangene zijn	etʾasar	أتأسر
krijgsgevangen genomen worden	weʾeʿ fel asr	وقع في الأسر
concentratiekamp (het)	moʿaskar eʿteqāl (m)	معسكر إعتقال
krijgsgevangene (de)	asīr ḥarb (m)	أسير حرب
vluchten (ww)	hereb	هرب
verraden (ww)	χān	خان
verrader (de)	χāyen (m)	خاين
verraad (het)	χeyāna (f)	خيانة
fusilleren (executeren)	aʿdam ramyan bel roṣāṣ	أعدم رمياً بالرصاص
executie (de)	eʿdām ramyan bel roṣāṣ (m)	إعدام رمياً بالرصاص
uitrusting (de)	el ʿetād el ʿaskary (m)	العتاد العسكري
schouderstuk (het)	kattāfa (f)	كتافة
gasmasker (het)	qenāʿ el ɣāz (m)	قناع الغاز
portofoon (de)	gehāz lāselky (m)	جهاز لاسلكي
geheime code (de)	ʃafra (f)	شفرة
samenzwering (de)	serriya (f)	سرّية
wachtwoord (het)	kelmet el morūr (f)	كلمة مرور

mijn (landmijn)	loɣz arāḍy (m)	لغم أرضي
ondermijnen (legden mijnen)	lagɣam	لغّم
mijnenveld (het)	ḥaql alɣām (m)	حقل ألغام
luchtalarm (het)	enzār gawwy (m)	إنذار جوّي
alarm (het)	enzār (m)	إنذار
signaal (het)	eʃara (f)	إشارة
vuurpijl (de)	eʃāra moḍī'a (f)	إشارة مضيئة
staf (generale ~)	maqarr (m)	مقرّ
verkenning (de)	kaʃāfet el esteṭlā' (f)	كشّافة الإستطلاع
toestand (de)	ḥāla (f), waḍ' (m)	حالة, وضع
rapport (het)	ta'rīr (m)	تقرير
hinderlaag (de)	kamīn (m)	كمين
versterking (de)	emdadāt 'askariya (pl)	إمدادات عسكريّة
doel (bewegend ~)	hadaf (m)	هدف
proefterrein (het)	arḍ eχtebār (m)	أرض إختبار
manoeuvres (mv.)	monawrāt 'askariya (pl)	مناورات عسكريّة
paniek (de)	zo'r (m)	ذعر
verwoesting (de)	damār (m)	دمار
verwoestingen (mv.)	ḥeṭām (pl)	حطام
verwoesten (ww)	dammar	دمّر
overleven (ww)	negy	نجي
ontwapenen (ww)	garrad men el selāḥ	جرّد من السلاح
behandelen (een pistool ~)	esta'mel	إستعمل
Geeft acht!	entebāh!	إنتباه!
Op de plaats rust!	estareḥ!	إسترح!
heldendaad (de)	ma'sara (f)	مأثرة
eed (de)	qasam (m)	قسم
zweren (een eed doen)	aqsam	أقسم
decoratie (de)	wesām (m)	وسام
onderscheiden (een ereteken geven)	manaḥ	منح
medaille (de)	medalya (f)	ميدالية
orde (de)	wesām 'askary (m)	وسام عسكري
overwinning (de)	enteṣār - foze (m)	إنتصار, فوز
verlies (het)	hazīma (f)	هزيمة
wapenstilstand (de)	hodna (f)	هدنة
wimpel (vaandel)	rāyet el ma'raka (f)	راية المعركة
roem (de)	magd (m)	مجد
parade (de)	mawkeb (m)	موكب
marcheren (ww)	sār	سار

186. Wapens

wapens (mv.)	asleḥa (pl)	أسلحة
vuurwapens (mv.)	asleḥa nāriya (pl)	أسلحة ناريّة

koude wapens (mv.)	asleḥa bayḍā' (pl)	أسلحة بيضاء
chemische wapens (mv.)	asleḥa kemawiya (pl)	أسلحة كيماويّة
kern-, nucleair (bn)	nawawy	نوويّ
kernwapens (mv.)	asleḥa nawawiya (pl)	أسلحة نوويّة
bom (de)	qonbela (f)	قنبلة
atoombom (de)	qonbela nawawiya (f)	قنبلة نوويّة
pistool (het)	mosaddas (m)	مسدّس
geweer (het)	bondoqiya (f)	بندقيّة
machinepistool (het)	mosaddas rasʃāʃ (m)	مسدّس رشّاش
machinegeweer (het)	rasʃāʃ (m)	رشّاش
loop (schietbuis)	fawha (f)	فوهة
loop (bijv. geweer met kortere ~)	anbūba (f)	أنبوبة
kaliber (het)	ʿeyār (m)	عيار
trekker (de)	zanād (m)	زناد
korrel (de)	moṣawweb (m)	مصوّب
magazijn (het)	maχzan (m)	مخزن
geweerkolf (de)	ʿaqab el bondo'iya (m)	عقب البندقيّة
granaat (handgranaat)	qonbela yadawiya (f)	قنبلة يدويّة
explosieven (mv.)	mawād motafaggera (pl)	مواد متفجّرة
kogel (de)	roṣāṣa (f)	رصاصة
patroon (de)	χarṭūʃa (f)	خرطوشة
lading (de)	ḥaʃwa (f)	حشوة
ammunitie (de)	zaχīra (f)	ذخيرة
bommenwerper (de)	qazefet qanābel (f)	قاذفة قنابل
straaljager (de)	ṭayāra muqātela (f)	طيّارة مقاتلة
helikopter (de)	heliokobter (m)	هليكوبتر
afweergeschut (het)	madfaʿ moḍād lel ṭa'erāṭ (m)	مدفع مضاد للطائرات
tank (de)	dabbāba (f)	دبّابة
kanon (tank met een ~ van 76 mm)	madfaʿ el dabbāba (m)	مدفع الدبّابة
artillerie (de)	madfaʿiya (f)	مدفعيّة
kanon (het)	madfaʿ (m)	مدفع
aanleggen (een wapen ~)	ṣawwab	صوّب
projectiel (het)	qazīfa (f)	قذيفة
mortiergranaat (de)	qonbela hawn (f)	قنبلة هاون
mortier (de)	hawn (m)	هاون
granaatscherf (de)	ʃazya (f)	شظية
duikboot (de)	ɣawwāṣa (f)	غوّاصة
torpedo (de)	ṭorbīd (m)	طوربيد
raket (de)	ṣarūχ (m)	صاروخ
laden (geweer, kanon)	ʿammar	عمّر
schieten (ww)	ḍarab bel nār	ضرب بالنار
richten op (mikken)	ṣawwab ʿala …	صوّب على ...

bajonet (de)	ḥerba (f)	حربة
degen (de)	seyf zu ḥaddeyn (m)	سيف ذو حدّين
sabel (de)	seyf monḥany (m)	سيف منحني
speer (de)	remḥ (m)	رمح
boog (de)	qose (m)	قوس
pijl (de)	sahm (m)	سهم
musket (de)	musket (m)	مسكيت
kruisboog (de)	qose mosta'raḍ (m)	قوس مستعرض

187. Oude mensen

primitief (bn)	bedā'y	بدائي
voorhistorisch (bn)	ma qabl el tarīχ	ما قبل التاريخ
eeuwenoude (~ beschaving)	'adīm	قديم
Steentijd (de)	el 'aṣr el ḥagary (m)	العصر الحجري
Bronstijd (de)	el 'aṣr el bronzy (m)	العصر البرونزي
IJstijd (de)	el 'aṣr el galīdy (m)	العصر الجليدي
stam (de)	qabīla (f)	قبيلة
menseneter (de)	'ākel loḥūm el baʃar (m)	آكل لحوم البشر
jager (de)	ṣayād (m)	صيّاد
jagen (ww)	eṣṭād	إصطاد
mammoet (de)	mamūθ (m)	ماموث
grot (de)	kahf (m)	كهف
vuur (het)	nār (f)	نار
kampvuur (het)	nār moχayem (m)	نار مخيّم
rotstekening (de)	rasm fel kahf (m)	رسم في الكهف
werkinstrument (het)	adah (f)	أداة
speer (de)	remḥ (m)	رمح
stenen bijl (de)	fa's ḥagary (m)	فأس حجري
oorlog voeren (ww)	ḥārab	حارب
temmen (bijv. wolf ~)	esta'nas	استئنس
idool (het)	ṣanam (m)	صنم
aanbidden (ww)	'abad	عبد
bijgeloof (het)	χorāfa (f)	خرافة
ritueel (het)	mansak (m)	منسك
evolutie (de)	taṭṭawwor (m)	تطوّر
ontwikkeling (de)	nomoww (m)	نموّ
verdwijning (de)	enqerāḍ (m)	إنقراض
zich aanpassen (ww)	takayaf (ma')	تكيّف (مع)
archeologie (de)	'elm el 'āsār (m)	علم الآثار
archeoloog (de)	'ālem āsār (m)	عالم آثار
archeologisch (bn)	asary	أثري
opgravingsplaats (de)	mawqe' ḥafr (m)	موّقع حفر
opgravingen (mv.)	tanqīb (m)	تنقيب
vondst (de)	ekteʃāf (m)	إكتشاف
fragment (het)	'eṭ'a (f)	قطعة

188. Middeleeuwen

volk (het)	ʃa'b (m)	شعب
volkeren (mv.)	ʃo'ūb (pl)	شعوب
stam (de)	qabīla (f)	قبيلة
stammen (mv.)	qabā'el (pl)	قبائل
barbaren (mv.)	el barabra (pl)	البرابرة
Galliërs (mv.)	el ɣaliyūn (pl)	الغاليّون
Goten (mv.)	el qūṭiyūn (pl)	القوطيون
Slaven (mv.)	el selāf (pl)	السلاف
Vikings (mv.)	el viking (pl)	الفايكينج
Romeinen (mv.)	el romān (pl)	الرومان
Romeins (bn)	romāny	روماني
Byzantijnen (mv.)	bizanṭiyūn (pl)	بيزنطيون
Byzantium (het)	bīzanṭa (f)	بيزنطة
Byzantijns (bn)	bīzanṭy	بيزنطي
keizer (bijv. Romeinse ~)	embraṭore (m)	إمبراطور
opperhoofd (het)	za'īm (m)	زعيم
machtig (bn)	gabbār	جبّار
koning (de)	malek (m)	ملك
heerser (de)	ḥākem (m)	حاكم
ridder (de)	fāres (m)	فارس
feodaal (de)	eqṭā'y (m)	إقطاعي
feodaal (bn)	eqṭā'y	إقطاعي
vazal (de)	ḥākem tābe' (m)	حاكم تابع
hertog (de)	dū' (m)	دوق
graaf (de)	earl (m)	ايرل
baron (de)	barūn (m)	بارون
bisschop (de)	asqof (m)	أسقف
harnas (het)	der' (m)	درع
schild (het)	der' (m)	درع
zwaard (het)	seyf (m)	سيف
vizier (het)	ḥaffa amamiya lel χoza (f)	حافة أماميّة للخوذة
maliënkolder (de)	der' el zard (m)	درع الزرد
kruistocht (de)	ḥamla ṣalībiya (f)	حملة صليبيّة
kruisvaarder (de)	ṣalīby (m)	صليبي
gebied (bijv. bezette ~en)	arḍ (f)	أرض
aanvallen (binnenvallen)	hagam	هجم
veroveren (ww)	fataḥ	فتح
innemen (binnenvallen)	eḥtall	إحتلّ
bezetting (de)	ḥeṣār (m)	حصار
belegerd (bn)	moḥāṣar	محاصر
belegeren (ww)	ḥāṣar	حاصر
inquisitie (de)	maḥākem el taftīʃ (pl)	محاكم التفتيش
inquisiteur (de)	mofatteʃ (m)	مفتّش

foltering (de)	taʻzīb (m)	تعذيب
wreed (bn)	waḥʃy	وحشي
ketter (de)	moharṭeq (m)	مهرطق
ketterij (de)	harṭaʼa (f)	هرطقة
zeevaart (de)	el safar bel baḥr (m)	السفر بالبحر
piraat (de)	ʼorṣān (m)	قرصان
piraterij (de)	ʼarṣana (f)	قرصنة
enteren (het)	mohagmet safīna (f)	مهاجمة سفينة
buit (de)	ɣanīma (f)	غنيمة
schatten (mv.)	konūz (pl)	كنوز
ontdekking (de)	ekteʃāf (m)	إكتشاف
ontdekken (bijv. nieuw land)	ektaʃaf	إكتشف
expeditie (de)	beʻsa (f)	بعثة
musketier (de)	fāres (m)	فارس
kardinaal (de)	kardinal (m)	كاردينال
heraldiek (de)	ʃeʻārāt el nabāla (pl)	شعارات النبالة
heraldisch (bn)	χāṣṣ be ʃeʻarāt el nebāla	خاصّ بشعارات النبالة

189. Leider. Baas. Autoriteiten

koning (de)	malek (m)	ملك
koningin (de)	maleka (f)	ملكة
koninklijk (bn)	malaky	ملكي
koninkrijk (het)	mamlaka (f)	مملكة
prins (de)	amīr (m)	أمير
prinses (de)	amīra (f)	أميرة
president (de)	raʼīs (m)	رئيس
vicepresident (de)	nāʼeb el raʼīs (m)	نائب الرئيس
senator (de)	ʻoḍw magles el ʃoyūχ (m)	عضو مجلس الشيوخ
monarch (de)	ʻāhel (m)	عاهل
heerser (de)	ḥākem (m)	حاكم
dictator (de)	dektatore (m)	ديكتاتور
tiran (de)	ṭāɣeya (f)	طاغية
magnaat (de)	raʼsmāly kebīr (m)	رأسمالي كبير
directeur (de)	modīr (m)	مدير
chef (de)	raʼīs (m)	رئيس
beheerder (de)	modīr (m)	مدير
baas (de)	raʼīs (m)	رئيس
eigenaar (de)	ṣāḥeb (m)	صاحب
leider (de)	zaʻīm (m)	زعيم
hoofd (bijv. ~ van de delegatie)	raʼīs (m)	رئيس
autoriteiten (mv.)	solṭāt (pl)	سلطات
superieuren (mv.)	roʼasāʼ (pl)	رؤساء
gouverneur (de)	moḥāfeẓ (m)	محافظ
consul (de)	qonṣol (m)	قنصل

diplomaat (de)	deblomāsy (m)	دبلوماسي
burgemeester (de)	ra'īs el baladiya (m)	رئيس البلديّة
sheriff (de)	ʃerīf (m)	شريف
keizer (bijv. Romeinse ~)	embraṭore (m)	إمبراطور
tsaar (de)	qayṣar (m)	قيصر
farao (de)	fer'one (m)	فرعون
kan (de)	χān (m)	خان

190. Weg. Weg. Routebeschrijving

weg (de)	ṭarī' (m)	طريق
route (de kortste ~)	ṭarī' (m)	طريق
autoweg (de)	otostrad (m)	اوتوستراد
snelweg (de)	ṭarī' saree' (m)	طريق سريع
rijksweg (de)	ṭarī' waṭany (m)	طريق وطني
hoofdweg (de)	ṭarī' ra'īsy (m)	طريق رئيسي
landweg (de)	ṭarī' torāby (m)	طريق ترابي
pad (het)	mamarr (m)	ممرّ
paadje (het)	mamarr (m)	ممرّ
Waar?	feyn?	فين؟
Waarheen?	feyn?	فين؟
Waarvandaan?	meneyn?	منين؟
richting (de)	ettegāh (m)	إتّجاه
aanwijzen (de weg ~)	ʃāwer	شاور
naar links (bw)	lel ʃemāl	للشمال
naar rechts (bw)	lel yemīn	لليمين
rechtdoor (bw)	'ala ṭūl	على طول
terug (bijv. ~ keren)	wara'	وراء
bocht (de)	mon'aṭaf (m)	منعطف
afslaan (naar rechts ~)	ḥād	حاد
U-bocht maken (ww)	laff fe u-turn	لفّ في يو تيرن
zichtbaar worden (ww)	ẓahar	ظهر
verschijnen (in zicht komen)	ẓahar	ظهر
stop (korte onderbreking)	estrāḥa ṭawīla (f)	إستراحة طويلة
zich verpozen (uitrusten)	rayaḥ	ريّح
rust (de)	rāḥa (f)	راحة
verdwalen (de weg kwijt zijn)	tāh	تاه
leiden naar ... (de weg)	adda ela ...	أدّى إلى...
bereiken (ergens aankomen)	weṣel ela ...	وصل إلى...
deel (~ van de weg)	emtedād (m)	إمتداد
asfalt (het)	asfalt (m)	اسفلت
trottoirband (de)	bardora (f)	بردورة

greppel (de)	ter'a (f)	ترعة
putdeksel (het)	fat-ḥa (f)	فتحة
vluchtstrook (de)	ḥaffet el ṭarī' (f)	حافّة الطريق
kuil (de)	ḥofra (f)	حفرة
gaan (te voet)	meʃy	مشى
inhalen (voorbijgaan)	egtāz	إجتاز
stap (de)	χaṭwa (f)	خطوة
te voet (bw)	maʃyī	مشيّ
blokkeren (de weg ~)	sadd	سدّ
slagboom (de)	ḥāgez ṭarī' (m)	حاجز طريق
doodlopende straat (de)	ṭarī' masdūd (m)	طريق مسدود

191. De wet overtreden. Criminelen. Deel 1

bandiet (de)	qāṭe' ṭarī' (m)	قاطع طريق
misdaad (de)	garīma (f)	جريمة
misdadiger (de)	mogrem (m)	مجرم
dief (de)	sāre' (m)	سارق
stelen (ww)	sara'	سرق
stelen, diefstal (de)	ser'a (f)	سرقة
kidnappen (ww)	χaṭaf	خطف
kidnapping (de)	χaṭf (m)	خطف
kidnapper (de)	χāṭef (m)	خاطف
losgeld (het)	fedya (f)	فدية
eisen losgeld (ww)	ṭalab fedya	طلب فدية
overvallen (ww)	nahab	نهب
overval (de)	nahb (m)	نهب
overvaller (de)	nahhāb (m)	نهّاب
afpersen (ww)	balṭag	بلطج
afperser (de)	balṭagy (m)	بلطجي
afpersing (de)	balṭaga (f)	بلطجة
vermoorden (ww)	'atal	قتل
moord (de)	'atl (m)	قتل
moordenaar (de)	qātel (m)	قاتل
schot (het)	ṭal'et nār (f)	طلقة نار
een schot lossen	aṭlaq el nār	أطلق النار
neerschieten (ww)	'atal bel roṣāṣ	قتل بالرصاص
schieten (ww)	ḍarab bel nār	ضرب بالنار
schieten (het)	ḍarb nār (m)	ضرب نار
ongeluk (gevecht, enz.)	ḥādes (m)	حادث
gevecht (het)	χenā'a (f)	خناقة
Help!	sā'idni	ساعدني!
slachtoffer (het)	ḍaḥiya (f)	ضحيّة

beschadigen (ww)	χarrab	خرّب
schade (de)	χesāra (f)	خسارة
lijk (het)	gossa (f)	جثّة
zwaar (~ misdrijf)	χaṭīra	خطيرة
aanvallen (ww)	hagam	هجم
slaan (iemand ~)	ḍarab	ضرب
in elkaar slaan (toetakelen)	ḍarab	ضرب
ontnemen (beroven)	salab	سلب
steken (met een mes)	ṭa'an ḥatta el mote	طعن حتّى الموت
verminken (ww)	ʃawwah	شوّه
verwonden (ww)	garaḥ	جرح
chantage (de)	ebtezāz (m)	إبتزاز
chanteren (ww)	ebtazz	إبتزّ
chanteur (de)	mobtazz (m)	مبتزّ
afpersing (de)	balṭaga (f)	بلطجة
afperser (de)	mobtazz (m)	مبتزّ
gangster (de)	ragol 'eṣāba (m)	رجل عصابة
maffia (de)	mafia (f)	مافيا
kruimeldief (de)	nasʃāl (m)	نشّال
inbreker (de)	leṣṣ beyūt (m)	لص بيوت
smokkelen (het)	tahrīb (m)	تهريب
smokkelaar (de)	moharreb (m)	مهرّب
namaak (de)	tazwīr (m)	تزوير
namaken (ww)	zawwar	زوّر
namaak-, vals (bn)	mozawwara	مزوّرة

192. De wet overtreden. Criminelen. Deel 2

verkrachting (de)	eɣteṣāb (m)	إغتصاب
verkrachten (ww)	eɣtaṣab	إغتصب
verkrachter (de)	moɣtaṣeb (m)	مغتصب
maniak (de)	mahwūs (m)	مهووس
prostituee (de)	mommos (f)	مومّس
prostitutie (de)	da'āra (f)	دعارة
pooier (de)	qawwād (m)	قوّاد
drugsverslaafde (de)	modmen moχaddarāt (m)	مدمن مخدّرات
drugshandelaar (de)	tāger moχaddarāt (m)	تاجر مخدّرات
opblazen (ww)	faggar	فجّر
explosie (de)	enfegār (m)	إنفجار
in brand steken (ww)	aʃ'al el nār	أشعل النار
brandstichter (de)	moʃ'el ḥarīq 'an 'amd (m)	مشعل حريق عن عمد
terrorisme (het)	erhāb (m)	إرهاب
terrorist (de)	erhāby (m)	إرهابي
gijzelaar (de)	rahīna (m)	رهينة
bedriegen (ww)	eḥtāl	إحتال

bedrog (het)	eḥteyāl (m)	إحتيال
oplichter (de)	moḥtāl (m)	محتال
omkopen (ww)	raʃa	رشا
omkoperij (de)	erteʃāʾ (m)	إرتشاء
smeergeld (het)	raʃwa (f)	رشوة
vergif (het)	semm (m)	سمّ
vergiftigen (ww)	sammem	سمّم
vergif innemen (ww)	sammem nafsoh	سمّم نفسه
zelfmoord (de)	enteḥār (m)	إنتحار
zelfmoordenaar (de)	montaḥer (m)	منتحر
bedreigen (bijv. met een pistool)	hadded	هدّد
bedreiging (de)	tahdīd (m)	تهديد
een aanslag plegen	ḥāwel eɣteyāl	حاول إغتيال
aanslag (de)	moḥawlet eɣteyāl (f)	محاولة إغتيال
stelen (een auto)	saraʾ	سرق
kapen (een vliegtuig)	eχtaṭaf	إختطف
wraak (de)	enteqām (m)	إنتقام
wreken (ww)	entaqam	إنتقم
martelen (gevangenen)	ʿazzeb	عذّب
foltering (de)	taʿzīb (m)	تعذيب
folteren (ww)	ʿazzeb	عذّب
piraat (de)	ʾorṣān (m)	قرصان
straatschender (de)	wabaʃ (m)	وبش
gewapend (bn)	mosallaḥ	مسلّح
geweld (het)	ʿonf (m)	عنف
onwettig (strafbaar)	meʃ qanūniy	مش قانونيّ
spionage (de)	tagassas (m)	تجسّس
spioneren (ww)	tagassas	تجسّس

193. Politie. Wet. Deel 1

justitie (de)	qaḍāʾ (m)	قضاء
gerechtshof (het)	maḥkama (f)	محكمة
rechter (de)	qāḍy (m)	قاضي
jury (de)	moḥallafīn (pl)	محلّفين
juryrechtspraak (de)	qaḍāʾ el muḥallafīn (m)	قضاء المحلّفين
berechten (ww)	ḥakam	حكم
advocaat (de)	muḥāmy (m)	محامي
beklaagde (de)	moddaʿy ʿaleyh (m)	مدّعي عليه
beklaagdenbank (de)	ʾafaṣ el ettehām (m)	قفص الإتّهام
beschuldiging (de)	ettehām (m)	إتّهام
beschuldigde (de)	mottaham (m)	متّهم

vonnis (het)	ḥokm (m)	حكم
veroordelen (in een rechtszaak)	ḥakam	حكم
schuldige (de)	gāny (m)	جاني
straffen (ww)	ʿāqab	عاقب
bestraffing (de)	ʿeqāb (m)	عقاب
boete (de)	ɣarāma (f)	غرامة
levenslange opsluiting (de)	segn mada el ḥayah (m)	سجن مدى الحياة
doodstraf (de)	ʿoqūbet ʾeʿdām (f)	عقوبة إعدام
elektrische stoel (de)	el korsy el kaharabāʾy (m)	الكرسي الكهربائي
schavot (het)	maʃnaʾa (f)	مشنقة
executeren (ww)	aʿdam	أعدم
executie (de)	eʿdām (m)	إعدام
gevangenis (de)	segn (m)	سجن
cel (de)	zenzāna (f)	زنزانة
konvooi (het)	ḥerāsa (f)	حراسة
gevangenisbewaker (de)	ḥāres segn (m)	حارس سجن
gedetineerde (de)	sagīn (m)	سجين
handboeien (mv.)	kalabʃāt (pl)	كلابشات
handboeien omdoen	kalbeʃ	كلبش
ontsnapping (de)	horūb men el segn (m)	هروب من السجن
ontsnappen (ww)	hereb	هرب
verdwijnen (ww)	eχtafa	إختفى
vrijlaten (uit de gevangenis)	aχla sabīl	أخلى سبيل
amnestie (de)	ʿafw ʿām (m)	عفو عام
politie (de)	ʃorṭa (f)	شرطة
politieagent (de)	ʃorṭy (m)	شرطي
politiebureau (het)	qesm ʃorṭa (m)	قسم شرطة
knuppel (de)	ʿaṣāya maṭṭāṭiya (f)	عصاية مطّاطية
megafoon (de)	būʾ (m)	بوق
patrouilleerwagen (de)	ʿarabiyet dawrīāt (f)	عربيّة دوريات
sirene (de)	sarīna (f)	سرينة
de sirene aansteken	wallaʿ el sarīna	ولّع السرينة
geloei (het) van de sirene	ṣote sarīna (m)	صوت سرينة
plaats delict (de)	masraḥ el garīma (m)	مسرح الجريمة
getuige (de)	ʃāhed (m)	شاهد
vrijheid (de)	ḥorriya (f)	حرّيّة
handlanger (de)	ʃerīk fel garīma (m)	شريك في الجريمة
ontvluchten (ww)	hereb	هرب
spoor (het)	asar (m)	أثر

194. Politie. Wet. Deel 2

opsporing (de)	baḥs (m)	بحث
opsporen (ww)	dawwar ʿala	دوّر على

verdenking (de)	ʃobha (f)	شبهة
verdacht (bn)	maʃbūh	مشبوه
aanhouden (stoppen)	awqaf	أوقّف
tegenhouden (ww)	e'taqal	إعتقل
strafzaak (de)	'aḍiya (f)	قضيّة
onderzoek (het)	taḥ'ī' (m)	تحقيق
detective (de)	moḥaqqeq (m)	محقّق
onderzoeksrechter (de)	mofatteʃ (m)	مفتّش
versie (de)	rewāya (f)	رواية
motief (het)	dāfe' (m)	دافع
verhoor (het)	estegwāb (m)	إستجواب
ondervragen (door de politie)	estagweb	إستجوّب
ondervragen (omstanders ~)	estanṭa'	إستنطق
controle (de)	faḥṣ (m)	فحص
razzia (de)	gam' (m)	جمع
huiszoeking (de)	taftīʃ (m)	تفتيش
achtervolging (de)	moṭarda (f)	مطاردة
achtervolgen (ww)	ṭārad	طارد
opsporen (ww)	tatabba'	تتبّع
arrest (het)	e'teqāl (m)	إعتقال
arresteren (ww)	e'taqal	اعتقل
vangen, aanhouden (een dief, enz.)	'abaḍ 'ala	قبض على
aanhouding (de)	'abḍ (m)	قبض
document (het)	wasīqa (f)	وثيقة
bewijs (het)	dalīl (m)	دليل
bewijzen (ww)	asbat	أثبت
voetspoor (het)	baṣma (f)	بصمة
vingerafdrukken (mv.)	baṣamāt el aṣābe' (pl)	بصمات الأصابع
bewijs (het)	'eṭ'a men el adella (f)	قطعة من الأدلّة
alibi (het)	ḥegget ɣeyāb (f)	حجّة غياب
onschuldig (bn)	barī'	بريء
onrecht (het)	ẓolm (m)	ظلم
onrechtvaardig (bn)	meʃ 'ādel	مش عادل
crimineel (bn)	mogrem	مجرم
confisqueren (in beslag nemen)	ṣādar	صادر
drug (de)	moχaddarāt (pl)	مخدّرات
wapen (het)	selāḥ (m)	سلاح
ontwapenen (ww)	garrad men el selāḥ	جرّد من السلاح
bevelen (ww)	amar	أمر
verdwijnen (ww)	eχtafa	إختفى
wet (de)	qanūn (m)	قانون
wettelijk (bn)	qanūny	قانوني
onwettelijk (bn)	meʃ qanūny	مش قانوني
verantwoordelijkheid (de)	mas'oliya (f)	مسؤوليّة
verantwoordelijk (bn)	mas'ūl (m)	مسؤول

NATUUR

De Aarde. Deel 1

195. De kosmische ruimte

kosmos (de)	faḍā' (m)	فضاء
kosmisch (bn)	faḍā'y	فضائي
kosmische ruimte (de)	el faḍā' el χāregy (m)	الفضاء الخارجي
wereld (de)	'ālam (m)	عالم
heelal (het)	el kōn (m)	الكون
sterrenstelsel (het)	el magarra (f)	المجرّة
ster (de)	negm (m)	نجم
sterrenbeeld (het)	borg (m)	برج
planeet (de)	kawwkab (m)	كوكب
satelliet (de)	'amar ṣenā'y (m)	قمر صناعي
meteoriet (de)	nayzek (m)	نيّزك
komeet (de)	mozannab (m)	مذنّب
asteroïde (de)	kowaykeb (m)	كويكب
baan (de)	madār (m)	مدار
draaien (om de zon, enz.)	dār	دار
atmosfeer (de)	el ɣelāf el gawwy (m)	الغلاف الجوّي
Zon (de)	el ʃams (f)	الشمس
zonnestelsel (het)	el magmū'a el ʃamsiya (f)	المجموعة الشمسيّة
zonsverduistering (de)	kosūf el ʃams (m)	كسوف الشمس
Aarde (de)	el arḍ (f)	الأرض
Maan (de)	el 'amar (m)	القمر
Mars (de)	el marrīχ (m)	المرّيخ
Venus (de)	el zahra (f)	الزهرة
Jupiter (de)	el moʃtary (m)	المشتري
Saturnus (de)	zoḥḥol (m)	زحل
Mercurius (de)	'aṭāred (m)	عطارد
Uranus (de)	uranus (m)	اورانوس
Neptunus (de)	nibtūn (m)	نبتون
Pluto (de)	bluto (m)	بلوتو
Melkweg (de)	darb el tebbāna (m)	درب التبّانة
Grote Beer (de)	el dobb el akbar (m)	الدب الأكبر
Poolster (de)	negm el 'oṭb (m)	نجم القطب
marsmannetje (het)	sāken el marrīχ (m)	ساكن المرّيخ
buitenaards wezen (het)	faḍā'y (m)	فضائي

bovenaards (het)	kā'en faḍā'y (m)	كائن فضائي
vliegende schotel (de)	ṭaba' ṭā'er (m)	طبق طائر
ruimtevaartuig (het)	markaba faḍa'iya (f)	مركبة فضائية
ruimtestation (het)	maḥaṭṭet faḍā' (f)	محطّة فضاء
start (de)	enṭelāq (m)	إنطلاق
motor (de)	motore (m)	موتور
straalpijp (de)	manfaθ (m)	منفث
brandstof (de)	woqūd (m)	وقود
cabine (de)	kabīna (f)	كابينة
antenne (de)	hawā'y (m)	هوائي
patrijspoort (de)	kowwa mostadīra (f)	كوّة مستديرة
zonnebatterij (de)	lawḥa ʃamsiya (f)	لوحة شمسيّة
ruimtepak (het)	badlet el faḍā' (f)	بدّلة الفضاء
gewichtloosheid (de)	en'edām wazn (m)	إنعدام الوزن
zuurstof (de)	oksiʒīn (m)	أوكسجين
koppeling (de)	rasw (m)	رسو
koppeling maken	rasa	رسى
observatorium (het)	marṣad (m)	مرصد
telescoop (de)	teleskop (m)	تلسكوب
waarnemen (ww)	rāqab	راقب
exploreren (ww)	estakʃef	إستكشف

196. De Aarde

Aarde (de)	el arḍ (f)	الأرض
aardbol (de)	el kora el arḍiya (f)	الكرة الأرضيّة
planeet (de)	kawwkab (m)	كوكب
atmosfeer (de)	el ɣelāf el gawwy (m)	الغلاف الجوّي
aardrijkskunde (de)	goɣrafia (f)	جغرافيا
natuur (de)	ṭabee'a (f)	طبيعة
wereldbol (de)	namūzag lel kora el arḍiya (m)	نموذج للكرة الأرضيّة
kaart (de)	χarīṭa (f)	خريطة
atlas (de)	aṭlas (m)	أطلس
Europa (het)	orobba (f)	أوروبّا
Azië (het)	asya (f)	آسيا
Afrika (het)	afreqia (f)	أفريقيا
Australië (het)	ostorālya (f)	أستراليا
Amerika (het)	amrīka (f)	أمريكا
Noord-Amerika (het)	amrīka el ʃamaliya (f)	أمريكا الشماليّة
Zuid-Amerika (het)	amrīka el ganūbiya (f)	أمريكا الجنوبيّة
Antarctica (het)	el qoṭb el ganūby (m)	القطب الجنوبي
Arctis (de)	el qoṭb el ʃamāly (m)	القطب الشمالي

197. Windrichtingen

noorden (het)	ʃemāl (m)	شمال
naar het noorden	lel ʃamāl	للشمال
in het noorden	fel ʃamāl	في الشمال
noordelijk (bn)	ʃamāly	شمالي
zuiden (het)	ganūb (m)	جنوب
naar het zuiden	lel ganūb	للجنوب
in het zuiden	fel ganūb	في الجنوب
zuidelijk (bn)	ganūby	جنوبي
westen (het)	ɣarb (m)	غرب
naar het westen	lel ɣarb	للغرب
in het westen	fel ɣarb	في الغرب
westelijk (bn)	ɣarby	غربي
oosten (het)	ʃarʾ (m)	شرق
naar het oosten	lel ʃarʾ	للشرق
in het oosten	fel ʃarʾ	في الشرق
oostelijk (bn)	ʃarʾy	شرقي

198. Zee. Oceaan

zee (de)	baḥr (m)	بحر
oceaan (de)	moḥīṭ (m)	محيط
golf (baai)	χalīg (m)	خليج
straat (de)	maḍīq (m)	مضيق
grond (vaste grond)	barr (m)	برّ
continent (het)	qārra (f)	قارّة
eiland (het)	gezīra (f)	جزيرة
schiereiland (het)	ʃebh gezeyra (f)	شبه جزيرة
archipel (de)	magmūʿet gozor (f)	مجموعة جزر
baai, bocht (de)	χalīg (m)	خليج
haven (de)	mināʾ (m)	ميناء
lagune (de)	lagūn (m)	لاجون
kaap (de)	raʾs (m)	رأس
atol (de)	gezīra morganiya estwaʾiya (f)	جزيرة مرجانيّة إستوائيّة
rif (het)	ʃoʿāb (pl)	شعاب
koraal (het)	morgān (m)	مرجان
koraalrif (het)	ʃoʿāb morganiya (pl)	شعاب مرجانية
diep (bn)	ʿamīq	عميق
diepte (de)	ʿomq (m)	عمق
diepzee (de)	el ʿomq el saḥīq (m)	العمق السحيق
trog (bijv. Marianentrog)	χondoq (m)	خندق
stroming (de)	tayār (m)	تيّار
omspoelen (ww)	ḥāṭ	حاط
oever (de)	sāḥel (m)	ساحل

kust (de)	sāḥel (m)	ساحل
vloed (de)	tayār (m)	تيّار
eb (de)	gozor (m)	جزر
ondiepte (ondiep water)	meyāh ḍaḥla (f)	مياه ضحلة
bodem (de)	qāʿ (m)	قاع
golf (hoge ~)	mouga (f)	موجة
golfkam (de)	qemma (f)	قمّة
schuim (het)	zabad el baḥr (m)	زبد البحر
storm (de)	ʿāṣefa (f)	عاصفة
orkaan (de)	eʿṣār (m)	إعصار
tsunami (de)	tsunāmy (m)	تسونامي
windstilte (de)	hodūʾ (m)	هدوء
kalm (bijv. ~e zee)	hady	هادئ
pool (de)	ʾoṭb (m)	قطب
polair (bn)	ʾoṭby	قطبي
breedtegraad (de)	ʿarḍ (m)	عرض
lengtegraad (de)	χaṭṭ ṭūl (m)	خطّ طول
parallel (de)	motawāz (m)	متواز
evenaar (de)	χaṭṭ el estewāʾ (m)	خطّ الإستواء
hemel (de)	samāʾ (f)	سماء
horizon (de)	ofoq (m)	أفق
lucht (de)	hawāʾ (m)	هواء
vuurtoren (de)	manāra (f)	منارة
duiken (ww)	ɣāṣ	غاص
zinken (ov. een boot)	ɣereʾ	غرق
schatten (mv.)	konūz (pl)	كنوز

199. Namen van zeeën en oceanen

Atlantische Oceaan (de)	el moḥeyṭ el aṭlanṭy (m)	المحيط الأطلنطي
Indische Oceaan (de)	el moḥeyṭ el hendy (m)	المحيط الهندي
Stille Oceaan (de)	el moḥeyṭ el hādy (m)	المحيط الهادي
Noordelijke IJszee (de)	el moḥeyṭ el motagammed el ʃamāly (m)	المحيط المتجمّد الشمالي
Zwarte Zee (de)	el baḥr el aswad (m)	البحر الأسود
Rode Zee (de)	el baḥr el aḥmar (m)	البحر الأحمر
Gele Zee (de)	el baḥr el aṣfar (m)	البحر الأصفر
Witte Zee (de)	el baḥr el abyaḍ (m)	البحر الأبيض
Kaspische Zee (de)	baḥr qazwīn (m)	بحر قزوين
Dode Zee (de)	el baḥr el mayet (m)	البحر الميّت
Middellandse Zee (de)	el baḥr el abyaḍ el motawasseṭ (m)	البحر الأبيض المتوسط
Egeïsche Zee (de)	baḥr eygah (m)	بحر إيجة
Adriatische Zee (de)	el baḥr el adreyatīky (m)	البحر الأدرياتيكي
Arabische Zee (de)	baḥr el ʿarab (m)	بحر العرب

Japanse Zee (de)	baḥr el yabān (m)	بحر اليابان
Beringzee (de)	baḥr bering (m)	بحر بيرينغ
Zuid-Chinese Zee (de)	baḥr el ṣeyn el ganūby (m)	بحر الصين الجنوبي
Koraalzee (de)	baḥr el morgān (m)	بحر المرجان
Tasmanzee (de)	baḥr tazman (m)	بحر تسمان
Caribische Zee (de)	el baḥr el karīby (m)	البحر الكاريبي
Barentszzee (de)	baḥr barents (m)	بحر بارنتس
Karische Zee (de)	baḥr kara (m)	بحر كارا
Noordzee (de)	baḥr el ʃamāl (m)	بحر الشمال
Baltische Zee (de)	baḥr el balṭīq (m)	بحر البلطيق
Noorse Zee (de)	baḥr el nerwīg (m)	بحر النرويج

200. Bergen

berg (de)	gabal (m)	جبل
bergketen (de)	selselet gebāl (f)	سلسلة جبال
gebergte (het)	notū' el gabal (m)	نتوء الجبل
bergtop (de)	qemma (f)	قمّة
bergpiek (de)	qemma (f)	قمّة
voet (ov. de berg)	asfal (m)	أسفل
helling (de)	monḥadar (m)	منحدر
vulkaan (de)	borkān (m)	بركان
actieve vulkaan (de)	borkān naʃeṭ (m)	بركان نشط
uitgedoofde vulkaan (de)	borkān χāmed (m)	بركان خامد
uitbarsting (de)	sawarān (m)	ثوّران
krater (de)	fawhet el borkān (f)	فوهة البركان
magma (het)	magma (f)	ماجما
lava (de)	ḥomam borkāniya (pl)	حمم بركانية
gloeiend (~e lava)	monṣahera	منصهرة
kloof (canyon)	wādy ḍaye' (m)	وادي ضيّق
bergkloof (de)	mamarr ḍaye' (m)	ممرّ ضيّق
spleet (de)	ʃa'' (m)	شقّ
afgrond (de)	hāwya (f)	هاوية
bergpas (de)	mamarr gabaly (m)	ممرّ جبلي
plateau (het)	haḍaba (f)	هضبة
klip (de)	garf (m)	جرف
heuvel (de)	tall (m)	تلّ
gletsjer (de)	nahr galīdy (m)	نهر جليدي
waterval (de)	ʃallāl (m)	شلّال
geiser (de)	nab' maya ḥāra (m)	نبع ميّة حارة
meer (het)	boḥeyra (f)	بحيرة
vlakte (de)	sahl (m)	سهل
landschap (het)	manzar ṭabee'y (m)	منظر طبيعي
echo (de)	ṣada (m)	صدى

alpinist (de)	motasalleq el gebāl (m)	متسلّق الجبال
bergbeklimmer (de)	motasalleq ṣoχūr (m)	متسلّق صخور
trotseren (berg ~)	taɣallab 'ala	تغلّب على
beklimming (de)	tasalloq (m)	تسلّق

201. Bergen namen

Alpen (de)	gebāl el alb (pl)	جبال الألب
Mont Blanc (de)	mōn blōn (m)	مون بلون
Pyreneeën (de)	gebāl el barānes (pl)	جبال البرانس
Karpaten (de)	gebāl el karbāt (pl)	جبال الكاربات
Oeralgebergte (het)	gebāl el urāl (pl)	جبال الأورال
Kaukasus (de)	gebāl el qoqāz (pl)	جبال القوقاز
Elbroes (de)	gabal elbrus (m)	جبل إلبروس
Altaj (de)	gebāl altāy (pl)	جبال ألتاي
Tiensjan (de)	gebāl tian ʃan (pl)	جبال تيان شان
Pamir (de)	gebāl bamir (pl)	جبال بامير
Himalaya (de)	himalāya (pl)	هيمالايا
Everest (de)	gabal everest (m)	جبل افرست
Andes (de)	gebāl el andīz (pl)	جبال الأنديز
Kilimanjaro (de)	gabal kilimanʒaro (m)	جبل كليمنجارو

202. Rivieren

rivier (de)	nahr (m)	نهر
bron (~ van een rivier)	'eyn (m)	عين
rivierbedding (de)	magra el nahr (m)	مجرى النهر
rivierbekken (het)	ḥoḍe (m)	حوض
uitmonden in ...	ṣabb fe ...	صبّ في...
zijrivier (de)	rāfed (m)	رافد
oever (de)	ḍaffa (f)	ضفّة
stroming (de)	tayār (m)	تيّار
stroomafwaarts (bw)	ma' ettigāh magra el nahr	مع إتّجاه مجرى النهر
stroomopwaarts (bw)	ḍed el tayār	ضد التيار
overstroming (de)	ɣamr (m)	غمر
overstroming (de)	fayaḍān (m)	فيضان
buiten zijn oevers treden	fāḍ	فاض
overstromen (ww)	ɣamar	غمر
zandbank (de)	meyāh ḍaḥla (f)	مياه ضحلة
stroomversnelling (de)	monḥadar el nahr (m)	منحدر النهر
dam (de)	sadd (m)	سدّ
kanaal (het)	qanah (f)	قناة
spaarbekken (het)	χazzān mā'y (m)	خزّان مائي
sluis (de)	bawwāba qanṭara (f)	بوّابة قنطرة

waterlichaam (het)	berka (f)	بركة
moeras (het)	mostanqaʿ (m)	مستنقع
broek (het)	mostanqaʿ (m)	مستنقع
draaikolk (de)	dawwāma (f)	دوّامة
stroom (de)	gadwal (m)	جدوَل
drink- (abn)	el ʃorb	الشرب
zoet (~ water)	ʿazb	عذب
ijs (het)	galīd (m)	جليد
bevriezen (rivier, enz.)	etgammed	إتجمّد

203. Namen van rivieren

Seine (de)	el seyn (m)	السين
Loire (de)	el lua:r (m)	اللوار
Theems (de)	el teymz (m)	التيمز
Rijn (de)	el rayn (m)	الراين
Donau (de)	el danūb (m)	الدانوب
Wolga (de)	el volga (m)	الفولغا
Don (de)	el done (m)	الدون
Lena (de)	lena (m)	لينا
Gele Rivier (de)	el nahr el aṣfar (m)	النهر الأصفر
Blauwe Rivier (de)	el yangesty (m)	اليانغستي
Mekong (de)	el mekong (m)	الميكونغ
Ganges (de)	el ɣang (m)	الغانج
Nijl (de)	el nīl (m)	النيل
Kongo (de)	el kongo (m)	الكونغو
Okavango (de)	okavango (m)	أوكافانجو
Zambezi (de)	el zambizi (m)	الزمبيزي
Limpopo (de)	limbobo (m)	ليمبوبو
Mississippi (de)	el mississibbi (m)	الميسيسيبي

204. Bos

bos (het)	ɣāba (f)	غابة
bos- (abn)	ɣāba	غابة
oerwoud (dicht bos)	ɣāba kasīfa (f)	غابة كثيفة
bosje (klein bos)	bostān (m)	بستان
open plek (de)	ezālet el ɣābāt (f)	إزالة الغابات
struikgewas (het)	agama (f)	أجمة
struiken (mv.)	arāḍy el ʃogayrāt (pl)	أراضي الشجيرات
paadje (het)	mamarr (m)	ممرّ
ravijn (het)	wādy ḍayeʾ (m)	وادي ضيّق
boom (de)	ʃagara (f)	شجرة

blad (het)	wara'a (f)	ورقة
gebladerte (het)	wara' (m)	ورق
vallende bladeren (mv.)	tasā'oṭ el awrā' (m)	تساقط الأوراق
vallen (ov. de bladeren)	saqaṭ	سقط
boomtop (de)	ra's (m)	رأس
tak (de)	ɣoṣn (m)	غصن
ent (de)	ɣoṣn ra'īsy (m)	غصن رئيسي
knop (de)	bor'om (m)	برعم
naald (de)	ʃawka (f)	شوكة
dennenappel (de)	kūz el ṣnowbar (m)	كوز الصنوبر
boom holte (de)	gofe (m)	جوف
nest (het)	'eʃ (m)	عشّ
hol (het)	goḥr (m)	جحر
stam (de)	gez' (m)	جذع
wortel (bijv. boom~s)	gezr (m)	جذر
schors (de)	leḥā' (m)	لحاء
mos (het)	ṭaḥlab (m)	طحلب
ontwortelen (een boom)	eqtala'	إقتلع
kappen (een boom ~)	'aṭṭa'	قطّع
ontbossen (ww)	azāl el ɣabāt	أزال الغابات
stronk (de)	gez' el ʃagara (m)	جذع الشجرة
kampvuur (het)	nār moχayem (m)	نار مخيّم
bosbrand (de)	ḥarī' ɣāba (m)	حريق غابة
blussen (ww)	ṭaffa	طفّى
boswachter (de)	ḥāres el ɣāba (m)	حارس الغابة
bescherming (de)	ḥemāya (f)	حماية
beschermen (bijv. de natuur ~)	ḥama	حمى
stroper (de)	sāre' el ṣeyd (m)	سارق الصيد
val (de)	maṣyada (f)	مصيّدة
plukken (vruchten, enz.)	gamma'	جمّع
verdwalen (de weg kwijt zijn)	tāh	تاه

205. Natuurlijke hulpbronnen

natuurlijke rijkdommen (mv.)	sarawāt ṭabi'iya (pl)	ثروات طبيعيّة
delfstoffen (mv.)	ma'āden (pl)	معادن
lagen (mv.)	rawāseb (pl)	رواسب
veld (bijv. olie~)	ḥaql (m)	حقل
winnen (uit erts ~)	estaχrag	إستخرج
winning (de)	esteχrāg (m)	إستخراج
erts (het)	χām (m)	خام
mijn (bijv. kolenmijn)	mangam (m)	منجم
mijnschacht (de)	mangam (m)	منجم
mijnwerker (de)	'āmel mangam (m)	عامل منجم

gas (het)	ɣāz (m)	غاز
gasleiding (de)	χaṭṭ anabīb ɣāz (m)	خطّ أنابيب غاز
olie (aardolie)	nafṭ (m)	نفط
olieleiding (de)	anabīb el nafṭ (pl)	أنابيب النفط
oliebron (de)	bīr el nafṭ (m)	بير النفط
boortoren (de)	ḥaffāra (f)	حفّارة
tanker (de)	nāqelet betrūl (f)	ناقلة بترول
zand (het)	raml (m)	رمل
kalksteen (de)	ḥagar el kals (m)	حجر الكلس
grind (het)	ḥaṣa (m)	حصى
veen (het)	χaθ faḥm nabāty (m)	خث فحم نباتي
klei (de)	ṭīn (m)	طين
steenkool (de)	faḥm (m)	فحم
ijzer (het)	ḥadīd (m)	حديد
goud (het)	dahab (m)	ذهب
zilver (het)	faḍḍa (f)	فضّة
nikkel (het)	nikel (m)	نيكل
koper (het)	neḥās (m)	نحاس
zink (het)	zink (m)	زنك
mangaan (het)	manganīz (m)	منجنيز
kwik (het)	ze'baq (m)	زئبق
lood (het)	roṣāṣ (m)	رصاص
mineraal (het)	ma'dan (m)	معدن
kristal (het)	kristāl (m)	كريستال
marmer (het)	roχām (m)	رخام
uraan (het)	yuranuim (m)	يورانيوم

De Aarde. Deel 2

206. Weer

weer (het)	ṭa's (m)	طقس
weersvoorspelling (de)	naʃra gawiya (f)	نشرة جويّة
temperatuur (de)	ḥarāra (f)	حرارة
thermometer (de)	termometr (m)	ترمومتر
barometer (de)	barometr (m)	بارومتر
vochtig (bn)	roṭob	رطب
vochtigheid (de)	roṭūba (f)	رطوبة
hitte (de)	ḥarāra (f)	حرارة
heet (bn)	ḥarr	حارّ
het is heet	el gaww ḥarr	الجّو حرّ
het is warm	el gaww dafa	الجوّ دفا
warm (bn)	dāfe'	دافئ
het is koud	el gaww bāred	الجوّ بارد
koud (bn)	bāred	بارد
zon (de)	ʃams (f)	شمس
schijnen (de zon)	nawwar	نوّر
zonnig (~e dag)	moʃmes	مشمس
opgaan (ov. de zon)	ʃara'	شرق
ondergaan (ww)	ɣarab	غرب
wolk (de)	saḥāba (f)	سحابة
bewolkt (bn)	meɣayem	مغيّم
regenwolk (de)	saḥābet maṭar (f)	سحابة مطر
somber (bn)	meɣayem	مغيّم
regen (de)	maṭar (m)	مطر
het regent	el donia betmaṭṭar	الدنيا بتمطّر
regenachtig (bn)	momṭer	ممطر
motregenen (ww)	maṭṭaret razāz	مطّرت رذاذ
plensbui (de)	maṭar monhamer (f)	مطر منهمر
stortbui (de)	maṭar ɣazīr (m)	مطر غزير
hard (bn)	ʃedīd	شديد
plas (de)	berka (f)	بركة
nat worden (ww)	ettbal	إتّبل
mist (de)	ʃabbūra (f)	شبّورة
mistig (bn)	fih ʃabbūra	فيه شبّورة
sneeuw (de)	talg (m)	ثلج
het sneeuwt	fih talg	فيه ثلج

207. Zwaar weer. Natuurrampen

noodweer (storm)	ʻāṣefa raʻdiya (f)	عاصفة رعدية
bliksem (de)	bar' (m)	برق
flitsen (ww)	baraq	برق
donder (de)	raʻd (m)	رعد
donderen (ww)	dawa	دوّى
het dondert	el samā' dawat raʻd (f)	السماء دوّت رعد
hagel (de)	maṭar bard (m)	مطر برد
het hagelt	maṭṭaret bard	مطّرت برد
overstromen (ww)	ɣamar	غمر
overstroming (de)	fayaḍān (m)	فيضان
aardbeving (de)	zelzāl (m)	زلزال
aardschok (de)	hazza arḍiya (f)	هزّة أرضية
epicentrum (het)	markaz el zelzāl (m)	مركز الزلزال
uitbarsting (de)	sawarān (m)	ثوّران
lava (de)	ḥomam borkāniya (pl)	حمم بركانية
wervelwind, windhoos (de)	eʻṣār (m)	إعصار
tyfoon (de)	tyfūn (m)	طوفان
orkaan (de)	eʻṣār (m)	إعصار
storm (de)	ʻāṣefa (f)	عاصفة
tsunami (de)	tsunāmy (m)	تسونامي
cycloon (de)	eʻṣār (m)	إعصار
onweer (het)	ṭa's saye' (m)	طقس سيء
brand (de)	ḥarī' (m)	حريق
ramp (de)	karsa (f)	كارثة
meteoriet (de)	nayzek (m)	نيّزك
lawine (de)	enheyār talgy (m)	إنهيار ثلجي
sneeuwverschuiving (de)	enheyār talgy (m)	إنهيار ثلجي
sneeuwjacht (de)	ʻāṣefa talgiya (f)	عاصفة ثلجيّة
sneeuwstorm (de)	ʻāṣefa talgiya (f)	عاصفة ثلجيّة

208. Geluiden. Geluiden

stilte (de)	ṣamt (m)	صمت
geluid (het)	ṣote (m)	صوت
lawaai (het)	dawʃa (f)	دوشة
lawaai maken (ww)	ʻamal dawʃa	عمل دوشة
lawaaierig (bn)	mozʻeg	مزعج
luid (~ spreken)	beṣote ʻāly	بصوت عالي
luid (bijv. ~e stem)	ʻāly	عالي
aanhoudend (voortdurend)	mostamerr	مستمرّ
schreeuw (de)	ṣarҳa (f)	صرخة

schreeuwen (ww)	ṣarraχ	صرّخ
gefluister (het)	hamsa (f)	همسة
fluisteren (ww)	hamas	همس
geblaf (het)	nebāḥ (m)	نباح
blaffen (ww)	nabaḥ	نبح
gekreun (het)	anīn (m)	أنين
kreunen (ww)	ann	أنّ
hoest (de)	koḥḥa (f)	كحّة
hoesten (ww)	kaḥḥ	كحّ
gefluit (het)	taṣfīr (m)	تصفير
fluiten (op het fluitje blazen)	ṣaffar	صفّر
geklop (het)	ṭar', da'' (m)	طرق, دقّ
kloppen (aan een deur)	da''	دقّ
kraken (hout, ijs)	far'a'	فرقع
gekraak (het)	far'a'a (f)	فرقعة
sirene (de)	sarīna (f)	سرينة
fluit (stoom ~)	ṣafīr (m)	صفير
fluiten (schip, trein)	ṣaffar	صفّر
toeter (de)	tazmīr (m)	تزمير
toeteren (ww)	zammar	زمّر

209. Winter

winter (de)	ʃetā' (m)	شتاء
winter- (abn)	ʃetwy	شتوّي
in de winter (bw)	fel ʃetā'	في الشتاء
sneeuw (de)	talg (m)	ثلج
het sneeuwt	fih talg	فيه ثلج
sneeuwval (de)	tasā'oṭ el tolūg (m)	تساقط الثلوج
sneeuwhoop (de)	rokma talgiya (f)	ركمة ثلجية
sneeuwvlok (de)	nadfet talg (f)	ندفة ثلج
sneeuwbal (de)	koret talg (f)	كرة ثلج
sneeuwman (de)	rāgel men el talg (m)	راجل من الثلج
ijspegel (de)	'eṭ'et galīd (f)	قطعة جليد
december (de)	desember (m)	ديسمبر
januari (de)	yanāyer (m)	يناير
februari (de)	febrāyer (m)	فبراير
vorst (de)	ṣaqee' (m)	صقيع
vries- (abn)	ṣā'e'	صاقع
onder nul (bw)	taḥt el ṣefr	تحت الصفر
eerste vorst (de)	ṣaqee' (m)	صقيع
rijp (de)	ṣaqee' motagammed (m)	صقيع متجمّد
koude (de)	bard (m)	برد
het is koud	el gaww bāred	الجوّ بارد

bontjas (de)	balṭo farww (m)	بالطو فروّ
wanten (mv.)	gwanty men ɣeyr aṣābeʿ (m)	جوانتي من غير أصابع
ziek worden (ww)	mereḍ	مرض
verkoudheid (de)	zokām (m)	زكام
verkouden raken (ww)	gālo bard	جاله برد
ijs (het)	galīd (m)	جليد
ijzel (de)	ɣaṭāʾ galīdy ʿlal arḍ (m)	غطاء جليدي على الأرض
bevriezen (rivier, enz.)	etgammed	إتجمّد
ijsschol (de)	roqāqet galīd (f)	رقاقة جليد
ski's (mv.)	zallagāt (pl)	زلّاجات
skiër (de)	motazaḥleq ʿalal galīd (m)	متزحلق على الجليد
skiën (ww)	tazallag	تزلّج
schaatsen (ww)	tazallag	تزلّج

Fauna

210. Zoogdieren. Roofdieren

roofdier (het)	moftares (m)	مفترس
tijger (de)	nemr (m)	نمر
leeuw (de)	asad (m)	أسد
wolf (de)	ze'b (m)	ذئب
vos (de)	ta'lab (m)	ثعلب
jaguar (de)	nemr amrīky (m)	نمر أمريكي
luipaard (de)	fahd (m)	فهد
jachtluipaard (de)	fahd ṣayād (m)	فهد صيّاد
panter (de)	nemr aswad (m)	نمر أسوّد
poema (de)	asad el gebāl (m)	أسد الجبال
sneeuwluipaard (de)	nemr el tolūg (m)	نمر الثلوج
lynx (de)	waʃaq (m)	وشق
coyote (de)	qayūṭ (m)	قيوط
jakhals (de)	ebn 'āwy (m)	ابن آوى
hyena (de)	ḍeb' (m)	ضبع

211. Wilde dieren

dier (het)	ḥayawān (m)	حيوان
beest (het)	waḥʃ (m)	وحش
eekhoorn (de)	sengāb (m)	سنجاب
egel (de)	qonfoz (m)	قنفذ
haas (de)	arnab barry (m)	أرنب برّي
konijn (het)	arnab (m)	أرنب
das (de)	ɣarīr (m)	غرير
wasbeer (de)	rakūn (m)	راكون
hamster (de)	hamster (m)	هامستر
marmot (de)	marmoṭ (m)	مرموط
mol (de)	χold (m)	خلد
muis (de)	fār (m)	فأر
rat (de)	gerz (m)	جرذ
vleermuis (de)	χoffāʃ (m)	خفّاش
hermelijn (de)	qāqem (m)	قاقم
sabeldier (het)	sammūr (m)	سمّور
marter (de)	fara'īāt (m)	فرائيات
wezel (de)	ebn 'ers (m)	ابن عرس
nerts (de)	mink (m)	منك

bever (de)	qondos (m)	قندس
otter (de)	taʿlab maya (m)	ثعلب الميّة
paard (het)	ḥoṣān (m)	حصان
eland (de)	eyl el mūz (m)	أيّل الموظ
hert (het)	ayl (m)	أيل
kameel (de)	gamal (m)	جمل
bizon (de)	bison (m)	بيسون
oeros (de)	byson orobby (m)	بيسون أوروبي
buffel (de)	gamūs (m)	جاموس
zebra (de)	ḥomār waḥʃy (m)	حمار وحشي
antilope (de)	ẓaby (m)	ظبي
ree (de)	yaḥmūr orobby (m)	يحمورأوروبيّ
damhert (het)	eyl asmar orobby (m)	أيّل أسمر أوروبي
gems (de)	ʃamwah (f)	شامواه
everzwijn (het)	χenzīr barry (m)	خنزير برّي
walvis (de)	ḥūt (m)	حوت
rob (de)	foqma (f)	فقمة
walrus (de)	el kabʿ (m)	الكبع
zeehond (de)	foqmet el farāʾ (f)	فقمة الفراء
dolfijn (de)	dolfīn (m)	دولفين
beer (de)	dobb (m)	دبّ
ijsbeer (de)	dobb ʾoṭṭby (m)	دبّ قطبي
panda (de)	banda (m)	باندا
aap (de)	ʾerd (m)	قرد
chimpansee (de)	ʃimbanzy (m)	شيمبانزي
orang-oetan (de)	orangutan (m)	أورنغوتان
gorilla (de)	ɣorella (f)	غوريلا
makaak (de)	ʾerd el makāk (m)	قرد المكاك
gibbon (de)	gibbon (m)	جيبون
olifant (de)	fīl (m)	فيل
neushoorn (de)	χartīt (m)	خرتيت
giraffe (de)	zarāfa (f)	زرافة
nijlpaard (het)	faras el nahr (m)	فرس النهر
kangoeroe (de)	kangarū (m)	كانجّارو
koala (de)	el koala (m)	الكوالا
mangoest (de)	nems (m)	نمس
chinchilla (de)	ʃenʃīla (f)	شنشيلة
stinkdier (het)	ẓerbān (m)	ظربان
stekelvarken (het)	nīṣ (m)	نيص

212. Huisdieren

poes (de)	ʾoṭṭa (f)	قطّة
kater (de)	ʾoṭṭ (m)	قطّ
hond (de)	kalb (m)	كلب

paard (het)	ḥoṣān (m)	حصان
hengst (de)	χeyl faḥl (m)	خيل فحل
merrie (de)	faras (f)	فرس
koe (de)	ba'ara (f)	بقرة
stier (de)	sore (m)	ثور
os (de)	sore (m)	ثور
schaap (het)	χarūf (f)	خروف
ram (de)	kebʃ (m)	كبش
geit (de)	meʿza (f)	معزة
bok (de)	māʿez zakar (m)	ماعز ذكر
ezel (de)	ḥomār (m)	حمار
muilezel (de)	baɣl (m)	بغل
varken (het)	χenzīr (m)	خنزير
biggetje (het)	χannūṣ (m)	خنّوص
konijn (het)	arnab (m)	أرنب
kip (de)	farχa (f)	فرخة
haan (de)	dīk (m)	ديك
eend (de)	baṭṭa (f)	بطّة
woerd (de)	dakar el baṭṭ (m)	ذكر البط
gans (de)	wezza (f)	وزّة
kalkoen haan (de)	dīk rūmy (m)	ديك رومي
kalkoen (de)	dīk rūmy (m)	ديك رومي
huisdieren (mv.)	ḥayawānāt dawāgen (pl)	حيوانات دواجن
tam (bijv. hamster)	alīf	أليف
temmen (tam maken)	rawweḍ	روّض
fokken (bijv. paarden ~)	rabba	ربّى
boerderij (de)	mazraʿa (f)	مزرعة
gevogelte (het)	dawāgen (pl)	دواجن
rundvee (het)	māʃeya (f)	ماشية
kudde (de)	qaṭeeʿ (m)	قطيع
paardenstal (de)	esṭabl χeyl (m)	إسطبل خيل
zwijnenstal (de)	ḥazīret χanazīr (f)	حظيرة الخنازير
koeienstal (de)	zerībet el ba'ar (f)	زريبة البقر
konijnenhok (het)	qan el arāneb (m)	قن الأرانب
kippenhok (het)	qan el ferāχ (m)	قن الفراخ

213. Honden. Hondenrassen

hond (de)	kalb (m)	كلب
herdershond (de)	kalb rāʿy (m)	كلب رعي
Duitse herdershond (de)	kalb rāʿy almāny (m)	كلب راعي ألمانيّ
poedel (de)	būdle (m)	بودل
teckel (de)	daʃhund (m)	داشهند
buldog (de)	bulldog (m)	بولدوج

boxer (de)	bokser (m)	بوكسر
mastiff (de)	mastiff (m)	ماستيف
rottweiler (de)	rottfeyler (m)	روت فايلر
doberman (de)	doberman (m)	دوبرمان
basset (de)	basset (m)	باسيت
bobtail (de)	bobtayl (m)	بوبتيل
dalmatiër (de)	delmāṭy (m)	دلماطي
cockerspaniël (de)	kokker spaniel (m)	كوكر سبانييل
newfoundlander (de)	nyu faundland (m)	نيوفاوندلاند
sint-bernard (de)	sant bernard (m)	سانت بيرنارد
poolhond (de)	hasky (m)	هاسكي
chowchow (de)	tʃaw tʃaw (m)	تشاوتشاو
spits (de)	esbitz (m)	إسبتز
mopshond (de)	bug (m)	بج

214. Dierengeluiden

geblaf (het)	nebāḥ (m)	نباح
blaffen (ww)	nabaḥ	نبح
miauwen (ww)	mawmaw	موّموّ
spinnen (katten)	χarχar	خرخر
loeien (ov. een koe)	χār	خار
brullen (stier)	χār	خار
grommen (ov. de honden)	damdam	دمدم
gehuil (het)	'awā' (m)	عواء
huilen (wolf, enz.)	'awa	عوى
janken (ov. een hond)	ann	أنّ
mekkeren (schapen)	ma'ma'	مأمأ
knorren (varkens)	qaba'	قبع
gillen (bijv. varken)	qaba'	قبع
kwaken (kikvorsen)	na''	نقّ
zoemen (hommel, enz.)	ṭann	طنّ
tjirpen (sprinkhanen)	'ar'ar	عرعر

215. Jonge dieren

jong (het)	ḥayawān ṣaɣīr (m)	حيوان صغير
poesje (het)	'oṭṭa saɣīra (f)	قطّة صغيرة
muisje (het)	fār ṣaɣīr (m)	فار صغير
puppy (de)	garww (m)	جروّ
jonge haas (de)	χarna' (m)	خرنق
konijntje (het)	arnab saɣīr (m)	أرنب صغير
wolfje (het)	garmūza (m)	جرموزا
vosje (het)	hagras (m)	هجرس

beertje (het)	daysam (m)	ديّسم
leeuwenjong (het)	ʃebl el asad (m)	شبل الأسد
tijgertje (het)	farz (m)	فرز
olifantenjong (het)	dayfal (m)	دغفل
biggetje (het)	χannūṣ (m)	خنّوص
kalf (het)	ʻegl (m)	عجل
geitje (het)	gady (m)	جدي
lam (het)	ḥaml (m)	حمل
reekalf (het)	el raʃa (m)	الرشا
jonge kameel (de)	ṣaɣīr el gamal (m)	صغير الجمل
slangenjong (het)	ḥerbeʃ (m)	حربش
kikkertje (het)	ḍeffḍaʻ saɣīr (m)	ضفدع صغير
vogeltje (het)	farχ (m)	فرخ
kuiken (het)	katkūt (m)	كتكوت
eendje (het)	baṭṭa ṣaɣīra (f)	بطّة صغيرة

216. Vogels

vogel (de)	ṭā'er (m)	طائر
duif (de)	ḥamāma (f)	حمامة
mus (de)	ʻaṣfūr dawri (m)	عصفور دوري
koolmees (de)	qarqaf (m)	قرقف
ekster (de)	ʻa'ʻa' (m)	عقعق
raaf (de)	ɣorāb aswad (m)	غراب أسود
kraai (de)	ɣorāb (m)	غراب
kauw (de)	zāɣ zarʻy (m)	زاغ زرعي
roek (de)	ɣorāb el qeyẓ (m)	غراب القيظ
eend (de)	baṭṭa (f)	بطّة
gans (de)	wezza (f)	وزّة
fazant (de)	tadarrog (m)	تدرج
arend (de)	ʻeqāb (m)	عقاب
havik (de)	el bāz (m)	الباز
valk (de)	ṣa'r (m)	صقر
gier (de)	nesr (m)	نسر
condor (de)	kondor (m)	كندور
zwaan (de)	el temm (m)	التمّ
kraanvogel (de)	karkiya (m)	كركية
ooievaar (de)	loqloq (m)	لقلق
papegaai (de)	babaɣā' (m)	ببغاء
kolibrie (de)	ṭannān (m)	طنّان
pauw (de)	ṭawūs (m)	طاووس
struisvogel (de)	naʻāma (f)	نعامة
reiger (de)	belʃone (m)	بلشون
flamingo (de)	flamingo (m)	فلامينجو
pelikaan (de)	bagʻa (f)	بجعة

nachtegaal (de)	ʿandalīb (m)	عندليب
zwaluw (de)	el sonūnū (m)	السنونو
lijster (de)	somnet el ḥoqūl (m)	سمنة الحقول
zanglijster (de)	somna moɣarreda (m)	سمنة مغرّدة
merel (de)	ʃaḥrūr aswad (m)	شحرور أسود
gierzwaluw (de)	semmāma (m)	سمّامة
leeuwerik (de)	qabra (f)	قبرة
kwartel (de)	semmān (m)	سمّان
specht (de)	na'ār el χaʃab (m)	نقار الخشب
koekoek (de)	weqwāq (m)	وقواق
uil (de)	būma (f)	بومة
oehoe (de)	būm orāsy (m)	بوم أوراسي
auerhoen (het)	dīk el χalang (m)	ديك الخلنج
korhoen (het)	ṭyhūg aswad (m)	طيهوج أسود
patrijs (de)	el ḥagal (m)	الحجل
spreeuw (de)	zerzūr (m)	زرزور
kanarie (de)	kanāry (m)	كناري
hazelhoen (het)	ṭyhūg el bondo' (m)	طيهوج البندق
vink (de)	ʃarʃūr (m)	شرشور
goudvink (de)	deɣnāʃ (m)	دغناش
meeuw (de)	nawras (m)	نورس
albatros (de)	el qoṭros (m)	القطرس
pinguïn (de)	beṭrīq (m)	بطريق

217. Vogels. Zingen en geluiden

fluiten, zingen (ww)	ɣanna	غنّى
schreeuwen (dieren, vogels)	nāda	نادى
kraaien (ov. een haan)	ṣāḥ	صاح
kukeleku	kokokūko	كوكوكوكو
klokken (hen)	kāky	كاكي
krassen (kraai)	naʿaq	نعق
kwaken (eend)	baṭbaṭ	بطبط
piepen (kuiken)	ṣawṣaw	صوّصو
tjilpen (bijv. een mus)	za'za'	زقزق

218. Vis. Zeedieren

brasem (de)	abramīs (m)	أبراميس
karper (de)	ʃabbūṭ (m)	شبّوط
baars (de)	farχ (m)	فرخ
meerval (de)	'armūṭ (m)	قرموط
snoek (de)	karāky (m)	كراكي
zalm (de)	salamon (m)	سلمون
steur (de)	ḥafʃ (m)	حفش

haring (de)	renga (f)	رنجة
atlantische zalm (de)	salamon aṭlasy (m)	سلمون أطلسي
makreel (de)	makerel (m)	ماكريل
platvis (de)	samak mefalṭah (f)	سمك مفلطح
snoekbaars (de)	samak sandar (m)	سمك سندر
kabeljauw (de)	el qadd (m)	القد
tonijn (de)	tuna (f)	تونة
forel (de)	salamon mera''aṭ (m)	سلمون مرقّط
paling (de)	ḥankalīs (m)	حنكليس
sidderrog (de)	ra'ād (m)	رعاد
murene (de)	moraya (f)	موراية
piranha (de)	bīrana (f)	بيرانا
haai (de)	'erʃ (m)	قرش
dolfijn (de)	dolfīn (m)	دولفين
walvis (de)	ḥūt (m)	حوت
krab (de)	kaboria (m)	كابوريا
kwal (de)	'andīl el baḥr (m)	قنديل البحر
octopus (de)	aχṭabūṭ (m)	أخطبوط
zeester (de)	negmet el baḥr (f)	نجمة البحر
zee-egel (de)	qonfoz el baḥr (m)	قنفذ البحر
zeepaardje (het)	ḥoṣān el baḥr (m)	حصان البحر
oester (de)	maḥār (m)	محار
garnaal (de)	gammbary (m)	جمّبري
kreeft (de)	estakoza (f)	استكوزا
langoest (de)	estakoza (m)	استاكوزا

219. Amfibieën. Reptielen

slang (de)	te'bān (m)	ثعبان
giftig (slang)	sām	سام
adder (de)	af'a (f)	أفعى
cobra (de)	kobra (m)	كوبرا
python (de)	te'bān byton (m)	ثعبان بايثون
boa (de)	bawā' el 'aṣera (f)	بواء العاصرة
ringslang (de)	te'bān el 'oʃb (m)	ثعبان العشب
ratelslang (de)	af'a megalgela (f)	أفعى مجلجلة
anaconda (de)	anakonda (f)	أناكوندا
hagedis (de)	seḥliya (f)	سحليّة
leguaan (de)	eɣwana (f)	إغوانة
varaan (de)	warl (m)	ورل
salamander (de)	salamander (m)	سلمندر
kameleon (de)	ḥerbāya (f)	حرباية
schorpioen (de)	'a'rab (m)	عقرب
schildpad (de)	solḥefah (f)	سلحفاة
kikker (de)	ḍeffḍa' (m)	ضفدع

pad (de)	ḍeffḍa‘ el ṭeyn (m)	ضفدع الطين
krokodil (de)	temsāḥ (m)	تمساح

220. Insecten

insect (het)	ḥaʃara (f)	حشرة
vlinder (de)	farāʃa (f)	فراشة
mier (de)	namla (f)	نملة
vlieg (de)	debbāna (f)	دبّانة
mug (de)	namūsa (f)	ناموسة
kever (de)	χonfesa (f)	خنفسة
wesp (de)	dabbūr (m)	دبّور
bij (de)	naḥla (f)	نحلة
hommel (de)	naḥla ṭannāna (f)	نحلة طنّانة
horzel (de)	na‘ra (f)	نعرة
spin (de)	‘ankabūt (m)	عنكبوت
spinnenweb (het)	nasīg ‘ankabūt (m)	نسيج عنكبوت
libel (de)	ya‘sūb (m)	يعسوب
sprinkhaan (de)	garād (m)	جراد
nachtvlinder (de)	‘etta (f)	عثّة
kakkerlak (de)	ṣarṣūr (m)	صرصور
teek (de)	qarāda (f)	قرادة
vlo (de)	barɣūt (m)	برغوث
kriebelmug (de)	ba‘ūḍa (f)	بعوضة
treksprinkhaan (de)	garād (m)	جراد
slak (de)	ḥalazōn (m)	حلزون
krekel (de)	ṣarṣūr el ḥaql (m)	صرصور الحقل
glimworm (de)	yarā‘a (f)	يراعة
lieveheersbeestje (het)	χonfesa mena’ṭṭa (f)	خنفسة منقّطة
meikever (de)	χonfesa motlefa lel nabāt (f)	خنفسة متلفة للنبات
bloedzuiger (de)	‘alaqa (f)	علقة
rups (de)	yasrū‘ (m)	يسروع
aardworm (de)	dūda (f)	دودة
larve (de)	yaraqa (f)	يرقة

221. Dieren. Lichaamsdelen

snavel (de)	monqār (m)	منقار
vleugels (mv.)	agneḥa (pl)	أجنحة
poot (ov. een vogel)	regl (f)	رجل
verenkleed (het)	rīʃ (m)	ريش
veer (de)	rīʃa (f)	ريشة
kuifje (het)	‘orf el dīk (m)	عرف الديك
kieuwen (mv.)	χāyaʃīm (pl)	خياشيم
kuit, dril (de)	beyḍ el samak (pl)	بيض السمك

larve (de)	yaraqa (f)	يرقة
vin (de)	za'nafa (f)	زعنفة
schubben (mv.)	ḥarāfeʃ (pl)	حرافش
slagtand (de)	nāb (m)	ناب
poot (bijv. ~ van een kat)	yad (f)	يد
muil (de)	χaṭm (m)	خطم
bek (mond van dieren)	bo' (m)	بوء
staart (de)	deyl (m)	ذيل
snorharen (mv.)	ʃawāreb (pl)	شوارب
hoef (de)	ḥāfer (m)	حافر
hoorn (de)	'arn (m)	قرن
schild (schildpad, enz.)	der' (m)	درع
schelp (de)	maḥāra (f)	محارة
eierschaal (de)	'eʃret beyḍa (f)	قشرة بيضة
vacht (de)	ʃa'r (m)	شعر
huid (de)	geld (m)	جلد

222. Acties van de dieren

vliegen (ww)	ṭār	طار
cirkelen (vogel)	ḥallaq	حلّق
wegvliegen (ww)	ṭār	طار
klapwieken (ww)	rafraf	رفرف
pikken (vogels)	na'ar	نقر
broeden (de eend zit te ~)	'a'ad 'alal beyḍ	قعد على البيض
uitbroeden (ww)	fa'as	فقس
een nest bouwen	bana 'esʃa	بنى عشّة
kruipen (ww)	zaḥaf	زحف
steken (bij)	lasa'	لسع
bijten (de hond, enz.)	'aḍḍ	عضّ
snuffelen (ov. de dieren)	taʃammam	تشمّم
blaffen (ww)	nabaḥ	نبح
sissen (slang)	has-hes	هسهس
doen schrikken (ww)	χawwef	خوّف
aanvallen (ww)	hagam	هجم
knagen (ww)	'araḍ	قرض
schrammen (ww)	χarbeʃ	خربش
zich verbergen (ww)	estaχabba	إستخبّى
spelen (ww)	le'eb	لعب
jagen (ww)	eṣṭād	إصطاد
winterslapen	kān di sobār el ʃetā'	كان في سبات الشتاء
uitsterven (dinosauriërs, enz.)	enqaraḍ	إنقرض

223. Dieren. Leefomgevingen

leefgebied (het)	mawṭen (m)	موّطن
migratie (de)	hegra (f)	هجرة
berg (de)	gabal (m)	جبل
rif (het)	ʃo'āb (pl)	شعاب
klip (de)	garf (m)	جرف
bos (het)	ɣāba (f)	غابة
jungle (de)	adɣāl (pl)	أدغال
savanne (de)	savanna (f)	سافانّا
toendra (de)	tundra (f)	تندرا
steppe (de)	barāry (pl)	براري
woestijn (de)	ṣaḥra' (f)	صحراء
oase (de)	wāḥa (f)	واحة
zee (de)	baḥr (m)	بحر
meer (het)	boḥeyra (f)	بحيرة
oceaan (de)	moḥīṭ (m)	محيط
moeras (het)	mostanqa' (m)	مستنقع
zoetwater- (abn)	maya 'azba	ميّة عذبة
vijver (de)	berka (f)	بركة
rivier (de)	nahr (m)	نهر
berenhol (het)	wekr (m)	وكر
nest (het)	'eʃ (m)	عشّ
boom holte (de)	gofe (m)	جوف
hol (het)	goḥr (m)	جحر
mierenhoop (de)	'eʃ naml (m)	عش نمل

224. Dierverzorging

dierentuin (de)	ḥadīqet el ḥayawān (f)	حديقة حيوان
natuurreservaat (het)	maḥmiya ṭabe'iya (f)	محمية طبيعية
fokkerij (de)	morabby (m)	مربّي
openluchtkooi (de)	'afaṣ fel hawā' el ṭal' (m)	قفص في الهواء الطلق
kooi (de)	'afaṣ (m)	قفص
hondenhok (het)	beyt el kalb (m)	بيت الكلب
duiventil (de)	borg el ḥamām (m)	برج الحمام
aquarium (het)	ḥoḍe samak (m)	حوض سمك
dolfinarium (het)	ḥoḍe dolfīn (m)	حوض دولفين
fokken (bijv. honden ~)	rabba	ربّي
nakomelingen (mv.)	zorriya (f)	ذريّة
temmen (tam maken)	rawweḍ	روّض
dresseren (ww)	darrab	درّب
voeding (de)	'alaf (m)	علف
voederen (ww)	akkel	أكّل

dierenwinkel (de)	maḥal ḥayawanāt (m)	محل حيوانات
muilkorf (de)	kamāma (f)	كمامة
halsband (de)	ṭo'e (m)	طوق
naam (ov. een dier)	esm (m)	اسم
stamboom (honden met ~)	selselet el nasab (f)	سلسلة النسب

225. Dieren. Diversen

meute (wolven)	qaṭee' (m)	قطيع
zwerm (vogels)	serb (m)	سرب
school (vissen)	serb (m)	سرب
kudde (wilde paarden)	qaṭee' (m)	قطيع
mannetje (het)	dakar (m)	ذكر
vrouwtje (het)	onsa (f)	أنثى
hongerig (bn)	ge'ān	جعان
wild (bn)	barry	برّي
gevaarlijk (bn)	χaṭīr	خطير

226. Paarden

paard (het)	ḥoṣān (m)	حصان
ras (het)	solāla (f)	سلالة
veulen (het)	mahr (m)	مهر
merrie (de)	faras (f)	فرس
mustang (de)	mustān (m)	موستان
pony (de)	ḥoṣān qazam (m)	حصان قزم
koudbloed (de)	ḥoṣān el na'l (m)	حصان النقل
manen (mv.)	'orf (m)	عرف
staart (de)	deyl (m)	ذيل
hoef (de)	ḥāfer (m)	حافر
hoefijzer (het)	na'l (m)	نعل
beslaan (ww)	na''al	نعّل
paardensmid (de)	ḥaddād (m)	حدّاد
zadel (het)	serg (m)	سرج
stijgbeugel (de)	rekāb (m)	ركاب
breidel (de)	legām (m)	لجام
leidsels (mv.)	'anān (m)	عنان
zweep (de)	korbāg (m)	كرباج
ruiter (de)	fāres (m)	فارس
zadelen (ww)	asrag	أسرج
een paard bestijgen	rekeb ḥoṣān	ركب حصان
galop (de)	ramāḥa (f)	رماحة
galopperen (ww)	gery bel ḥoṣān	جري بالحصان

draf (de)	harwala (f)	هروّلة
in draf (bw)	harwel	هروّل
draven (ww)	harwel	هروّل
renpaard (het)	ḥoṣān sebāʾ (m)	حصان سباق
paardenrace (de)	sebāʾ el χeyl (m)	سباق الخيل
paardenstal (de)	esṭabl χeyl (m)	إسطبل خيل
voederen (ww)	akkel	أكّل
hooi (het)	ʾasʃ (m)	قشّ
water geven (ww)	saʾa	سقى
wassen (paard ~)	naḍḍaf	نظّف
paardenkar (de)	ʿarabet χayl (f)	عربة خيل
grazen (gras eten)	ertaʿa	إرتعى
hinniken (ww)	ṣahal	صهل
een trap geven	rafas	رفس

Flora

227. Bomen

boom (de)	ʃagara (f)	شجرة
loof- (abn)	nafḍiya	نفضيّة
dennen- (abn)	ṣonoberiya	صنوبرية
groenblijvend (bn)	dā'emet el χoḍra	دائمة الخضرة
appelboom (de)	ʃagaret toffāḥ (f)	شجرة تفّاح
perenboom (de)	ʃagaret komettra (f)	شجرة كمثّرى
kers (de)	ʃagaret karaz (f)	شجرة كرز
pruimelaar (de)	ʃagaret bar'ū' (f)	شجرة برقوق
berk (de)	batola (f)	بتولا
eik (de)	ballūṭ (f)	بلّوط
linde (de)	zayzafūn (f)	زيزفون
esp (de)	ḥūr rāgef	حور راجف
esdoorn (de)	qayqab (f)	قيقب
spar (de)	rateng (f)	راتينج
den (de)	ṣonober (f)	صنوبر
lariks (de)	arziya (f)	أرزية
zilverspar (de)	tanūb (f)	تنوب
ceder (de)	el orz (f)	الأرز
populier (de)	ḥūr (f)	حور
lijsterbes (de)	ɣobayrā' (f)	غبيراء
wilg (de)	ṣefsāf (f)	صفصاف
els (de)	gār el mā' (m)	جار الماء
beuk (de)	el zān (f)	الزان
iep (de)	derdar (f)	دردار
es (de)	marān (f)	مران
kastanje (de)	kastanā' (f)	كستناء
magnolia (de)	maɣnolia (f)	ماغنوليا
palm (de)	naχla (f)	نخلة
cipres (de)	el soro (f)	السرو
mangrove (de)	mangrūf (f)	مانجروف
baobab (apenbroodboom)	baobab (f)	باوباب
eucalyptus (de)	eukalyptus (f)	أوكالبتوس
mammoetboom (de)	sequoia (f)	سيكويا

228. Heesters

struik (de)	ʃogeyra (f)	شجيرة
heester (de)	ʃogayrāt (pl)	شجيرات

wijnstok (de)	karma (f)	كرمة
wijngaard (de)	karam (m)	كرم
frambozenstruik (de)	zar'et tūt el 'alī' el aḥmar (f)	زرعة توت العليق الأحمر
rode bessenstruik (de)	keʃmeʃ aḥmar (m)	كشمش أحمر
kruisbessenstruik (de)	'enab el sa'lab (m)	عنب الثعلب
acacia (de)	aqaqia (f)	أقاقيا
zuurbes (de)	berbarīs (m)	برباريس
jasmijn (de)	yasmīn (m)	ياسمين
jeneverbes (de)	'ar'ar (m)	عرعر
rozenstruik (de)	ʃogeyret ward (f)	شجيرة ورد
hondsroos (de)	ward el seyāg (pl)	ورد السياج

229. Champignons

paddenstoel (de)	feṭr (f)	فطر
eetbare paddenstoel (de)	feṭr ṣāleḥ lel akl (m)	فطر صالح للأكل
giftige paddenstoel (de)	feṭr sām (m)	فطر سام
hoed (de)	ṭarbūʃ el feṭr (m)	طربوش الفطر
steel (de)	sāq el feṭr (m)	ساق الفطر
gewoon eekhoorntjesbrood (het)	feṭr boleṭe ma'kūl (m)	فطر بوليط مأكول
rosse populierenboleet (de)	feṭr aḥmar (m)	فطر أحمر
berkenboleet (de)	feṭr boleṭe (m)	فطر بوليط
cantharel (de)	feṭr el ʃanterel (m)	فطر الشانتريل
russula (de)	feṭr russula (m)	فطر روسولا
morielje (de)	feṭr el ɣoʃna (m)	فطر الغوشنة
vliegenzwam (de)	feṭr amanīt el ṭā'er (m)	فطر أمانيت الطائر
groene knolamaniet (de)	feṭr amanīt falusyāny el sām (m)	فطر أمانيت فالوسياني السام

230. Vruchten. Bessen

vrucht (de)	tamra (f)	تمرة
vruchten (mv.)	tamr (m)	تمر
appel (de)	toffāḥa (f)	تفّاحة
peer (de)	komettra (f)	كمّثرى
pruim (de)	bar'ū' (m)	برقوق
aardbei (de)	farawla (f)	فراولة
zoete kers (de)	karaz (m)	كرز
druif (de)	'enab (m)	عنب
framboos (de)	tūt el 'alī' el aḥmar (m)	توت العليق الأحمر
zwarte bes (de)	keʃmeʃ aswad (m)	كشمش أسود
rode bes (de)	keʃmeʃ aḥmar (m)	كشمش أحمر
kruisbes (de)	'enab el sa'lab (m)	عنب الثعلب
veenbes (de)	'enabiya ḥāda el ɣebā' (m)	عنبية حادة الخباء

sinaasappel (de)	bortoqāl (m)	برتقال
mandarijn (de)	yosfy (m)	يوسفي
ananas (de)	ananās (m)	أناناس
banaan (de)	moze (m)	موز
dadel (de)	tamr (m)	تمر
citroen (de)	lymūn (m)	ليمون
abrikoos (de)	meʃmeʃ (f)	مشمش
perzik (de)	χawχa (f)	خوخة
kiwi (de)	kiwi (m)	كيوي
grapefruit (de)	grabe frūt (m)	جريب فروت
bes (de)	tūt (m)	توت
bessen (mv.)	tūt (pl)	توت
vossenbes (de)	ʻenab el sore (m)	عنب الثور
bosaardbei (de)	farawla barriya (f)	فراولة برّيّة
bosbes (de)	ʻenab al aḥrāg (m)	عنب الأحراج

231. Bloemen. Planten

bloem (de)	zahra (f)	زهرة
boeket (het)	bokeyh (f)	بوكيه
roos (de)	warda (f)	وردة
tulp (de)	tolīb (f)	توليب
anjer (de)	ʼoronfol (m)	قرنفل
gladiool (de)	el dalbūs (f)	الدَلَبُوث
korenbloem (de)	qanṭeryūn ʻanbary (m)	قنطريون عنبري
klokje (het)	garīs mostadīr el awrāʼ (m)	جريس مستدير الأوراق
paardenbloem (de)	handabāʼ (f)	هندباء
kamille (de)	kamomile (f)	كاموميل
aloë (de)	el alowa (m)	الألوّة
cactus (de)	ṣabbār (m)	صبّار
ficus (de)	faykas (m)	فيكس
lelie (de)	zanbaq (f)	زنبق
geranium (de)	ɣarnūqy (f)	غرنوقي
hyacint (de)	el lavender (f)	اللافندر
mimosa (de)	mimoza (f)	ميموزا
narcis (de)	nerges (f)	نرجس
Oostindische kers (de)	abo χangar (f)	أبو خنجر
orchidee (de)	orkid (f)	أوركيد
pioenroos (de)	fawnia (f)	فاوانيا
viooltje (het)	el banafseg (f)	البنفسج
driekleurig viooltje (het)	bansy (f)	بانسي
vergeet-mij-nietje (het)	ʼāzān el faʼr (pl)	آذان الفأر
madeliefje (het)	aqwaḥān (f)	أقحوان
papaver (de)	el χoʃχāʃ (f)	الخشخاش
hennep (de)	qanb (m)	قنب

munt (de)	neʿnāʿ (m)	نعناع
lelietje-van-dalen (het)	zanbaq el wādy (f)	زنبق الوادي
sneeuwklokje (het)	zahrat el laban (f)	زهرة اللبن
brandnetel (de)	ʾarrāṣ (m)	قرّاص
veldzuring (de)	ḥammāḍ bostāny (m)	حمّاض بستاني
waterlelie (de)	niloferiya (f)	نيلوفرية
varen (de)	sarχas (m)	سرخس
korstmos (het)	aʃna (f)	أشنة
oranjerie (de)	ṣoba (f)	صوبة
gazon (het)	ʿoʃb aχḍar (m)	عشب أخضر
bloemperk (het)	geneynet zohūr (f)	جنينة زهور
plant (de)	nabāt (m)	نبات
gras (het)	ʿoʃb (m)	عشب
grasspriet (de)	ʿoʃba (f)	عشبة
blad (het)	waraʾa (f)	ورقة
bloemblad (het)	waraʾet el zahra (f)	ورقة الزهرة
stengel (de)	sāq (f)	ساق
knol (de)	darna (f)	درنة
scheut (de)	nabta saɣīra (f)	نبتة صغيرة
doorn (de)	ʃawka (f)	شوكة
bloeien (ww)	fattaḥet	فتّحت
verwelken (ww)	debel	ذبل
geur (de)	rīḥa (f)	ريحة
snijden (bijv. bloemen ~)	ʾaṭaʿ	قطع
plukken (bloemen ~)	ʾaṭaf	قطف

232. Granen, graankorrels

graan (het)	ḥobūb (pl)	حبوب
graangewassen (mv.)	maḥaṣīl el ḥubūb (pl)	محاصيل الحبوب
aar (de)	sonbola (f)	سنبلة
tarwe (de)	ʾamḥ (m)	قمح
rogge (de)	ʃelm mazrūʿ (m)	شيلم مزروع
haver (de)	ʃofān (m)	شوفان
gierst (de)	el deχn (m)	الدُخن
gerst (de)	ʃeʿīr (m)	شعير
maïs (de)	dora (f)	ذرة
rijst (de)	rozz (m)	رزّ
boekweit (de)	ḥanṭa sodaʾ (f)	حنطة سوداء
erwt (de)	besella (f)	بسلّة
boon (de)	faṣolya (f)	فاصوليا
soja (de)	fūl el ṣoya (m)	فول الصويا
linze (de)	ʿads (m)	عدس
bonen (mv.)	fūl (m)	فول

233. Groenten. Groene groenten

groenten (mv.)	χoḍār (pl)	خضار
verse kruiden (mv.)	χoḍrawāt waraqiya (pl)	خضروات ورقية
tomaat (de)	ṭamāṭem (f)	طماطم
augurk (de)	χeyār (m)	خيار
wortel (de)	gazar (m)	جزر
aardappel (de)	baṭāṭes (f)	بطاطس
ui (de)	baṣal (m)	بصل
knoflook (de)	tūm (m)	ثوم
kool (de)	koronb (m)	كرنب
bloemkool (de)	'arnabīṭ (m)	قرنبيط
spruitkool (de)	koronb broksel (m)	كرنب بروكسل
broccoli (de)	brūkuli (m)	بروكلي
rode biet (de)	bangar (m)	بنجر
aubergine (de)	bātengān (m)	باذنجان
courgette (de)	kōsa (f)	كوسة
pompoen (de)	qar' 'asaly (m)	قرع عسلي
knolraap (de)	left (m)	لفت
peterselie (de)	ba'dūnes (m)	بقدونس
dille (de)	ʃabat (m)	شبت
sla (de)	χass (m)	خسّ
selderij (de)	karfas (m)	كرفس
asperge (de)	helione (m)	هليون
spinazie (de)	sabāneχ (m)	سبانخ
erwt (de)	besella (f)	بسلّة
bonen (mv.)	fūl (m)	فول
maïs (de)	dora (f)	ذرة
boon (de)	faṣolya (f)	فاصوليا
peper (de)	felfel (m)	فلفل
radijs (de)	fegl (m)	فجل
artisjok (de)	χarʃūf (m)	خرشوف

REGIONALE AARDRIJKSKUNDE

Landen. Nationaliteiten

234. West-Europa

Europa (het)	orobba (f)	أوروبّا
Europese Unie (de)	el etteḥād el orobby (m)	الإتّحاد الأوروبّي
Europeaan (de)	orobby (m)	أوروبّي
Europees (bn)	orobby	أوروبّي
Oostenrijk (het)	el nemsa (f)	النمسا
Oostenrijker (de)	nemsāwy (m)	نمساوي
Oostenrijkse (de)	nemsāwiya (f)	نمساويّة
Oostenrijks (bn)	nemsāwy	نمساوي
Groot-Brittannië (het)	briṭaniya el ʿozma (f)	بريطانيا العظمى
Engeland (het)	engeltera (f)	إنجلترا
Engelsman (de)	briṭāny (m)	بريطاني
Engelse (de)	briṭaniya (f)	بريطانية
Engels (bn)	englīzy	إنجليزي
België (het)	balʒīka (f)	بلجيكا
Belg (de)	balʒīky (m)	بلجيكي
Belgische (de)	balʒīkiya (f)	بلجيكيّة
Belgisch (bn)	balʒīky	بلجيكي
Duitsland (het)	almānya (f)	ألمانيا
Duitser (de)	almāny (m)	ألماني
Duitse (de)	almaniya (f)	ألمانيّة
Duits (bn)	almāniya	ألمانية
Nederland (het)	holanda (f)	هولندا
Holland (het)	holanda (f)	هولندا
Nederlander (de)	holandy (m)	هولندي
Nederlandse (de)	holandiya (f)	هولنديّة
Nederlands (bn)	holandy	هولندي
Griekenland (het)	el yunān (f)	اليونان
Griek (de)	yunāny (m)	يوناني
Griekse (de)	yunaniya (f)	يونانيّة
Grieks (bn)	yunāny	يوناني
Denemarken (het)	el denmark (f)	الدنمارك
Deen (de)	denmarky (m)	دنماركي
Deense (de)	denmarkiya (f)	دانماركيّة
Deens (bn)	denemarky	دانماركي
Ierland (het)	irelanda (f)	أيرلندا
Ier (de)	irelandy (m)	أيرلندي

Ierse (de)	irelandiya (f)	أيرلنديّة
Iers (bn)	irelandy	أيرلندي
IJsland (het)	'āyslanda (f)	آيسلندا
IJslander (de)	'āyslandy (m)	آيسلندي
IJslandse (de)	'āyslandiya (f)	آيسلنديّة
IJslands (bn)	'āyslandy	آيسلندي
Spanje (het)	asbānya (f)	إسبانيا
Spanjaard (de)	asbāny (m)	إسباني
Spaanse (de)	asbaniya (f)	إسبانيّة
Spaans (bn)	asbāny	إسباني
Italië (het)	eṭālia (f)	إيطاليا
Italiaan (de)	eṭāly (m)	إيطالي
Italiaanse (de)	eṭaliya (f)	إيطاليّة
Italiaans (bn)	eṭāly	إيطالي
Cyprus (het)	'obroṣ (f)	قبرص
Cyprioot (de)	'obroṣy (m)	قبرصي
Cypriotische (de)	'obroṣiya (f)	قبرصيّة
Cypriotisch (bn)	'obroṣy	قبرصي
Malta (het)	malṭa (f)	مالطا
Maltees (de)	malṭy (m)	مالطي
Maltese (de)	malṭiya (f)	مالطيّة
Maltees (bn)	malṭy	مالطي
Noorwegen (het)	el nerwīg (f)	النرويج
Noor (de)	nerwīgy (m)	نرويجي
Noorse (de)	nerwīgiya (f)	نرويجيّة
Noors (bn)	nerwīgy	نرويجي
Portugal (het)	el bortoɣāl (f)	البرتغال
Portugees (de)	bortoɣāly (m)	برتغالي
Portugese (de)	bortoɣaliya (f)	برتغاليّة
Portugees (bn)	bortoɣāly	برتغالي
Finland (het)	finlanda (f)	فنّلندا
Fin (de)	finlandy (m)	فنّلندي
Finse (de)	finlandiya (f)	فنّلنديّة
Fins (bn)	finlandy	فنّلندي
Frankrijk (het)	faransa (f)	فرنسا
Fransman (de)	faransāwy (m)	فرنساوي
Française (de)	faransawiya (f)	فرنساويّة
Frans (bn)	faransāwy	فرنساوي
Zweden (het)	el sweyd (f)	السويد
Zweed (de)	sweydy (m)	سويدي
Zweedse (de)	sweydiya (f)	سويديّة
Zweeds (bn)	sweydy	سويدي
Zwitserland (het)	swesra (f)	سويسرا
Zwitser (de)	swesry (m)	سويسري
Zwitserse (de)	swesriya (f)	سويسريّة

Zwitsers (bn)	swesry	سويسري
Schotland (het)	oskotlanda (f)	اسكتّلندا
Schot (de)	oskotlandy (m)	اسكتّلندي
Schotse (de)	oskotlandiya (f)	اسكتّلنديّة
Schots (bn)	oskotlandy	اسكتلندي
Vaticaanstad (de)	el vatikān (m)	الفاتيكان
Liechtenstein (het)	liʃtenʃtayn (m)	ليشتنشتاين
Luxemburg (het)	luksemburg (f)	لوكسمبورج
Monaco (het)	monako (f)	موناكو

235. Centraal- en Oost-Europa

Albanië (het)	albānia (f)	ألبانيا
Albanees (de)	albāny (m)	ألباني
Albanese (de)	albaniya (f)	ألبانيّة
Albanees (bn)	albāny	ألباني
Bulgarije (het)	bolɣāria (f)	بلغاريا
Bulgaar (de)	bolɣāry (m)	بلغاري
Bulgaarse (de)	bolɣariya (f)	بلغاريّة
Bulgaars (bn)	bolɣāry	بلغاري
Hongarije (het)	el magar (f)	المجر
Hongaar (de)	magary (m)	مجري
Hongaarse (de)	magariya (f)	مجريّة
Hongaars (bn)	magary	مجري
Letland (het)	latvia (f)	لاتفيا
Let (de)	latvy (m)	لاتفي
Letse (de)	latviya (f)	لاتفيّة
Lets (bn)	latvy	لاتفي
Litouwen (het)	litwānia (f)	ليتوانيا
Litouwer (de)	litwāny (m)	لتواني
Litouwse (de)	litwaniya (f)	لتوانيّة
Litouws (bn)	litwāny	لتواني
Polen (het)	bolanda (f)	بولّندا
Pool (de)	bolandy (m)	بولندي
Poolse (de)	bolandiya (f)	بولّنديّة
Pools (bn)	bolanndy	بولّندي
Roemenië (het)	romānia (f)	رومانيا
Roemeen (de)	romāny (m)	روماني
Roemeense (de)	romaniya (f)	رومانيّة
Roemeens (bn)	romāny	روماني
Servië (het)	ṣerbia (f)	صربيا
Serviër (de)	ṣerby (m)	صربي
Servische (de)	ṣerbiya (f)	صربيّة
Servisch (bn)	ṣarby	صربي
Slowakije (het)	slovākia (f)	سلوفاكيا
Slowaak (de)	slovāky (m)	سلوفاكي

Slowaakse (de)	slovakiya (f)	سلوفاكيّة
Slowaakse (bn)	slovāky	سلوفاكي
Kroatië (het)	kroātya (f)	كرواتيا
Kroaat (de)	kroāty (m)	كرواتي
Kroatische (de)	kroatiya (f)	كرواتيّة
Kroatisch (bn)	kroāty	كرواتي
Tsjechië (het)	gomhoriya el tʃīk (f)	جمهورية التشيك
Tsjech (de)	tʃīky (m)	تشيكي
Tsjechische (de)	tʃīkiya (f)	تشيكيّة
Tsjechisch (bn)	tʃīky	تشيكي
Estland (het)	estūnia (f)	إستونيا
Est (de)	estūny (m)	إستوني
Estse (de)	estuniya (f)	إستونيّة
Ests (bn)	estūny	إستوني
Bosnië en Herzegovina (het)	el bosna wel harsek (f)	البوسنة والهرسك
Macedonië (het)	maqdūnia (f)	مقدونيا
Slovenië (het)	slovenia (f)	سلوفينيا
Montenegro (het)	el gabal el aswad (m)	الجبل الأسوّد

236. Voormalige USSR landen

Azerbeidzjan (het)	azrabiʒān (m)	أذربيجان
Azerbeidzjaan (de)	azrabiʒāny (m)	أذربيجاني
Azerbeidjaanse (de)	azrabiʒaniya (f)	أذربيجانيّة
Azerbeidjaans (bn)	azrabiʒāny	أذربيجاني
Armenië (het)	armīnia (f)	أرمينيا
Armeen (de)	armīny (m)	أرميني
Armeense (de)	arminiya (f)	أرمينيّة
Armeens (bn)	armīny	أرميني
Wit-Rusland (het)	belarūsia (f)	بيلاروسيا
Wit-Rus (de)	belarūsy (m)	بيلاروسي
Wit-Russische (de)	belarūsiya (f)	بيلاروسية
Wit-Russisch (bn)	belarūsy	بيلاروسي
Georgië (het)	ʒorʒia (f)	جورجيا
Georgiër (de)	ʒorʒy (m)	جورجي
Georgische (de)	ʒorʒiya (f)	جورجيّة
Georgisch (bn)	ʒorʒy	جورجي
Kazakstan (het)	kazaχistān (f)	كازاخستّان
Kazak (de)	kazaχistāny (m)	كازاخستّاني
Kazakse (de)	kazaχistaniya (f)	كازاخستّانيّة
Kazakse (bn)	kazaχistāny	كازاخستّاني
Kirgizië (het)	qirɣizestān (f)	قيرغيزستان
Kirgiziër (de)	qirɣizestāny (m)	قيرغيزستاني
Kirgizische (de)	qirɣizestaniya (f)	قيرغيزستانيّة
Kirgizische (bn)	qirɣizestāny	قيرغيزستاني

Moldavië (het)	moldāvia (f)	مولدافيا
Moldaviër (de)	moldāvy (m)	مولدافي
Moldavische (de)	moldaviya (f)	مولدافية
Moldavisch (bn)	moldāvy	مولدافي
Rusland (het)	rūsya (f)	روسيا
Rus (de)	rūsy (m)	روسي
Russin (de)	rusiya (f)	روسية
Russisch (bn)	rūsy	روسي
Tadzjikistan (het)	ṭaʒīkistan (f)	طاجيكستان
Tadzjiek (de)	ṭaʒīky (m)	طاجيكي
Tadzjiekse (de)	ṭaʒikiya (f)	طاجيكية
Tadzjieks (bn)	ṭaʒīky	طاجيكي
Turkmenistan (het)	turkmānistān (f)	تركمانستان
Turkmeen (de)	turkmāny (m)	تركماني
Turkmeense (de)	turkmaniya (f)	تركمانية
Turkmeens (bn)	turkmāny	تركماني
Oezbekistan (het)	uzbakistān (f)	أوزبكستان
Oezbeek (de)	uzbaky (m)	أوزبكي
Oezbeekse (de)	uzbakiya (f)	أوزبكية
Oezbeeks (bn)	uzbaky	أوزبكي
Oekraïne (het)	okrānia (f)	أوكرانيا
Oekraïner (de)	okrāny (m)	أوكراني
Oekraïense (de)	okraniya (f)	أوكرانية
Oekraïens (bn)	okrāny	أوكراني

237. Azië

Azië (het)	asya (f)	آسيا
Aziatisch (bn)	'āsyawy	آسيوي
Vietnam (het)	vietnām (f)	فيتنام
Vietnamees (de)	vietnāmy (m)	فيتنامي
Vietnamese (de)	vietnāmiya (f)	فيتنامية
Vietnamees (bn)	vietnāmy	فيتنامي
India (het)	el hend (f)	الهند
Indiër (de)	hendy (m)	هندي
Indische (de)	hendiya (f)	هندية
Indisch (bn)	hendy	هندي
Israël (het)	isra'īl (f)	إسرائيل
Israëliër (de)	isra'īly (m)	إسرائيلي
Israëlische (de)	isra'iliya (f)	إسرائيلية
Israëlisch (bn)	israīly	إسرائيلي
Jood (etniciteit)	yahūdy (m)	يهودي
Jodin (de)	yahudiya (f)	يهودية
Joods (bn)	yahūdy	يهودي
China (het)	el ṣīn (f)	الصين

Chinees (de)	ṣīny (m)	صيني
Chinese (de)	ṣīniya (f)	صينية
Chinees (bn)	ṣīny	صيني
Koreaan (de)	kūry (m)	كوري
Koreaanse (de)	kuriya (f)	كوريّة
Koreaans (bn)	kūry	كوري
Libanon (het)	lebnān (f)	لبنان
Libanees (de)	lebnāny (m)	لبناني
Libanese (de)	lebnāniya (f)	لبنانية
Libanees (bn)	lebnāny	لبناني
Mongolië (het)	manɣūlia (f)	منغوليا
Mongool (de)	manɣūly (m)	منغولي
Mongoolse (de)	manɣuliya (f)	منغوليّة
Mongools (bn)	manɣūly	منغولي
Maleisië (het)	malīzya (f)	ماليزيا
Maleisiër (de)	malīzy (m)	ماليزي
Maleisische (de)	maliziya (f)	ماليزيّة
Maleisisch (bn)	malīzy	ماليزي
Pakistan (het)	bakistān (f)	باكستان
Pakistaan (de)	bakistāny (m)	باكستاني
Pakistaanse (de)	bakistaniya (f)	باكستانيّة
Pakistaans (bn)	bakistāny	باكستاني
Saoedi-Arabië (het)	el so'odiya (f)	السعوديّة
Arabier (de)	'araby (m)	عربي
Arabische (de)	'arabiya (f)	عربية
Arabisch (bn)	'araby	عربي
Thailand (het)	tayland (f)	تايلاند
Thai (de)	taylandy (m)	تايلاندي
Thaise (de)	taylandiya (f)	تايلانديّة
Thai (bn)	taylandy	تايلاندي
Taiwan (het)	taywān (f)	تايوان
Taiwanees (de)	taywāny (m)	تايواني
Taiwanese (de)	taywaniya (f)	تايوانية
Taiwanees (bn)	taywāny	تايواني
Turkije (het)	turkia (f)	تركيا
Turk (de)	turky (m)	تركي
Turkse (de)	turkiya (f)	تركيّة
Turks (bn)	turky	تركي
Japan (het)	el yabān (f)	اليابان
Japanner (de)	yabāny (m)	ياباني
Japanse (de)	yabaniya (f)	يابانية
Japans (bn)	yabāny	ياباني
Afghanistan (het)	afɣanistan (f)	أفغانستان
Bangladesh (het)	bangladeʃ (f)	بنجلاديش
Indonesië (het)	indonisya (f)	إندونيسيا

Jordanië (het)	el ordon (m)	الأردن
Irak (het)	el ʿerāq (m)	العراق
Iran (het)	iran (f)	إيران
Cambodja (het)	kambodya (f)	كمبوديا
Koeweit (het)	el kuweyt (f)	الكويت
Laos (het)	laos (f)	لاوس
Myanmar (het)	myanmar (f)	ميانمار
Nepal (het)	nebāl (f)	نيبال
Verenigde Arabische Emiraten	el emārāt el ʿarabiya el mottaḥeda (pl)	الإمارات العربية المتّحدة
Syrië (het)	soria (f)	سوريا
Palestijnse autonomie (de)	felesṭīn (f)	فلسطين
Zuid-Korea (het)	korea el ganūbiya (f)	كوريا الجنوبيّة
Noord-Korea (het)	korea el ʃamāliya (f)	كوريا الشماليّة

238. Noord-Amerika

Verenigde Staten van Amerika	el welayāt el mottaḥda el amrīkiya (pl)	الولايات المتّحدة الأمريكيّة
Amerikaan (de)	amrīky (m)	أمريكي
Amerikaanse (de)	amrīkiya (f)	أمريكيّة
Amerikaans (bn)	amrīky	أمريكي
Canada (het)	kanada (f)	كندا
Canadees (de)	kanady (m)	كندي
Canadese (de)	kanadiya (f)	كنديّة
Canadees (bn)	kanady	كندي
Mexico (het)	el maksīk (f)	المكسيك
Mexicaan (de)	maksīky (m)	مكسيكي
Mexicaanse (de)	maksīkiya (f)	مكسيكيّة
Mexicaans (bn)	maksīky	مكسيكي

239. Midden- en Zuid-Amerika

Argentinië (het)	arʒantīn (f)	الأرجنتين
Argentijn (de)	arʒantīny (m)	أرجنتيني
Argentijnse (de)	arʒantiniya (f)	أرجنتينيّة
Argentijns (bn)	arʒantīny	أرجنتيني
Brazilië (het)	el barazīl (f)	البرازيل
Braziliaan (de)	barazīly (m)	برازيلي
Braziliaanse (de)	baraziliya (f)	برازيليّة
Braziliaans (bn)	barazīly	برازيلي
Colombia (het)	kolombia (f)	كولومبيا
Colombiaan (de)	kolomby (m)	كولومبي
Colombiaanse (de)	kolombiya (f)	كولومبيّة
Colombiaans (bn)	kolomby	كولومبي
Cuba (het)	kūba (f)	كوبا

Cubaan (de)	kūby (m)	كوبي
Cubaanse (de)	kūbiya (f)	كوبية
Cubaans (bn)	kūby	كوبي
Chili (het)	tʃīly (f)	تشيلي
Chileen (de)	tʃīly (m)	تشيلي
Chileense (de)	tʃīliya (f)	تشيلية
Chileens (bn)	tʃīly	تشيلي
Bolivia (het)	bolivia (f)	بوليفيا
Venezuela (het)	venzweyla (f)	فنزويلا
Paraguay (het)	baraguay (f)	باراجواي
Peru (het)	beru (f)	بيرو
Suriname (het)	surinam (f)	سورينام
Uruguay (het)	uruguay (f)	أوروجواي
Ecuador (het)	el equador (f)	الإكوادور
Bahama's (mv.)	gozor el bahāmas (pl)	جزر البهاماس
Haïti (het)	haīti (f)	هايتي
Dominicaanse Republiek (de)	gomhoriya el dominikan (f)	جمهوريّة الدومينيكان
Panama (het)	banama (f)	بنما
Jamaica (het)	ʒamayka (f)	جامايكا

240. Afrika

Egypte (het)	maṣr (f)	مصر
Egyptenaar (de)	maṣry (m)	مصري
Egyptische (de)	maṣriya (f)	مصريّة
Egyptisch (bn)	maṣry	مصري
Marokko (het)	el maɣreb (m)	المغرب
Marokkaan (de)	maɣreby (m)	مغربي
Marokkaanse (de)	maɣrebiya (f)	مغربية
Marokkaans (bn)	maɣreby	مغربي
Tunesië (het)	tunis (f)	تونس
Tunesiër (de)	tunsy (m)	تونسي
Tunesische (de)	tunesiya (f)	تونسيّة
Tunesisch (bn)	tunsy	تونسي
Ghana (het)	ɣana (f)	غانا
Zanzibar (het)	zanʒibār (f)	زنجبار
Kenia (het)	kenya (f)	كينيا
Libië (het)	libya (f)	ليبيا
Madagaskar (het)	madaɣaʃkar (f)	مدغشقر
Namibië (het)	namibia (f)	ناميبيا
Senegal (het)	el senɣāl (f)	السنغال
Tanzania (het)	tanznia (f)	تنزانيا
Zuid-Afrika (het)	afreqia el ganūbiya (f)	أفريقيا الجنوبيّة
Afrikaan (de)	afrīqy (m)	أفريقي
Afrikaanse (de)	afriqiya (f)	أفريقية
Afrikaans (bn)	afrīqy	أفريقي

241. Australië. Oceanië

Australië (het)	ostorālya (f)	أستراليا
Australiër (de)	ostorāly (m)	أسترالي
Australische (de)	ostoraleya (f)	أستراليّة
Australisch (bn)	ostorāly	أسترالي
Nieuw-Zeeland (het)	nyu zelanda (f)	نيوزيلندا
Nieuw-Zeelander (de)	nyu zelandy (m)	نيوزيلندي
Nieuw-Zeelandse (de)	nyu zelandiya (f)	نيوزيلنديّة
Nieuw-Zeelands (bn)	nyu zelandy	نيوزيلندي
Tasmanië (het)	tasmania (f)	تاسمانيا
Frans-Polynesië	bolenezia el faransiya (f)	بولينزيا الفرنسيّة

242. Steden

Amsterdam	amesterdam (f)	امستردام
Ankara	ankara (f)	أنقرة
Athene	atīna (f)	أثينا
Bagdad	baɣdād (f)	بغداد
Bangkok	bangkok (f)	بانكوك
Barcelona	barʃelona (f)	برشلونة
Beiroet	beyrut (f)	بيروت
Berlijn	berlin (f)	برلين
Boedapest	budabest (f)	بودابست
Boekarest	buχarest (f)	بوخارست
Bombay, Mumbai	bombay (f)	بومباى
Bonn	bonn (f)	بون
Bordeaux	bordu (f)	بوردو
Bratislava	bratislava (f)	براتيسلافا
Brussel	broksel (f)	بروكسل
Caïro	el qahera (f)	القاهرة
Calcutta	kalkutta (f)	كلكتا
Chicago	ʃikāgo (f)	شيكاجو
Dar Es Salaam	dar el salām (f)	دار السلام
Delhi	delhi (f)	دلهي
Den Haag	lahāy (f)	لاهاى
Dubai	dubaī (f)	دبي
Dublin	dablin (f)	دبلن
Düsseldorf	dusseldorf (f)	دوسلدورف
Florence	florensa (f)	فلورنسا
Frankfort	frankfurt (f)	فرانكفورت
Genève	ʒenive (f)	جنيف
Hamburg	hamburg (m)	هامبورج
Hanoi	hanoy (f)	هانوى
Havana	havana (f)	هافانا
Helsinki	helsinki (f)	هلسنكي

Hiroshima	hiroʃīma (f)	هيروشيما
Hongkong	hong kong (f)	هونج كونج
Istanbul	isṭanbul (f)	إسطنبول
Jeruzalem	el qods (f)	القدس
Kiev	kyiv (f)	كييف
Kopenhagen	kobenhāgen (f)	كوبنهاجن
Kuala Lumpur	kuala lumpur (f)	كوالالمبور
Lissabon	laʃbūna (f)	لشبونة
Londen	london (f)	لندن
Los Angeles	los anʒeles (f)	لوس أنجلوس
Lyon	lyon (f)	ليون
Madrid	madrīd (f)	مدريد
Marseille	marsilia (f)	مرسيليا
Mexico-Stad	madīnet meksiko (f)	مدينة مكسيكو
Miami	mayami (f)	ميامي
Montreal	montreal (f)	مونتريال
Moskou	moskū (f)	موسكو
München	munix (f)	ميونخ
Nairobi	nayrobi (f)	نيروبي
Napels	naboli (f)	نابولي
New York	nyu york (f)	نيويورك
Nice	nīs (f)	نيس
Oslo	oslo (f)	أوسلو
Ottawa	ottawa (f)	أوتاوا
Parijs	baris (f)	باريس
Peking	bekīn (f)	بيكين
Praag	braɣ (f)	براغ
Rio de Janeiro	rio de ʒaneyro (f)	ريو دي جانيرو
Rome	roma (f)	روما
Seoel	seūl (f)	سيول
Singapore	sinɣafūra (f)	سنغافورة
Sint-Petersburg	sant betersburɣ (f)	سانت بطرسبرغ
Sjanghai	ʃanghay (f)	شنجهاي
Stockholm	stokχolm (f)	ستوكهولم
Sydney	sydney (f)	سيدني
Taipei	taybey (f)	تايبيه
Tokio	ṭokyo (f)	طوكيو
Toronto	toronto (f)	تورونتو
Venetië	venesya (f)	فينيسيا
Warschau	warsaw (f)	وارسو
Washington	waʃinṭon (f)	واشنطن
Wenen	vienna (f)	فيينا

243. Politiek. Overheid. Deel 1

politiek (de)	seyāsa (f)	سياسة
politiek (bn)	seyāsy	سياسي

politicus (de)	seyāsy (m)	سياسي
staat (land)	dawla (f)	دولة
burger (de)	mowāṭen (m)	مواطن
staatsburgerschap (het)	mewaṭna (f)	مواطنة
nationaal wapen (het)	ʃe'ār waṭany (m)	شعار وطني
volkslied (het)	naʃīd waṭany (m)	نشيد وطني
regering (de)	ḥokūma (f)	حكومة
staatshoofd (het)	ra's el dawla (m)	رأس الدولة
parlement (het)	barlamān (m)	برلمان
partij (de)	ḥezb (m)	حزب
kapitalisme (het)	ra'smaliya (f)	رأسماليّة
kapitalistisch (bn)	ra'smāly	رأسمالي
socialisme (het)	eʃterakiya (f)	إشتراكيّة
socialistisch (bn)	eʃterāky	إشتراكي
communisme (het)	ʃeyū'iya (f)	شيوعيّة
communistisch (bn)	ʃeyū'y	شيوعي
communist (de)	ʃeyū'y (m)	شيوعي
democratie (de)	dīmoqraṭiya (f)	ديموقراطيّة
democraat (de)	demoqrāṭy (m)	ديموقراطي
democratisch (bn)	demoqrāṭy	ديموقراطي
democratische partij (de)	el ḥezb el demokrāṭy (m)	الحزب الديموقراطي
liberaal (de)	librāly (m)	ليبرالي
liberaal (bn)	librāly	ليبرالي
conservator (de)	moḥāfeẓ (m)	محافظ
conservatief (bn)	moḥāfeẓ	محافظ
republiek (de)	gomhoriya (f)	جمهورية
republikein (de)	gomhūry (m)	جمهوري
Republikeinse Partij (de)	el ḥezb el gomhūry (m)	الحزب الجمهوري
verkiezing (de)	entaχabāt (pl)	إنتخابات
kiezen (ww)	entaχab	إنتخب
kiezer (de)	nāχeb (m)	ناخب
verkiezingscampagne (de)	ḥamla enteχabiya (f)	حملة إنتخابيّة
stemming (de)	taṣwīt (m)	تصويت
stemmen (ww)	ṣawwat	صوّت
stemrecht (het)	ḥa' el enteχāb (m)	حق الإنتخاب
kandidaat (de)	morasʃaḥ (m)	مرشّح
zich kandideren	rasʃaḥ nafsoh	رشّح نفسه
campagne (de)	ḥamla (f)	حملة
oppositie- (abn)	mo'āreḍ	معارض
oppositie (de)	mo'arḍa (f)	معارضة
bezoek (het)	zeyāra (f)	زيارة
officieel bezoek (het)	zeyāra rasmiya (f)	زيارة رسميّة
internationaal (bn)	dawly	دوّلي

onderhandelingen (mv.)	mofawḍāt (pl)	مفاوضات
onderhandelen (ww)	tafāwaḍ	تفاوض

244. Politiek. Overheid. Deel 2

maatschappij (de)	mogtama' (m)	مجتمع
grondwet (de)	dostūr (m)	دستور
macht (politieke ~)	solṭa (f)	سلطة
corruptie (de)	fasād (m)	فساد
wet (de)	qanūn (m)	قانون
wettelijk (bn)	qanūny	قانوني
rechtvaardigheid (de)	'adāla (f)	عدالة
rechtvaardig (bn)	'ādel	عادل
comité (het)	lagna (f)	لجنة
wetsvoorstel (het)	maʃrū' qanūn (m)	مشروع قانون
begroting (de)	mowazna (f)	موازنة
beleid (het)	seyāsa (f)	سياسة
hervorming (de)	eṣlāḥ (m)	إصلاح
radicaal (bn)	oṣūly	أصولي
macht (vermogen)	'owwa (f)	قوّة
machtig (bn)	'awy	قوّي
aanhanger (de)	mo'ayed (m)	مؤيد
invloed (de)	ta'sīr (m)	تأثير
regime (het)	nezām ḥokm (m)	نظام حكم
conflict (het)	χelāf (m)	خلاف
samenzwering (de)	mo'amra (f)	مؤامرة
provocatie (de)	estefzāz (m)	إستفزاز
omverwerpen (ww)	asqaṭ	أسقط
omverwerping (de)	esqāṭ (m)	إسقاط
revolutie (de)	sawra (f)	ثوّرة
staatsgreep (de)	enqelāb (m)	إنقلاب
militaire coup (de)	enqelāb 'askary (m)	إنقلاب عسكري
crisis (de)	azma (f)	أزمة
economische recessie (de)	rokūd eqteṣādy (m)	ركود إقتصادي
betoger (de)	motaẓāher (m)	متظاهر
betoging (de)	mozahra (f)	مظاهرة
krijgswet (de)	ḥokm 'orfy (m)	حكم عرفي
militaire basis (de)	qa'eda 'askariya (f)	قاعدة عسكريّة
stabiliteit (de)	esteqrār (m)	إستقرار
stabiel (bn)	mostaqerr	مستقرّ
uitbuiting (de)	esteɣlāl (m)	إستغلال
uitbuiten (ww)	estaɣall	إستغلّ
racisme (het)	'onṣoriya (f)	عنصريّة
racist (de)	'onṣory (m)	عنصري

fascisme (het)	faʃiya (f)	فاشيّة
fascist (de)	fāʃy (m)	فاشي

245. Landen. Diversen

vreemdeling (de)	agnaby (m)	أجنبي
buitenlands (bn)	agnaby	أجنبي
in het buitenland (bw)	fel χāreg	في الخارج
emigrant (de)	mohāger (m)	مهاجر
emigratie (de)	hegra (f)	هجرة
emigreren (ww)	hāgar	هاجر
Westen (het)	el ɣarb (m)	الغرب
Oosten (het)	el ʃar' (m)	الشرق
Verre Oosten (het)	el ʃar' el aqṣa (m)	الشرق الأقصى
beschaving (de)	ḥaḍāra (f)	حضارة
mensheid (de)	el baʃariya (f)	البشريّة
wereld (de)	el ʿālam (m)	العالم
vrede (de)	salām (m)	سلام
wereld- (abn)	ʿālamy	عالمي
vaderland (het)	waṭan (m)	وطن
volk (het)	ʃaʿb (m)	شعب
bevolking (de)	sokkān (pl)	سكّان
mensen (mv.)	nās (pl)	ناس
natie (de)	omma (f)	أمّة
generatie (de)	gīl (m)	جيل
gebied (bijv. bezette ~en)	arḍ (f)	أرض
regio, streek (de)	mante'a (f)	منطقة
deelstaat (de)	welāya (f)	ولاية
traditie (de)	ta'līd (m)	تقليد
gewoonte (de)	ʿāda (f)	عادة
ecologie (de)	ʿelm el bī'a (m)	علم البيئة
Indiaan (de)	hendy aḥmar (m)	هندي أحمر
zigeuner (de)	ɣagary (m)	غجري
zigeunerin (de)	ɣagariya (f)	غجريّة
zigeuner- (abn)	ɣagary	غجري
rijk (het)	embraṭoriya (f)	إمبراطورية
kolonie (de)	mostaʿmara (f)	مستعمرة
slavernij (de)	ʿobūdiya (f)	عبودية
invasie (de)	ɣazw (m)	غزو
hongersnood (de)	magāʿa (f)	مجاعة

246. Grote religieuze groepen. Bekentenissen

religie (de)	dīn (m)	دين
religieus (bn)	dīny	ديني

geloof (het)	emān (m)	إيمان
geloven (ww)	aman	أمن
gelovige (de)	mo'men (m)	مؤمن
atheïsme (het)	el elḥād (m)	الإلحاد
atheïst (de)	molḥed (m)	ملحد
christendom (het)	el masīḥiya (f)	المسيحيّة
christen (de)	mesīḥy (m)	مسيحي
christelijk (bn)	mesīḥy	مسيحي
katholicisme (het)	el kasolekiya (f)	الكاثوليكيّة
katholiek (de)	kasolīky (m)	كاثوليكي
katholiek (bn)	kasolīky	كاثوليكي
protestantisme (het)	brotestantiya (f)	بروتستانتية
Protestante Kerk (de)	el kenīsa el brotestantiya (f)	الكنيسة البروتستانتية
protestant (de)	brotestanty (m)	بروتستانتي
orthodoxie (de)	orsozeksiya (f)	الأرثوذكسيّة
Orthodoxe Kerk (de)	el kenīsa el orsozeksiya (f)	الكنيسة الأرثوذكسيّة
orthodox	arsazoksy (m)	أرثوذكسي
presbyterianisme (het)	maʃīχiya (f)	مشيخية
Presbyteriaanse Kerk (de)	el kenīsa el maʃīχiya (f)	الكنيسة المشيخية
presbyteriaan (de)	maʃīχiya (f)	مشيخية
lutheranisme (het)	el luseriya (f)	اللوثرية
lutheraan (de)	luterriya (m)	لوثرية
baptisme (het)	el kenīsa el me'medaniya (f)	الكنيسة المعمدانية
baptist (de)	me'medāny (m)	معمداني
Anglicaanse Kerk (de)	el kenīsa el anʒlekaniya (f)	الكنيسة الإنجليكانية
anglicaan (de)	enʒelikāny (m)	أنجليكاني
mormonisme (het)	el moromoniya (f)	المورمونية
mormoon (de)	mesīḥy mormōn (m)	مسيحي مرمون
Jodendom (het)	el yahūdiya (f)	اليهودية
jood (aanhanger van het Jodendom)	yahūdy (m)	يهودي
boeddhisme (het)	el būziya (f)	البوذية
boeddhist (de)	būzy (m)	بوذي
hindoeïsme (het)	el hindūsiya (f)	الهندوسية
hindoe (de)	hendūsy (m)	هندوسي
islam (de)	el islām (m)	الإسلام
islamiet (de)	muslim (m)	مسلم
islamitisch (bn)	islāmy	إسلامي
sjiisme (het)	el mazhab el ʃee'y (m)	المذهب الشيعي
sjiiet (de)	ʃee'y (m)	شيعي
soennisme (het)	el mazhab el sunny (m)	المذهب السنّي
soenniet (de)	sunni (m)	سنّي

247. Religies. Priesters

priester (de)	kāhen (m)	كاهن
paus (de)	el bāba (m)	البابا
monnik (de)	rāheb (m)	راهب
non (de)	rāheba (f)	راهبة
pastoor (de)	'essīs (m)	قسّيس
abt (de)	ra'īs el deyr (m)	رئيس الدير
vicaris (de)	viqār (m)	فيقار
bisschop (de)	asqof (m)	أسقف
kardinaal (de)	kardinal (m)	كاردينال
predikant (de)	mobasʃer (m)	مبشّر
preek (de)	tabʃīr (f)	تبشير
kerkgangers (mv.)	ra'yet el abraʃiya (f)	رعية الأبرشية
gelovige (de)	mo'men (m)	مؤمن
atheïst (de)	molḥed (m)	ملحد

248. Geloof. Christendom. Islam

Adam	'ādam (m)	آدم
Eva	ḥawwā' (f)	حوّاء
God (de)	allah (m)	الله
Heer (de)	el rabb (m)	الربّ
Almachtige (de)	el qadīr (m)	القدير
zonde (de)	zanb (m)	ذنب
zondigen (ww)	aznab	أذنب
zondaar (de)	mozneb (m)	مذنب
zondares (de)	mozneba (f)	مذنبة
hel (de)	el gaḥīm (f)	الجحيم
paradijs (het)	el ganna (f)	الجنّة
Jezus	yasū' (m)	يسوع
Jezus Christus	yasū' el masīḥ (m)	يسوع المسيح
Heilige Geest (de)	el rūḥ el qods (m)	الروح القدس
Verlosser (de)	el masīḥ (m)	المسيح
Maagd Maria (de)	maryem el 'azrā' (f)	مريم العذراء
duivel (de)	el ʃayṭān (m)	الشيطان
duivels (bn)	ʃeyṭāny	شيطاني
Satan	el ʃayṭān (m)	الشيطان
satanisch (bn)	ʃeyṭāny	شيطاني
engel (de)	malāk (m)	ملاك
beschermengel (de)	malāk ḥāres (m)	ملاك حارس
engelachtig (bn)	malā'eky	ملائكي

apostel (de)	rasūl (m)	رسول
aartsengel (de)	el malāk el ra'īsy (m)	الملاك الرئيسي
antichrist (de)	el masīḥ el daggāl (m)	المسيح الدجّال
Kerk (de)	el kenīsa (f)	الكنيسة
bijbel (de)	el ketāb el moqaddas (m)	الكتاب المقدّس
bijbels (bn)	tawrāty	توراتي
Oude Testament (het)	el ʿahd el ʾadīm (m)	العهد القديم
Nieuwe Testament (het)	el ʿahd el gedīd (m)	العهد الجديد
evangelie (het)	engīl (m)	إنجيل
Heilige Schrift (de)	el ketāb el moqaddas (m)	الكتاب المقدّس
Hemel, Hemelrijk (de)	el ganna (f)	الجنّة
gebod (het)	waṣiya (f)	وصيّة
profeet (de)	naby (m)	نبي
profetie (de)	nobūʾa (f)	نبوءة
Allah	allah (m)	الله
Mohammed	moḥammed (m)	محمّد
Koran (de)	el qorʾān (m)	القرآن
moskee (de)	masged (m)	مسجد
moellah (de)	mullah (m)	ملا
gebed (het)	ṣalāh (f)	صلاة
bidden (ww)	ṣalla	صلّى
pelgrimstocht (de)	ḥagg (m)	حج
pelgrim (de)	ḥagg (m)	حاج
Mekka	makka el mokarrama (f)	مكة المكرّمة
kerk (de)	kenīsa (f)	كنيسة
tempel (de)	maʿbad (m)	معبد
kathedraal (de)	katedraʾiya (f)	كاتدرائية
gotisch (bn)	qūṭy	قوطي
synagoge (de)	kenīs (m)	كنيس
moskee (de)	masged (m)	مسجد
kapel (de)	kenīsa saɣīra (f)	كنيسة صغيرة
abdij (de)	deyr (m)	دير
nonnenklooster (het)	deyr (m)	دير
mannenklooster (het)	deyr (m)	دير
klok (de)	garas (m)	جرس
klokkentoren (de)	borg el garas (m)	برج الجرس
luiden (klokken)	daʾʾ	دقّ
kruis (het)	ṣalīb (m)	صليب
koepel (de)	ʾobba (f)	قبّة
icoon (de)	ramz (m)	رمز
ziel (de)	nafs (f)	نفس
lot, noodlot (het)	maṣīr (m)	مصير
kwaad (het)	ʃarr (m)	شرّ
goed (het)	χeyr (m)	خير
vampier (de)	maṣṣāṣ demāʾ (m)	مصّاص دماء

heks (de)	sāḥera (f)	ساحرة
demoon (de)	ʃeṭān (m)	شيطان
geest (de)	roḥe (m)	روح
verzoeningsleer (de)	takfīr (m)	تكفير
vrijkopen (ww)	kaffar ʻan	كفّر عن
mis (de)	qedās (m)	قداس
de mis opdragen	'ām be χedma dīniya	قام بخدمة دينية
biecht (de)	eʻterāf (m)	إعتراف
biechten (ww)	eʻtaraf	إعترف
heilige (de)	qeddīs (m)	قدّيس
heilig (bn)	moqaddas (m)	مقدّس
wijwater (het)	maya moqaddesa (f)	ماية مقدّسة
ritueel (het)	ʃaʻā'er (pl)	شعائر
ritueel (bn)	ʃaʻā'ery	شعائري
offerande (de)	zabīḥa (f)	ذبيحة
bijgeloof (het)	χorāfa (f)	خرافة
bijgelovig (bn)	mo'men bel χorafāt (m)	مؤمن بالخرافات
hiernamaals (het)	aχra (f)	الآخرة
eeuwige leven (het)	ḥayat el abadiya (f)	حياة الأبدية

DIVERSEN

249. Diverse nuttige woorden

achtergrond (de)	χalefiya (f)	خلفية
balans (de)	tawāzon (m)	توازن
basis (de)	asās (m)	أساس
begin (het)	bedāya (f)	بداية
beurt (wie is aan de ~?)	dore (m)	دور
categorie (de)	fe'a (f)	فئة
comfortabel (~ bed, enz.)	morīḥ	مريح
compensatie (de)	ta'wīḍ (m)	تعويض
deel (gedeelte)	goz' (m)	جزء
deeltje (het)	goz' (m)	جزء
ding (object, voorwerp)	ḥāga (f)	حاجة
dringend (bn, urgent)	mesta'gel	مستعجل
dringend (bw, met spoed)	be ʃakl 'āgel	بشكل عاجل
effect (het)	ta'sīr (m)	تأثير
eigenschap (kwaliteit)	χaṣṣa (f)	خاصّة
einde (het)	nehāya (f)	نهاية
element (het)	'onṣor (m)	عنصر
feit (het)	ḥa'ī'a (f)	حقيقة
fout (de)	χaṭa' (m)	خطأ
geheim (het)	serr (m)	سرّ
graad (mate)	daraga (f)	درجة
groei (ontwikkeling)	nomoww (m)	نموّ
hindernis (de)	ḥāgez (m)	حاجز
hinderpaal (de)	'aqaba (f)	عقبة
hulp (de)	mosa'da (f)	مساعدة
ideaal (het)	mesāl (m)	مثال
inspanning (de)	mag-hūd (m)	مجهود
keuze (een grote ~)	eχteyār (m)	إختيار
labyrint (het)	matāha (f)	متاهة
manier (de)	ṭarī'a (f)	طريقة
moment (het)	laḥza (f)	لحظة
nut (bruikbaarheid)	manf'a (f)	منفعة
onderscheid (het)	far' (m)	فرق
ontwikkeling (de)	tanmeya (f)	تنمية
oplossing (de)	ḥall (m)	حلّ
origineel (het)	aṣl (m)	أصل
pauze (de)	estrāḥa (f)	إستراحة
positie (de)	mawqef (m)	موّقف
principe (het)	mabda' (m)	مبدأ

probleem (het)	moʃkela (f)	مشكلة
proces (het)	ʿamaliya (f)	عمليّة
reactie (de)	radd feʿl (m)	ردّ فعل
reden (om ~ van)	sabab (m)	سبب
risico (het)	moχaṭra (f)	مخاطرة
samenvallen (het)	ṣodfa (f)	صدفة
serie (de)	selsela (f)	سلسلة
situatie (de)	ḥāla (f), waḍʿ (m)	حالة, وضع
soort (bijv. ~ sport)	nūʿ (m)	نوع
standaard (bn)	ʿādy -qeyāsy	عادي, قياسي
standaard (de)	ʾeyās (m)	قياس
stijl (de)	oslūb (m)	أسلوب
stop (korte onderbreking)	estrāḥa (f)	إستراحة
systeem (het)	nezām (m)	نظام
tabel (bijv. ~ van Mendelejev)	gadwal (m)	جدول
tempo (langzaam ~)	eqāʿ (m)	إيقاع
term (medische ~en)	moṣṭalaḥ (m)	مصطلح
type (soort)	nūʿ (m)	نوع
variant (de)	ʃakl moχtalef (m)	شكل مختلف
veelvuldig (bn)	motakarrer (m)	متكرّر
vergelijking (de)	moqarna (f)	مقارنة
voorbeeld (het goede ~)	mesāl (m)	مثال
voortgang (de)	taʾaddom (m)	تقدّم
voorwerp (ding)	mawḍūʿ (m)	موضوع
vorm (uiterlijke ~)	ʃakl (m)	شكل
waarheid (de)	ḥaʾīʾa (f)	حقيقة
zone (de)	manteʾa (f)	منطقة

250. Beperkende bijwoorden. Bijvoeglijke naamwoorden. Deel 1

accuraat (uurwerk, enz.)	motqan	متقن
achter- (abn)	χalfy	خلفي
additioneel (bn)	eḍāfy	إضافي
anders (bn)	moχtalef	مختلف
arm (bijv. ~e landen)	faʾīr	فقير
begrijpelijk (bn)	wāḍeḥ	واضح
belangrijk (bn)	mohemm	مهمّ
belangrijkst (bn)	ahamm	أهمّ
beleefd (bn)	moʾaddab	مؤدّب
beperkt (bn)	maḥdūd	محدود
betekenisvol (bn)	mohemm	مهمّ
bijziend (bn)	ʾaṣīr el naẓar	قصير النظر
binnen- (abn)	dāχely	داخلي
bitter (bn)	morr	مرّ
blind (bn)	aʿma	أعمى
breed (een ~e straat)	wāseʿ	واسع

breekbaar (porselein, glas)	qābel lel kasr	قابل للكسر
buiten- (abn)	χāregy	خارجي
buitenlands (bn)	agnaby	أجنبي
burgerlijk (bn)	madany	مدني
centraal (bn)	markazy	مركزي
dankbaar (bn)	ʃāker	شاكر
dicht (~e mist)	kasīf	كثيف
dicht (bijv. ~e mist)	kasīf	كثيف
dicht (in de ruimte)	ʾarīb	قريب
dicht (bn)	ʾarīb	قريب
dichtstbijzijnd (bn)	aʾʾrab	أقرب
diepvries (~product)	mogammad	مجمّد
dik (bijv. muur)	teχīn	تخين
dof (~ licht)	bāhet	باهت
dom (dwaas)	ɣaby	غبي
donker (bijv. ~e kamer)	ḍalma	ظلمة
dood (bn)	mayet	ميّت
doorzichtig (bn)	ʃaffāf	شفّاف
droevig (~ blik)	zaʿlān	زعلان
droog (bn)	nāʃef	ناشف
dun (persoon)	rofayaʿ	رفيّع
duur (bn)	ɣāly	غالي
eender (bn)	momāsel	مماثل
eenvoudig (bn)	sahl	سهل
eenvoudig (bn)	basīṭ	بسيط
eeuwenoude (~ beschaving)	ʾadīm	قديم
enorm (bn)	ḍaχm	ضخم
geboorte- (stad, land)	aṣly	أصلي
gebruind (bn)	asmar	أسمر
gelijkend (bn)	ʃabīh	شبيه
gelukkig (bn)	saʿīd	سعيد
gesloten (bn)	maʾfūl	مقفول
getaand (bn)	asmar	أسمر
gevaarlijk (bn)	χaṭīr	خطير
gewoon (bn)	ʿādy	عادي
gezamenlijk (~ besluit)	moʃtarak	مشترك
glad (~ oppervlak)	amlas	أملس
glad (~ oppervlak)	mosaṭṭaḥ	مسطّح
goed (bn)	kewayes	كويّس
goedkoop (bn)	reχīṣ	رخيص
gratis (bn)	be balāʃ	ببلاش
groot (bn)	kebīr	كبير
hard (niet zacht)	gāmed	جامد
heel (volledig)	koll el nās	كلّ
heet (bn)	soχn	سخن
hongerig (bn)	geʿān	جعان

hoofd- (abn)	ra'īsy	رئيسي
hoogste (bn)	a'la	أعلى
huidig (courant)	ḥāḍer	حاضر
jong (bn)	ʃāb	شاب
juist, correct (bn)	ṣaḥīḥ	صحيح
kalm (bn)	hady	هادئ
kinder- (abn)	lel aṭfāl	للأطفال
klein (bn)	ṣoɣeyyir	صغيّر
koel (~ weer)	mon'eʃ	منعش
kort (kortstondig)	'aṣīr	قصير
kort (niet lang)	'aṣīr	قصير
koud (~ water, weer)	bāred	بارد
kunstmatig (bn)	ṣenā'y	صناعي
laatst (bn)	'āχer	آخر
lang (een ~ verhaal)	ṭawīl	طويل
langdurig (bn)	momtad	ممتد
lastig (~ probleem)	ṣa'b	صعب
leeg (glas, kamer)	χāly	خالي
lekker (bn)	ṭa'mo ḥelw	طعمه حلو
licht (kleur)	fāteḥ	فاتح
licht (niet veel weegt)	χafīf	خفيف
linker (bn)	el ʃemāl	الشمال
luid (bijv. ~e stem)	'āly	عالي
mager (bn)	rofaya'	رفيّع
mat (bijv. ~ verf)	maṭfy	مطفي
moe (bn)	ta'bān	تعبان
moeilijk (~ besluit)	ṣa'b	صعب
mogelijk (bn)	momken	ممكن
mooi (bn)	gamīl	جميل
mysterieus (bn)	ɣāmeḍ	غامض
naburig (bn)	mogāwer	مجاور
nalatig (bn)	mohmel	مهمل
nat (~te kleding)	mablūl	مبلول
nerveus (bn)	'aṣaby	عصبي
niet groot (bn)	meʃ kebīr	مش كبير
niet moeilijk (bn)	meʃ ṣa'b	مش صعب
nieuw (bn)	gedīd	جديد
nodig (bn)	lāzem	لازم
normaal (bn)	'ādy	عادي

251. Beperkende bijwoorden. Bijvoeglijke naamwoorden. Deel 2

onbegrijpelijk (bn)	meʃ wāḍeḥ	مش واضح
onbelangrijk (bn)	meʃ mohemm	مش مهمّ
onbeweeglijk (bn)	sābet	ثابت
onbewolkt (bn)	ṣāfy	صافي

ondergronds (geheim)	serry	سرّي
ondiep (bn)	ḍaḥl	ضحل
onduidelijk (bn)	meʃ wāḍeḥ	مش واضح
onervaren (bn)	ʾalīl el χebra	قليل الخبرة
onmogelijk (bn)	mostaḥīl	مستحيل
onontbeerlijk (bn)	ḍarūry	ضروري
onophoudelijk (bn)	motawāṣal	متواصل
ontkennend (bn)	salby	سلبي
open (bn)	maftūḥ	مفتوح
openbaar (bn)	ʿām	عام
origineel (ongewoon)	aṣly	أصلي
oud (~ huis)	ʾadīm	قديم
overdreven (bn)	mofreṭ	مفرط
passend (bn)	monāseb	مناسب
permanent (bn)	dāʾem	دائم
persoonlijk (bn)	ʃaχṣy	شخصي
plat (bijv. ~ scherm)	mosaṭṭaḥ	مسطّح
prachtig (~ paleis, enz.)	gamīl	جميل
precies (bn)	maẓbūṭ	مظبوط
prettig (bn)	laṭīf	لطيف
privé (bn)	χāṣṣa	خاصّة
punctueel (bn)	daqīq	دقيق
rauw (niet gekookt)	nayī	نيّ
recht (weg, straat)	mostaqīm	مستقيم
rechter (bn)	el yemīn	اليمين
rijp (fruit)	mestewy	مستوّي
riskant (bn)	mogāzef	مجازف
ruim (een ~ huis)	wāseʿ	واسع
rustig (bn)	hady	هادئ
scherp (bijv. ~ mes)	ḥād	حاد
schoon (niet vies)	neḍīf	نظيف
slecht (bn)	weḥeʃ	وحش
slim (verstandig)	zaky	ذكي
smal (~le weg)	ḍayeʾ	ضيق
snel (vlug)	sareeʿ	سريع
somber (bn)	moẓlem	مظلم
speciaal (bn)	χāṣṣ	خاصّ
sterk (bn)	ʾawy	قوّي
stevig (bn)	matīn	متين
straatarm (bn)	moʿdam	معدم
strak (schoenen, enz.)	ḍayeʾ	ضيّق
teder (liefderijk)	ḥanūn	حنون
tegenovergesteld (bn)	moqābel	مقابل
tevreden (bn)	rāḍy	راضي
tevreden (klant, enz.)	rāḍy	راضي
treurig (bn)	zaʿlān	زعلان
tweedehands (bn)	mostaʿmal	مستعمل
uitstekend (bn)	momtāz	ممتاز

uitstekend (bn)	momtāz	ممتاز
uniek (bn)	farīd	فريد
veilig (niet gevaarlijk)	'āmen	آمن
ver (in de ruimte)	be'īd	بعيد
verenigbaar (bn)	motawāfaq	متوافق
vermoeiend (bn)	mot'eb	متعب
verplicht (bn)	ḍarūry	ضروري
vers (~ brood)	ṭāza	طازة
verschillende (bn)	moχtalef	مختلف
verst (meest afgelegen)	be'īd	بعيد
vettig (voedsel)	dasem	دسم
vijandig (bn)	meʃ weddy	مش ودّي
vloeibaar (bn)	sā'el	سائل
vochtig (bn)	roṭob	رطب
vol (helemaal gevuld)	malyān	مليان
volgend (~ jaar)	elly gayī	اللي جاي
vorig (bn)	elly fāt	اللي فات
voornaamste (bn)	asāsy	أساسي
vorig (~ jaar)	māḍy	ماضي
vorig (bijv. ~e baas)	elly fāt	اللي فات
vriendelijk (aardig)	laṭīf	لطيف
vriendelijk (goedhartig)	ṭayeb	طيّب
vrij (bn)	ḥorr	حرّ
vrolijk (bn)	farḥān	فرحان
vruchtbaar (~ land)	χeṣb	خصب
vuil (niet schoon)	weseχ	وسخ
waarschijnlijk (bn)	moḥtamal	محتمل
warm (bn)	dāfe'	دافئ
wettelijk (bn)	qanūny	قانوني
zacht (bijv. ~ kussen)	nā'em	ناعم
zacht (bn)	wāṭy	واطي
zeldzaam (bn)	nāder	نادر
ziek (bn)	'ayān	عيّان
zoet (~ water)	'azb	عذب
zoet (bn)	mesakkar	مسكّر
zonnig (~e dag)	moʃmes	مشمس
zorgzaam (bn)	mohtamm	مهتمّ
zout (de soep is ~)	māleḥ	مالح
zuur (smaak)	ḥāmeḍ	حامض
zwaar (~ voorwerp)	te'īl	ثقيل

DE 500 BELANGRIJKSTE WERKWOORDEN

252. Werkwoorden A-C

aaien (bijv. een konijn ~)	masaḥ ‘ala	مسح على
aanbevelen (ww)	naṣaḥ	نصح
aandringen (ww)	aṣarr	أصر
aankomen (ov. de treinen)	weṣel	وصل
aanleggen (bijv. bij de pier)	rasa	رسا
aanraken (met de hand)	lamas	لمس
aansteken (kampvuur, enz.)	walla‘	ولّع
aanstellen (in functie plaatsen)	‘ayen	عيّن
aanvallen (mil.)	hagam	هجم
aanvoelen (gevaar ~)	ḥass be	حس بـ
aanvoeren (leiden)	ra’s	رأس
aanwijzen (de weg ~)	ʃāwer	شاور
aanzetten (computer, enz.)	fataḥ, ʃagɣal	فتح, شغّل
ademen (ww)	ettnaffes	إتّنفّس
adverteren (ww)	a‘lan	أعلن
adviseren (ww)	naṣaḥ	نصح
afdalen (on.ww.)	nezel	نزل
afgunstig zijn (ww)	ḥasad	حسد
afhakken (ww)	’aṭṭa‘	قطّع
afhangen van …	e‘tamad ‘ala …	إعتمد على...
afluisteren (ww)	tanaṣṣat	تنصّت
afnemen (verwijderen)	ʃāl	شال
afrukken (ww)	’aṭa‘	قطع
afslaan (naar rechts ~)	ḥād	حاد
afsnijden (ww)	’aṭṭa‘	قطّع
afzeggen (ww)	alɣa	ألغى
amputeren (ww)	batr	بتر
amuseren (ww)	salla	سلّى
antwoorden (ww)	gāwab	جاوب
applaudisseren (ww)	ṣaffa’	صفّق
aspireren (iets willen worden)	sa‘a	سعى
assisteren (ww)	sā‘ed	ساعد
bang zijn (ww)	χāf	خاف
barsten (plafond, enz.)	etʃa’’e’	إتشقّق
bedienen (in restaurant)	χaddem	خدّم
bedreigen (bijv. met een pistool)	hadded	هدّد

bedriegen (ww)	χadaʿ	خدع
beduiden (betekenen)	dallel	دلّل
bedwingen (ww)	manaʿ nafso	منع نفسه
beëindigen (ww)	χallaṣ	خلّص
begeleiden (vergezellen)	rāfaq	رافق
begieten (water geven)	saʾa	سقى
beginnen (ww)	badaʾ	بدأ
begrijpen (ww)	fehem	فهم
behandelen (patiënt, ziekte)	ʿālag	عالج
beheren (managen)	adār	أدار
beïnvloeden (ww)	assar fi	أثّر في
bekennen (misdadiger)	eʿtaraf	إعترف
beledigen (met scheldwoorden)	ahān	أهان
beledigen (ww)	ahān	أهان
beloven (ww)	waʿad	وعد
beperken (de uitgaven ~)	ḥadded	حدّد
bereiken (doel ~, enz.)	balaɣ	بلغ
bereiken (plaats van bestemming ~)	weṣel	وصل
beschermen (bijv. de natuur ~)	ḥama	حمى
beschuldigen (ww)	ettaham	إتّهم
beslissen (~ iets te doen)	ʾarrar	قرّر
besmet worden (met ...)	etʿada	إتعدى
besmetten (ziekte overbrengen)	ʿada	عدى
bespreken (spreken over)	nāʾeʃ	ناقش
bestaan (een ~ voeren)	ʿāʃ	عاش
bestellen (eten ~)	ṭalab	طلب
bestraffen (een stout kind ~)	ʿāqab	عاقب
betalen (ww)	dafaʿ	دفع
betekenen (beduiden)	ʾaṣad	قصد
betreuren (ww)	nedem	ندم
bevallen (prettig vinden)	ʿagab	عجب
bevelen (mil.)	amar	أمر
bevredigen (ww)	rāḍa	راضى
bevrijden (stad, enz.)	ḥarrar	حرّر
bewaren (oude brieven, enz.)	eḥtafaẓ	إحتفظ
bewaren (vrede, leven)	ḥafaẓ	حفظ
bewijzen (ww)	asbat	أثبت
bewonderen (ww)	oʿgab be	أعجب بـ
bezitten (ww)	malak	ملك
bezorgd zijn (ww)	ʾeleʾ	قلق
bezorgd zijn (ww)	ʾalaʾ	قلق
bidden (praten met God)	ṣalla	صلّى
bijvoegen (ww)	aḍāf	أضاف

binden (ww)	rabaṭ	ربط
binnengaan (een kamer ~)	daχal	دخل
blazen (ww)	habb	هبّ
blozen (zich schamen)	eḥmarr	إحمرّ
blussen (brand ~)	ṭaffa	طفّى
boos maken (ww)	narfez	نرفز
boos zijn (ww)	ettḍāye'	إتّضايق
breken (on.ww., van een touw)	et'aṭa'	إتقطع
breken (speelgoed, enz.)	kasar	كسر
brengen (iets ergens ~)	gāb	جاب
charmeren (ww)	fatan	فتن
citeren (ww)	estaʃ-hed	إستشهد
compenseren (ww)	'awwaḍ	عوّض
compliceren (ww)	'a''ad	عقّد
componeren (muziek ~)	laḥḥan	لحّن
compromitteren (ww)	sawwa' som'etoh	سوّء سمعته
concurreren (ww)	nāfes	نافس
controleren (ww)	et-ḥakkem	إتحكّم
coöpereren (samenwerken)	ta'āwan	تعاون
coördineren (ww)	nassaq	نسّق
corrigeren (fouten ~)	ṣaḥḥaḥ	صحّح
creëren (ww)	'amal	عمل

253. Werkwoorden D-K

danken (ww)	ʃakar	شكر
de was doen	ɣasal el malābes	غسل الملابس
de weg wijzen	waggeh	وجّه
deelnemen (ww)	ʃārek	شارك
delen (wisk.)	'asam	قسم
denken (ww)	fakkar	فكّر
doden (ww)	'atal	قتل
doen (ww)	'amal	عمل
dresseren (ww)	darrab	درّب
drinken (ww)	ʃereb	شرب
drogen (klederen, haar)	gaffaf	جفّف
dromen (in de slaap)	ḥelem	حلم
dromen (over vakantie ~)	ḥelem	حلم
duiken (ww)	ɣāṣ	غاص
durven (ww)	etthadda	إتّحدّى
duwen (ww)	za''	زقّ
een auto besturen	sā' 'arabiya	ساق عربية
een bad geven	ḥammem	حمّم
een bad nemen	estaḥamma	إستحمّى
een conclusie trekken	estantag	إستنتج

foto's maken	ṣawwar	صوّر
eisen (met klem vragen)	ṭāleb	طالب
erkennen (schuld)	eʿtaraf	إعترف
erven (ww)	waras	ورث
eten (ww)	akal	أكل
excuseren (vergeven)	ʿazar	عذر
existeren (bestaan)	kān mawgūd	كان موّجود
feliciteren (ww)	hanna	هنّأ
gaan (te voet)	meʃy	مشى
gaan slapen	nām	نام
gaan zitten (ww)	ʾaʿad	قعد
gaan zwemmen	sebeḥ	سبح
garanderen (garantie geven)	ḍaman	ضمن
gebruiken (bijv. een potlood ~)	estanfaʿ	إستنفع
gebruiken (woord, uitdrukking)	estaχdam	إستخدم
geconserveerd zijn (ww)	ḥafaẓ	حفظ
gedateerd zijn (ww)	tarīχo	تاريخه
gehoorzamen (ww)	ṭāʿ	طاع
gelijken (op elkaar lijken)	kān yeʃbeh	كان يشبه
geloven (vinden)	eʿtaqad	إعتقد
genoeg zijn (ww)	kaffa	كفّى
geven (ww)	edda	أدّى
gieten (in een beker ~)	ṣabb	صبّ
glimlachen (ww)	ebtasam	إبتسم
glimmen (glanzen)	lemʿ	لمع
gluren (ww)	etgasses ʿala	إتجسس على
goed raden (ww)	χammen	خمّن
gooien (een steen, enz.)	rama	رمى
grappen maken (ww)	hazzar	هزّر
graven (tunnel, enz.)	ḥafar	حفر
haasten (iemand ~)	estaʿgel	إستعجل
hebben (ww)	malak	ملك
helpen (hulp geven)	sāʿed	ساعد
herhalen (opnieuw zeggen)	karrar	كرّر
herinneren (ww)	eftakar	إفتكر
herinneren aan … (afspraak, opdracht)	fakkar be …	فكّر بـ....
herkennen (identificeren)	mayez	ميّز
herstellen (repareren)	ṣallaḥ	صلّح
het haar kammen	masʃaṭ	مشّط
hopen (ww)	tamanna	تمنّى
horen (waarnemen met het oor)	semeʿ	سمع
houden van (muziek, enz.)	ḥabb	حبّ
huilen (wenen)	baka	بكى
huiveren (ww)	ertaʿaʃ	ارتعش

huren (een boot ~)	aggar	أجّر
huren (huis, kamer)	est'gar	إستأجر
huren (personeel)	wazzaf	وظّف
imiteren (ww)	'alled	قلّد
importeren (ww)	estawrad	إستورّد
inenten (vaccineren)	laqqaḥ	لقّح
informeren (informatie geven)	'āl ly	قال لي
informeren naar … (navraag doen)	estafsar	إستفسر
inlassen (invoegen)	dakχal	دخّل
inpakken (in papier)	laff	لفّ
inspireren (ww)	alham	ألهم
instemmen (akkoord gaan)	ettafa'	إتّفق
interesseren (ww)	hamm	همّ
irriteren (ww)	estafazz	إستفزّ
isoleren (ww)	'azal	عزل
jagen (ww)	eṣṭād	إصطاد
kalmeren (kalm maken)	ṭam'an	طمأن
kennen (kennis hebben van iemand)	'eref	عرف
kennismaken (met …)	ta'arraf	تعرّف
kiezen (ww)	eχtār	إختار
kijken (ww)	baṣṣ	بصّ
klaarmaken (een plan ~)	ḥaḍḍar	حضّر
klaarmaken (het eten ~)	ḥaḍḍar	حضّر
klagen (ww)	ʃaka	شكا
kloppen (aan een deur)	da''	دقّ
kopen (ww)	eʃtara	إشترى
kopieën maken	ṣawwar	صوّر
kosten (ww)	kallef	كلّف
kunnen (ww)	'eder	قدر
kweken (planten ~)	anbat	أنبت

254. Werkwoorden L-R

lachen (ww)	ḍeḥek	ضحك
laden (geweer, kanon)	'ammar	عمّر
laden (vrachtwagen)	ʃaḥn	شحن
laten vallen (ww)	wa''a'	وقّع
lenen (geld ~)	estalaf	إستلف
leren (lesgeven)	darres	درّس
leven (bijv. in Frankrijk ~)	seken	سكن
lezen (een boek ~)	'ara	قرأ
lid worden (ww)	enḍamm le	إنضمّ لـ
liefhebben (ww)	ḥabb	حبّ
liegen (ww)	kedeb	كذب

liggen (op de tafel ~)	kān mawgūd	كان موّجود
liggen (persoon)	ra'ad	رقد
lijden (pijn voelen)	ʿāna	عانى
losbinden (ww)	fakk	فكّ
luisteren (ww)	semeʿ	سمع
lunchen (ww)	etɣadda	إتغدّى
markeren (op de kaart, enz.)	ʿallem	علّم
melden (nieuws ~)	ʾāl le	قال لـ
memoriseren (ww)	ḥafaẓ	حفظ
mengen (ww)	χalaṭ	خلط
mikken op (ww)	ṣawwab ʿala …	... صوّب على
minachten (ww)	eḥtaqar	إحتقر
moeten (ww)	kān lāzem	كان لازم
morsen (koffie, enz.)	dalaʾ	دلق
naderen (dichterbij komen)	ʾarrab	قرّب
neerlaten (ww)	nazzel	نزّل
nemen (ww)	aχad	أخذ
nodig zijn (ww)	maṭlūb	مطلوب
noemen (ww)	samma	سمّى
noteren (opschrijven)	katab molaḥẓa	كتب ملاحظة
omhelzen (ww)	ḥaḍan	حضن
omkeren (steen, voorwerp)	ʾalab	قلب
onderhandelen (ww)	tafāwaḍ	تفاوض
ondernemen (ww)	ʾām be	قام بـ
onderschatten (ww)	estaχaff	إستخفّ
onderscheiden (een ereteken geven)	manaḥ	منح
onderstrepen (ww)	ḥaṭṭ χaṭṭ taḥt	حطّ خطّ تحت
ondertekenen (ww)	waqqaʿ	وقّع
onderwijzen (ww)	ʿallem	علّم
onderzoeken (alle feiten, enz.)	baḥs fi	بحث في
bezorgd maken	a'laʾ	أقلق
onmisbaar zijn (ww)	maṭlūb	مطلوب
ontbijten (ww)	feṭer	فطر
ontdekken (bijv. nieuw land)	ektaʃaf	إكتشف
ontkennen (ww)	ankar	أنكر
ontlopen (gevaar, taak)	tagannab	تجنّب
ontnemen (ww)	ḥaram men	حرم من
ontwerpen (machine, enz.)	ṣammam	صمّم
oorlog voeren (ww)	ḥārab	حارب
op orde brengen	nazzam	نظّم
opbergen (in de kast, enz.)	ʃāl	شال
opduiken (ov. een duikboot)	ertafaʿ le saṭ-ḥ el maya	إرتفع لسطح الميّة
openen (ww)	fataḥ	فتح
ophangen (bijv. gordijnen ~)	ʿallaʾ	علّق

ophouden (ww)	baṭṭal	بطّل
oplossen (een probleem ~)	ḥall	حلّ
opmerken (zien)	lāḥaẓ	لاحظ
opmerken (zien)	lamaḥ	لمح
opscheppen (ww)	tabāha	تباهى
opschrijven (op een lijst)	saggel	سجّل
opschrijven (ww)	katab	كتب
opstaan (uit je bed)	'ām	قام
opstarten (project, enz.)	aṭlaq	أطلق
opstijgen (vliegtuig)	aqla'	أقلع
optreden (resoluut ~)	'amal	عمل
organiseren (concert, feest)	naẓẓam	نظّم
overdoen (ww)	'ād	عاد
overheersen (dominant zijn)	ɣalab	غلب
overschatten (ww)	bāleɣ fel ta'dīr	بالغ في التقدير
overtuigd worden (ww)	eqtana'	إقتنع
overtuigen (ww)	aqna'	أقنع
passen (jurk, broek)	nāseb	ناسب
passeren (~ mooie dorpjes, enz.)	marr be	مرّ بـ
peinzen (lang nadenken)	sarah	سرح
penetreren (ww)	dakχal	دخّل
plaatsen (ww)	ḥaṭṭ	حطّ
plaatsen (zetten)	ḥaṭṭ	حطّ
plannen (ww)	χaṭṭeṭ	خطّط
plezier hebben (ww)	estamta'	إستمتع
plukken (bloemen ~)	'aṭaf	قطف
prefereren (verkiezen)	faḍḍal	فضّل
proberen (trachten)	ḥāwel	حاول
proberen (trachten)	ḥāwel	حاول
protesteren (ww)	eḥtagg	إحتجّ
provoceren (uitdagen)	estafazz	إستفزّ
raadplegen (dokter, enz.)	estaʃār ...	إستشار...
rapporteren (ww)	'addem taqrīr	قدّم تقرير
redden (ww)	anqaz	أنقذ
regelen (conflict)	sawwa	سوّى
reinigen (schoonmaken)	naḍḍaf	نظّف
rekenen op ...	e'tamad 'ala ...	إعتمد على...
rennen (ww)	gery	جري
reserveren (een hotelkamer ~)	ḥagaz	حجز
rijden (per auto, enz.)	rāḥ	راح
rillen (ov. de kou)	erta'aʃ	إرتعش
riskeren (ww)	χāṭar	خاطر
roepen (met je stem)	nāda	نادى
roepen (om hulp)	estaɣās	إستغاث

ruiken (bepaalde geur verspreiden)	fāḥ	فاح
ruiken (rozen)	ʃamm	شمّ
rusten (verpozen)	ertāḥ	إرتاح

255. Verbs S-V

samenstellen, maken (een lijst ~)	gammaʿ	جمّع
schieten (ww)	ḍarab bel nār	ضرب بالنار
schoonmaken (bijv. schoenen ~)	naḍḍaf	نظّف
schoonmaken (ww)	ratteb	رتّب
schrammen (ww)	χarbeʃ	خربش
schreeuwen (ww)	ṣarraχ	صرّخ
schrijven (ww)	katab	كتب
schudden (ww)	ragg	رجّ
selecteren (ww)	eχtār	إختار
simplificeren (ww)	bassaṭ	بسّط
slaan (een hond ~)	ḍarab	ضرب
sluiten (ww)	ʾafal	قفل
smeken (bijv. om hulp ~)	etwassel	إتوسّل
souperen (ww)	etʿasʃa	إتعشّى
spelen (bijv. filmacteur)	massel	مثّل
spelen (kinderen, enz.)	leʿeb	لعب
spreken met …	kallem …	كلّم...
spuwen (ww)	taff	تفّ
stelen (ww)	saraʾ	سرق
stemmen (verkiezing)	ṣawwat	صوّت
steunen (een goed doel, enz.)	ayed	أيّد
stoppen (pauzeren)	waʾʾaf	وقّف
storen (lastigvallen)	azʿag	أزعج
strijden (tegen een vijand)	qātal	قاتل
strijden (ww)	qātal	قاتل
strijken (met een strijkbout)	kawa	كوّى
studeren (bijv. wiskunde ~)	daras	درس
sturen (zenden)	arsal	أرسل
tellen (bijv. geld ~)	ʿadd	عدّ
terugkeren (ww)	regeʿ	رجع
terugsturen (ww)	aʿād	أعاد
toebehoren aan …	χaṣṣ	خصّ
toegeven (zwichten)	estaslam	إستسلم
toenemen (on. ww)	ezdād	إزداد
toespreken (zich tot iemand richten)	χāṭab	خاطب

toestaan (goedkeuren)	samaḥ	سمح
toestaan (ww)	samaḥ	سمح
toewijden (boek, enz.)	karras	كرّس
tonen (uitstallen, laten zien)	ʿaraḍ	عرض
trainen (ww)	darrab	درّب
transformeren (ww)	ḥawwel	حوّل
trekken (touw)	ʃadd	شدّ
trouwen (ww)	ettgawwez	إتّجوّز
tussenbeide komen (ww)	etdakχal	إتدّخل
twijfelen (onzeker zijn)	ʃakk fe	شكّ في
uitdelen (pamfletten ~)	wazzaʿ ʿala	وزّع على
uitdoen (licht)	ṭaffa	طفّى
uitdrukken (opinie, gevoel)	ʿabbar	عبّر
uitgaan (om te dineren, enz.)	χarag	خرج
uitlachen (bespotten)	saχar	سخر
uitnodigen (ww)	ʿazam	عزم
uitrusten (ww)	gahhez	جهّز
uitsluiten (wegsturen)	faṣal	فصل
uitspreken (ww)	naṭaʾ	نطق
uittorenen (boven ...)	ertafaʿ	إرتفع
uitvaren tegen (ww)	wabbeχ	وبّخ
uitvinden (machine, enz.)	eχtaraʿ	إخترع
uitwissen (ww)	masaḥ	مسح
vangen (ww)	mesek	مسك
vastbinden aan ...	rabaṭ be ...	ربط بـ....
vechten (ww)	etχāneʾ	إتخانق
veranderen (bijv. mening ~)	ɣayar	غيّر
verbaasd zijn (ww)	etfāgeʾ	إتفاجئ
verbazen (verwonderen)	fāgaʾ	فاجئ
verbergen (ww)	χabba	خبّأ
verbieden (ww)	manaʿ	منع
verblinden (andere chauffeurs)	ʿama	عمى
verbouwereerd zijn (ww)	eḥtār	إحتار
verbranden (bijv. papieren ~)	ḥaraʾ	حرق
verdedigen (je land ~)	dāfaʿ	دافع
verdenken (ww)	eʃtabah fi	إشتبه في
verdienen (een complimentje, enz.)	estaḥaqq	إستحقّ
verdragen (tandpijn, enz.)	etthammel	إتّحمّل
verdrinken (in het water omkomen)	ɣereʾ	غرق
verdubbelen (ww)	ḍāʿaf	ضاعف
verdwijnen (ww)	eχtafa	إختفى
verenigen (ww)	waḥḥed	وحّد
vergelijken (ww)	qāran	قارن

vergeten (achterlaten)	sāb	ساب
vergeten (ww)	nesy	نسي
vergeven (ww)	ʿafa	عفا
vergroten (groter maken)	zawwed	زوّد
verklaren (uitleggen)	ʃaraḥ	شرح
verklaren (volhouden)	aṣarr	أصرّ
verklikken (ww)	estankar	إستنكر
verkopen (per stuk ~)	bāʿ	باع
verlaten (echtgenoot, enz.)	sāb	ساب
verlichten (gebouw, straat)	nawwar	نوّر
verlichten (gemakkelijker maken)	sahhal	سهّل
verliefd worden (ww)	ḥabb	حبّ
verliezen (bagage, enz.)	ḍayaʿ	ضيّع
vermelden (praten over)	zakar	ذكر
vermenigvuldigen (wisk.)	ḍarab	ضرب
verminderen (ww)	ʾallel	قلّل
vermoeid raken (ww)	teʿeb	تعب
vermoeien (ww)	taʿab	تعّب

256. Verbs V-Z

vernietigen (documenten, enz.)	atlaf	أتلف
veronderstellen (ww)	eftaraḍ	إفترض
verontwaardigd zijn (ww)	estāʾ	إستاء
veroordelen (in een rechtszaak)	ḥakam	حكم
veroorzaken ... (oorzaak zijn van ...)	sabbeb	سبّب
verplaatsen (ww)	ḥarrak	حرّك
verpletteren (een insect, enz.)	faʿʿaṣ	فعّص
verplichten (ww)	agbar	أجبر
verschijnen (bijv. boek)	ṣadar	صدر
verschijnen (in zicht komen)	ẓahar	ظهر
verschillen (~ van iets anders)	eχtalaf	إختلف
versieren (decoreren)	zayen	زيّن
verspreiden (pamfletten, enz.)	wazzaʿ	وزّع
verspreiden (reuk, enz.)	fāḥ	فاح
versterken (positie ~)	ʿazzez	عزّز
verstommen (ww)	seket	سكت
vertalen (ww)	targem	ترجم
vertellen (verhaal ~)	ḥaka	حكى
vertrekken (bijv. naar Mexico ~)	sāb	ساب

vertrouwen (ww)	wasaq	وثق
vervolgen (ww)	estamar	إستمر
verwachten (ww)	tawaqqa'	توقّع
verwarmen (ww)	sakχan	سخّن
verwarren (met elkaar ~)	etlaχbaṭ	إتلخبط
verwelkomen (ww)	sallem 'ala	سلّم على
verwezenlijken (ww)	ḥa''a'	حقّق
verwijderen (een obstakel)	ʃāl, azāl	شال, أزال
verwijderen (een vlek ~)	ʃāl	شال
verwijten (ww)	lām	لام
verwisselen (ww)	ṣarraff	صرّف
verzoeken (ww)	ṭalab	طلب
verzuimen (school, enz.)	ɣāb	غاب
vies worden (ww)	ettwassaχ	إتّوسّخ
vinden (denken)	e'taqad	إعتقد
vinden (ww)	la'a	لقى
vissen (ww)	eṣṭād samak	إصطاد سمك
vleien (ww)	gāmal	جامل
vliegen (vogel, vliegtuig)	ṭār	طار
voederen (een dier voer geven)	akkel	أكّل
volgen (ww)	tatabba'	تتبّع
voorstellen (introduceren)	'addem	قدّم
voorstellen (Mag ik jullie ~)	'arraf	عرّف
voorstellen (ww)	'araḍ	عرض
voorzien (verwachten)	tanabba'	تنبّأ
vorderen (vooruitgaan)	ta'addam	تقدّم
vormen (samenstellen)	ʃakkal	شكّل
vullen (glas, fles)	mala	ملأ
waarnemen (ww)	rāqab	راقب
waarschuwen (ww)	ḥazzar	حذّر
wachten (ww)	estanna	إستنّى
wassen (ww)	ɣasal	غسل
weerspreken (ww)	e'taraḍ	إعترض
wegdraaien (ww)	a'raḍ 'an	أعرض عن
wegdragen (ww)	rāḥ be	راح بـ
wegen (gewicht hebben)	wazan	وزن
wegjagen (ww)	χawwef	خوّف
weglaten (woord, zin)	ḥazaf	حذف
wegvaren (uit de haven vertrekken)	aqla'	أقلع
weigeren (iemand ~)	rafaḍ	رفض
wekken (ww)	ṣaḥḥa	صحّى
wensen (ww)	kān 'āyez	كان عايز
werken (ww)	eʃtaɣal	إشتغل
weten (ww)	'eref	عرف

willen (verlangen)	ʻāyez	عايز
wisselen (omruilen, iets ~)	tabādal	تبادل
worden (bijv. oud ~)	ba'a	بقى
worstelen (sport)	ṣāraʻ	صارع
wreken (ww)	entaqam	إنتقم
zaaien (zaad strooien)	bezr	بذر
zeggen (ww)	'āl	قال
zich baseerd op	estanad ʻala	إستند على
zich bevrijden van … (afhelpen)	ettχallaṣ min …	إتّخلّص من…
zich concentreren (ww)	rakkez	ركّز
zich ergeren (ww)	enzaʻag	إنزعج
zich gedragen (ww)	taṣarraf	تصرّف
zich haasten (ww)	estaʻgel	إستعجل
zich herinneren (ww)	eftakar	إفتكر
zich herstellen (ww)	ʃefy	شفي
zich indenken (ww)	taṣawwar	تصوّر
zich interesseren voor …	ehtamm be	إهتمّ بـ
zich scheren (ww)	ḥala'	حلق
zich trainen (ww)	etdarrab	إتدرّب
zich verdedigen (ww)	dāfaʻ ʻan nafsoh	دافع عن نفسه
zich vergissen (ww)	ɣeleṭ	غلط
zich verontschuldigen	eʻtazar	إعتذر
zich verspreiden (meel, suiker, enz.)	sa'aṭ	سقط
zich vervelen (ww)	zehe'	زهق
zijn (ww)	kān	كان
zinspelen (ww)	lammaḥ	لمّح
zitten (ww)	'aʻad	قعد
zoeken (ww)	dawwar ʻala	دوّر على
zondigen (ww)	aznab	أذنب
zuchten (ww)	tanahhad	تنهّد
zwaaien (met de hand)	ʃāwer	شاور
zwemmen (ww)	ʻām, sabaḥ	عام, سبح
zwijgen (ww)	seket	سكت

www.ingramcontent.com/pod-product-compliance
Lightning Source LLC
Chambersburg PA
CBHW071322090426
42738CB00012B/2768
* 9 7 8 1 7 8 7 1 6 7 2 0 9 *